한 국 에 서 의
다문화주의

국립중앙도서관 출판시도서목록(CIP)

한국에서의 다문화주의 / 지은이: 오경석, 김희정, 이선옥, 박흥순, 정진헌, 정혜실, 양영자, 오현선, 류성환, 이희수, 강희복. -- 파주 : 한울, 2007
　　p. ;　　cm. --　(한울아카데미 ; 968)

색인수록
ISBN　978-89-460-3792-2　93330

309.111-KDC4
951.9-DDC21　　　　　　　　　　　　　CIP2007002669

한국에서의
다문화주의

현 실 과 쟁 점

····

오경석 외 지음

한울
아카데미

이 책은 사단법인 국경없는마을의 후원으로 제작되었습니다.

책머리에

　2005년을 즈음해서 다문화사회에 관한 논의들이 가히 붐이라고 할 수 있을 정도로 공론장에 범람하고 있다. 다문화사회란 도대체 무엇을 뜻하는 말일까? 또 다문화사회의 철학, 이론, 방법론으로서의 다문화주의란 무엇을 뜻하는 말일까? 분명한 것은 다문화 담론이 급속히 확산되고 있음에도 불구하고, 차이들이 존중되고 포용되는 방식으로 우리 사회가 다원주의적으로 변화되어 가고 있다는 징후를 발견하기란 그리 쉽지 않다는 점이다. 현실은 오히려 그 역에 가깝다.
　정부는 이주민 정책을 다문화주의에 입각해 전환한다고 선언했지만 이주민들의 정주화를 방지하기 위한 단기 로테이션 정책을 여전히 고수하고 있다. 이주노동자들의 가족 동반은 불허되고 있으며, 반인권적인 단속과 추방은 강화되고 있다. 이주문제의 핵심이라고 할 수 있는 미등록 이주노동자들의 문제는 주변화되고 있으며, 등록과 미등록, 재외한인과 기타 외국인, 선진국 출신의 전문직 이주자와 개발도상국 출신의 비숙련 이주자, 남성 이주자와 여성 이주자 간의 법적·인종적·문화적 분열과 위계는 심화되고 있다. 이주민 공동체들은 여전히 '국적'이라는 획일적인 잣대로 범주화될 뿐, 그들 사이에 존재하는 상이한 정치적 입장과 문화적 욕구를 배려하고 존중하려는 노력은 시민사회에서도 아주 미약한 수준이다. 다문화에 대한 주장들이 무수히 쏟아져 나오고 있지만, 정작 다문화사회의 주체라고 할 수 있는 이주민 자신의 목소리는 어디에서도 찾아보기 힘들다. 이주민 공동체들 대부분은 다문화에 무관심하고 더군다나 다문화의 절박성에 대해 공감하지 못하고 있다.

현실은 이렇게 부정적이지만 우리들은 다문화에 집착한다. 이주민들이 배제되어 있고 이주 현실의 개선에 기여한다고 보기도 어려운 다문화주의에 대한 우리들의 환호와 집착은 과연 어떻게 설명할 수 있을까? 공론장을 가득 메우고 있는 다문화사회에 대한 담론들이 우리들'만'의 기이한 수선스러움에 불과한 것이어서, 다문화를 이야기하면 할수록 오히려 '우리의' '우리다움'만 확인되고 강화된다면, 우리들에게 다문화사회에 관한 논의는 여전히 필요한 것일까? 만약 그렇다면 그것은 어떤 방식의, 어떤 다문화주의에 관한 논의여야 하는 것일까?

이 책은 이런 문제의식을 공유하는 현장 활동가들 및 젊은 연구자들이 '국경 없는 마을 공부모임'이라는 이름으로 지난 1년 여간 함께 공부하고 토론해온 내용을 모아놓은 것이다. 공부모임은 국경 없는 마을로 알려진 안산시 원곡동이라는 이주 현장을 다문화 공간으로 변화시키는 일에 관심을 갖고 있던 몇몇 연구자들과 활동가들의 비공식적인 토론 모임에서 출발했다. 아무런 구속력이 없는 모임에 개인적인 친교가 없었던 젊은 연구자들 및 활동가들이 매달 한두 번씩 모여 끼니를 거르는 뜨거운 토론을 하며, '우정을 만들어'갈 수 있었던 것은 우리 사회의 다문화 논의에 관한 토론이 깊어질수록 현장의 연구자, 혹은 연구하는 활동가로서 느꼈던 좌절감을 적으나마 상쇄시켜줄 수 있을 만한 새로운 경험

때문이었다.

공부모임에서 이루어졌던 토론의 내용들은 2007년 2월, 사단법인 국경없는마을의 후원으로 개최되었던 "한국에서의 다문화주의: 현실과 쟁점"이라는 토론회에서 1차로 소개된 바 있다. 이 책은 당시에 발표되었던 글들을 다듬고, 거기에 몇 편의 새로운 글들을 추가하여 구성되었다. 지은이들의 직업과 전공은 아주 다양하다. 교수, 지원단체활동가, 자원봉사자, 국제결혼가족모임 회원, 대학원생, 목회자 등, 다양한 방식으로 이주 현장과 연결되어 있던 인류학, 사회학, 철학, 신학, 여성학 전공자들이 이 책을 만드는 일에 동참했다.

이 책은 총 4부로 구성되어 있다. 제1부에서는 "한국에서의 다문화주의: 담론, 정책, 운동" 전반을 비판적으로 검토하고, 제2부에서는 "다문화 정체성의 이론과 현실"을 다루었다. 제3부에서는 "다문화교육의 현황과 문제점"을 개괄하며 나름대로의 대안을 제시했다. 끝으로 제4부는 "다문화주의와 종교: 이슬람과 동양 사상"을 다루었다. 각 장의 내용을 간단히 소개해보면 다음과 같다.

제1장에서 오경석은 국내에서 진행되고 있는 다문화사회에 관한 논의 전반을 비판적으로 검토한다. 이주노동자 정책이 척박한 국내 현실에서 다문화사회에 대한 논의가 중요한 의미를 갖는 것은 분명했다. 그러나 현재 진행 중인 다문화사회에 관한 논의들은 다문화주의의 논쟁성, 다문화 환경의 한국적 특수성, 다문화사회로의 전화를 논의하기 위한 민주적인 공론장의 형성 문제 등에 대한 고민을 간과하고 있는 탓에, 이주자들의 현실을 왜곡하고 이주문제의 초점을 흐리며 다문화사회의 핵심적 구성 주체인 이주자들을 주변화하는 모순된 결과를 낳고 있다. 다문화 담론과 이주 현실의 간극을 좁히기 위해서는 정부의 통치 전략을 보완하

는 수준을 넘어야 한다. 그리고 탈범주적인 다문화 주체들이 생존의 자유와 삶의 권력을 재전유하는 문제에 초점을 맞춘, 아래로부터의, 소수자 연합 정치로서의, 다원주의를 지향하는, 수행적인 다문화주의에 대한 새로운 토론이 이뤄져야 한다.

제2장에서 김희정은 강한 민족적 순혈주의 전통을 가지고 있는 한국 정부가 이주민 정책의 키워드로 다문화주의를 채택하게 된 배경과 원인에 대해 분석을 시도한다. 한국 정부의 다문화주의는 겉보기에는 캐나다나 호주가 채택하고 있는 '공식적 다문화주의(official multiculturalism)'의 특성을 띤다. 그러나 다문화적인 사회 통합의 내용에 있어서는 현격한 차이를 보인다. 그들 나라의 다문화주의는 다원주의적인 국민 정체성의 형성 기제이지만, 한국 정부의 다문화주의는 결혼 이민자와 그 자녀들(코시안)을 민족주의적이며 가부장적인 방식으로 '한국화'하는 데 초점이 맞춰져 있기 때문이다. 한국 정부의 관주도형 다문화주의가 이주민들의 사회통합을 목표로 하는 것 자체는 문제되지 않지만, 성평등적인 지향성이 배제된 순혈주의적 관점 때문에 한국 사회의 다원화를 증진시키는 기제가 되기에는 분명한 한계가 있다.

제3장에서 이선옥은 지난 15년 넘게 발전과 분화를 거듭해온 국내 이주노동운동의 성격을 검토한 후, 이러한 이주노동운동 안에서 다문화주의의 위상과 의미에 대한 진단을 시도했다. 이주노동운동은 이주노동자들을 체계적으로 배제해온 정부 정책에 대항하기 위해 조직되었다는 점에서 기존의 사회운동과 궤를 같이한다. 그러나 국민국가에 대항하는 주체가 시민권으로부터 철저하게 배제되어 있는 '비국민'으로서의 이주노동자들이라는 점에서는 기존의 사회운동과 구분된다. 이런 이유로 이주노동운동은 부문 운동임에도 불구하고 인권운동, 노동운동, 시민권운동, 소수자운동, 공동체운동 등 다양한 방식으로 규정될 수 있다. 다문

화 지향적인 이주민운동이 이주노동운동의 다양한 특성을 포괄하지 못하고, '문화주의'적인 편향에 매몰되는 경우, 이주노동운동과의 접점을 찾지 못하고 오히려 운동의 주체인 이주노동자를 배제할 가능성이 있다.

제4장에서 박흥순은 한국 사회가 다문화사회로 진입하려면 이주민들의 탈전통적인 정체성에 대한 고찰이 중요하다는 문제의식을 가지고 다문화주의와 정체성 개념과의 연관성에 대한 이론적 검토를 시도했다. 포스트콜로니얼 이론들의 핵심적인 문제의식들을 수용하는 경우 사회구성의 다원주의적인 재편은 정체성의 다중적이며 혼종적인 변형 과정과 밀접하게 연관된다. 다문화사회는 거주민들과 이주민들의 상호 연관과 상호 침투 과정에서 형성되는 자기생성적이며 가변적인 정체성에 대한 새로운 규정을 필요로 한다. 특히 북한 이탈주민의 정체성 변형 과정은 주목된다. 성서 해석학적 방법론은 새로운 정체성이라는 주제가 인문학적 지평을 넘어 신학적인 차원으로까지 심화될 수 있음을 보여준다.

제5장에서 정진헌은 새터민(북한이탈주민)들의 일상에 대한 민족지를 기술하여 우리 안에 내면화된 민족관과 문화관에 대해 성찰한다. 민족지가 기술되는 구체적인 현장은 새터민에 대한 지원 프로그램이 활발하게 진행되고 있는 기독교 교회 공간들이다. 기독교 교회와 새터민들이 만나는 현장에서 이뤄지는 일은, 남한인, 조선족, 북한인이라는 민족 집단들의 재서열화, 재인종화 현상이다. 탈분단과 다문화라는 시대적 맥락, 기독교의 보편적인 공동체주의 정신을 고려할 때 이는 역설적인 현상이 아닐 수 없다. 이러한 문제를 해소하기 위해서는 서구 자본주의의 진화론적 문화관에 대한 맹목적 추종의 문제를 비판하는 것을 넘어 한국 사회에 오랫동안 군림해온 한민족 동질성 신화에 대한 적극적인 재해석 혹은 재구성이 필요하다. 또 자신의 일상에서 새로운 민족관을 만들어가는 현장 주체들의 역동성이 존중되고 강조되어야 한다.

제6장에서 정혜실은 자신의 경험을 바탕으로 이성 간의 사랑과 결혼이라는 보편적인 생애사적 주제가 파키스탄 출신의 남성 이주노동자와 한국인 여성 커플의 문제로 특화되는 경우, 얼마나 어렵고 모순된 정치적 사건이 될 수 있는지를 담담하게 보여준다. 이들은 합법적인 가족이지만 '미혼모'의 신분을 강요받아야 했으며, 체류 자격을 갱신하기 위해서는 주기적인 '외유'를 거를 수 없었다. 그들 가족에 대한 뿌리 깊은 차별은 '혼혈아'로 호명되는 방식으로 자녀들에게까지 이어지고 있다. 이들 가족의 경험은 한국 사회에 관류하고 있는 단일민족주의와 이를 바탕으로 형성된 가부장적 순혈주의에 대한 믿음의 폭력성을 여실히 보여준다. 순혈주의에 대한 배타적인 믿음이 수정되지 않는 한, 최근에 모색되고 있는 다문화가족 지원을 위한 다양한 방안들이 이 가족들을 다시 한 번 타자화하는 기제로 작용할 가능성 역시 배제할 수 없을 것이다.

제7장에서 양영자는 이주자를 대상으로 하는 교육 현장의 변화를 소개하고, 다문화교육의 특징을 교육목적과 내용, 방법을 중심으로 검토하여 현재의 다문화교육이 드러내는 문제점들을 진단한 후, 한국적 다문화교육을 위한 과제들을 제안한다. 다문화교육의 대상으로 설정된 한국의 이주민 집단은 크게 외국인근로자, 국제결혼자, 새터민, 입국재외동포로 범주화할 수 있다. 이들의 규모가 증가함에 따라 학령기 이주 아동의 규모 역시 증가하여 다문화교육의 필요성이 부각되었다. 그러나 현재 진행되거나 추진되고 있는 다문화교육은 당위적인 수준의 문제의식을 공유하고 있을 뿐 정작 무엇을 가르치고 배울 것인가 하는 실제 교육과정에 있어서는 깊은 고민을 찾아보기 어렵다. 교육과정상의 진정한 변화를 위해서는 한국 사회의 특수한 다문화 환경을 준거로 하는 한국적 다문화 교육과정 개발의 기본적인 원리 탐색이 미룰 수 없는 과제로 제기된다.

제8장에서 오현선은 여성이주자들의 사회적 위상과 그들을 향한 사회

적 인식이 사적·공적인 영역에서 기존 제도와 문화의 한계를 명증하게 드러내는 다문화사회로의 전화를 평가하는 주요한 척도일 수 있다고 보고 그에 대한 적절한 담론 생산의 필요성을 강조했다. 여성이주자들은 노동권과 인권적 배제에 덧붙여 젠더적 차별이라는 다중적인 차별 구조 속에서 존재하고 활동한다. 다문화사회로의 전환을 고민하기 위해서는 여성이주자들이 구체적인 '삶의 자리'에서 경험하는 다중적인 차별 구조를 개선하는 동시에 그들을 우리 사회의 대등한 사회구성원으로 인정하는 공존의 방법을 마련해야 한다. 기독교교육학적 관점에서의 '돌봄'이라는 개념이 여성이주자들을 향한 다중적인 차별을 개선하고, 그들을 삶의 주체로 새롭게 자리매김하기 위한 유용한 도구로 활용될 수 있다.

제9장에서 류성환은 이주민 지원 NGO의 실무 담당자로서 안산이주민센터가 주관했던 지역 청소년 대상의 현장 다문화교육('찾아가는 다문화교실')의 사례를 소개한다. 현장에서의 다문화교육은 이주문제의 핵심이 노동권과 인권의 문제를 넘어 문화적 차별과 갈등에 있다는 올바른 문제의식을 갖고 있지만 체계적인 방법론과 지속적인 프로세스가 부재하여 여전히 노동권과 인권 의제 중심으로 진행되고 있으며, 체험 위주의 일회성 행사에 그치고 있다는 한계를 드러낸다. 이주민들을 일방적으로 한국 사회에 통합 및 적응시키는 것을 강조하는 교육내용도 문제이다. 대안적인 다문화교육은 다양한 문화적 주체들의 상호 이해와 소통을 통해 모두의 삶이 풍요로워질 수 있다는 기본적인 전제를 공유하는 것으로부터 출발한다. 또 한국 사회의 소수자들인 이주민들이 다문화교육의 주체로 활동할 수 있는 환경을 만드는 일이 중요하다.

제10장에서 이희수는 사회의 통합과 분열의 기제로 모두 활용될 수 있는 종교의 이중적 역할에 주목하고, 다양한 문화 주체들의 상생과 공존이 가능한 다문화사회가 형성되기 위해서는 종교 본래의 다문화

통합적인 기능이 복원될 필요성이 있음을 강조한다. 이와 관련하여 이슬람 사상에 대한 편견과 오해를 바로잡는 일이 특히 중요하다. 흔히 '코란과 칼'로 상징되는 이슬람은 다문화 파괴적인 폭력주의를 정당화한다고 평가되지만 실제로는 소수민족에 대한 보호와 평화 공존을 기저로 하는 다문화 친화적인 상생의 사상이요, 실천이다. 이슬람에 대한 부정적인 이미지는 반이슬람적인 종교근본주의자들과 제국주의 이데올로기에 의해 조작된 측면이 강하다. 이슬람 사상에 대한 올바른 이해를 통해 다문화 시대의 걸림돌은 이슬람이 아니라, 이슬람의 평화주의를 인정하지 않는 이슬람 파괴주의자들이라는 인식에 도달할 수 있을 것이다.

마지막 장인 제11장에서 강희복은 다문화의 개념 및 방법론을 한국적인 맥락에서 구성하기 위한 새로운 시도를 한다. "동양사상에서의 같음과 다름"이라는 주제에 관해, 공자의 사람다움 혹은 사랑으로서의 인(仁)과 점진주의적 실천, 장자(莊子)의 이도관지(以道觀之)와 물아일체(物我一體)의 사상, 불교의 연기설(緣起說)과 중도(中道) 및 자비(慈悲)를 중심으로 고찰했다. 그리고 존재에 관한 인식에 있어서 보편성과 특수성의 조화를 추구하는 원효의 화쟁(和諍)과 퇴계(退溪)의 변증적〔周悉無偏〕방법에 관해서도 다루고 있다. 이런 동양사상의 화두(話頭)는 "존재 그 자체의 연관성(같음)을 깊게 인식하고, 존재자들의 다름(다양성)을 이해하면서 서로 잘 어울려 살아갈 수 있는 방법론의 모색"으로 요약할 수 있다는 점에서, 동양적 맥락에서의 다문화주의는 하나의 특수한 이데올로기라기보다는 우리가 갖고 있는 세계관과 삶의 방식에 대한 근본적인 반성으로 평가될 수 있을 것이다.

수많은 분들의 우정과 관심, 그리고 도움이 없었다면 이 책은 만들어질 수 없었을 것이다. 우선 사단법인 국경없는마을은 이 책이 만들어지기까지의 전 과정에서 우리들의 따뜻한 후원자가 되어 주었다. 박천응 이사장은 한결같은 격려와 지지를 아끼지 않았다. 정병호, 백기영, 안재오, 안대환 이사 등의 관심과 지원도 큰 힘이 되었다. 안산이주민센터의 김용태, 류성환 두 분께도 큰 빚을 질 수밖에 없었다. 지금은 인도 어느 마을에서 아이들을 가르치고 있을 송혜진 간사에게도 고마운 마음을 전한다. 한양대다문화연구소, 숙명여대아시아여성연구소를 비롯하여 기꺼이 우리들의 토론의 상대가 되어주었던 여러 기관과 많은 연구자들께도 감사드린다. 서울대의 김남국 박사, 문화관광정책연구원의 정갑영 박사, 국회도서관의 유해미 박사, 고려대의 윤인진 교수, 숙명여대의 오재림 교수, 코시안의 집의 김영임 원장, 갈릴래아 사목센터의 유진 신부, 안양 전·진·상 이주노동자의 집의 이영아 사무국장, 안산 외국인복지지원과의 김창모 과장, 안산외국인근로자지원센터의 김희경 팀장은 우리들의 거친 생각들을 명료하게 다듬는 데 도움을 주셨다. 특히 한양대 김찬호 교수, 안산공대 정혁인 교수는, 초기에 다문화 개념의 가닥을 잡는 데 값진 공헌을 해주셨다. 시절과 관계없이 지역에서 늘 곁을 지켜주고 있는, 이주노동자와함께하는 안산지역실천연대 회원 기관들에게도 감사드린다. 재키, 만난, 샤킬, 니락샤, 카말, 구룽, 로넬, 따와 씨 등 우리들에게 '국경 없는 마을'보다 더욱 소중한 것이 '국경 없는 마음'임을 일깨워준 수많은 이주노동자 동지들은 이 책의 실질적인 주인공들이다. 그들과 만나고 교제하면서 우리가 경험했던 풍성하며 민주적인 우정과 배움이 없었더라면 이 책은 기획조차 할 수 없었을 것이다. 티푸, 라쥬 씨 등 속절없이 강제 퇴거당한 친구들에게는 감당할 수 없는 그리움을 전하고 싶다. 공부모임의 처음과 끝을 책임져주었던 김희정, 이선옥 두 분께는 더욱 특별한 고마움을 표시하고 싶다. 두 분의 겸허한 열정이 없었다면 공부모임 자체가 유지되는 것조차 쉽지 않았을 것이다. 무례한

청탁에도 불구하고 따뜻한 우정으로 필진에 합류해준 이희수 교수, 강희복 박사, 정혜실 선생에 대한 감사한 마음 역시 숨길 길이 없다. 필진으로 합류하지는 못했지만, 우리들의 공부와 활동에 아낌없는 지지와 날카로운 충고를 아끼지 않았던 고려대학교 대학원의 예동근과 민주사회정책연구원의 박선권 박사, 하와이대학의 김윤영 선생에게도 고마운 마음을 전한다. 뒤늦게 공부모임에 합류했지만, 이주문제에 대한 고민의 지평이 넓고 깊어지는 데 값진 기여를 해주고 있는 허창수 박사와 한국학중앙연구원의 서민우는 이제는 우리 곁에 없어서는 안 될 동지들이다. 넉넉하지 않은 환경에서도 늘 밝고 씩씩한 모습으로 까다로운 요구들을 받아주었던 사무실 식구들인, 윤성웅, 유연선, 윤종필, 김진희 선생께는 고맙고 미안한 마음을 전한다. '상수림' 이상수 선생이 아니었더라면, 이주 현장의 한복판을 지키는 자가 가져야 할 일관된 열정을 배울 수 없었을 것이다. 광주, 의정부, 포천, 김포 등 매주말 계속되는 거친 일정에도 피곤한 내색 한 번 하지 않고 신나는 동반자가 되어 준 한양대학교 대학원의 김효진에게는 머지않아 틀림없이 빛나는 '줌머인'이 되어 있으리라는 기대로 고마움을 대신한다. 흔쾌히 출판을 맡아주고 원고 작업이 지연되는 가운데서도 한결같은 우정과 신뢰를 보내준 도서출판 한울 관계자 여러분들과 서윤아 선생께도 마음 깊이 감사의 인사를 전해드리고 싶다.

이 책은 전문적인 학술서라기보다는 다문화사회를 향한 꿈이 다문화 친화적인 현실의 생성에 기여하기를 희망하는 사람들이 현장에서 함께 나누었던 고민과 토론의 기록을 모아놓은 것에 가깝다. 따라서 학문적인 엄격성과 현장의 수행성, 두 가지 모두에서 여러 가지의 결함들이 불가피하게 발견될 것이다. 그 모든 책임은 전적으로 지은이들의 몫이 될 수밖에 없다. 예견되는 그 모든 결함들에도 불구하고 이 책이 우리 사회의 다원주의적인 전화를 희구하는 모든 이들에게 조금이나마 생산적이고 즐거운 토론의 기회를 제공할 수 있기를 기대해본다.

2007년 9월
안산 국경 없는 마을에서 오경석

차 례

책머리에 5

제1부 한국에서의 다문화주의: 담론, 정책, 운동

제1장 어떤 다문화주의인가?:
　　　다문화사회 논의에 관한 비판적 조망 • 오경석　21

제2장 한국의 관주도형 다문화주의:
　　　다문화주의 이론과 한국적 적용 • 김희정　57

제3장 한국에서의 이주노동운동과 다문화주의 • 이선옥　81

제2부 다문화 정체성, 이론과 현실

제4장 다문화와 새로운 정체성:
　　　포스트콜로니얼 시각을 중심으로 • 박흥순　111

제5장 탈분단·다문화 시대, 마이너리티 민족지:
　　　새터민, '우리'를 낯설게 하다 • 정진헌　135

제6장 파키스탄 이주노동자와 결혼한 여성들의 이야기:
　　　파키스탄 커플모임을 중심으로 • 정혜실　167

제3부 다문화교육의 현황과 문제점

제7장 한국의 다문화교육 현황과 과제 • 양영자　197

제8장 한국 사회 여성이주민의 삶의 자리와 기독교교육적 응답 • 오현선　231

제9장 현장에서의 다문화교육 사례 • 류성환　261
　　　　부록 1. 찾아가는 다문화교실 체험 수기문　281
　　　　부록 2. 찾아가는 다문화교실 자료사진　290

제4부 다문화주의와 종교: 이슬람과 동양사상

제10장 종교에서의 다문화 정신:
　　　　이슬람을 중심으로 • 이희수　295

제11장 동양사상에서의 '같음'과 '다름'의 문제에 관해 • 강희복　319

찾아보기　341

제1부

••••

한국에서의 다문화주의

담론, 정책, 운동

제1장

어떤 다문화주의인가?

다문화사회 논의에 관한 비판적 조망

오경석
(사단법인 국경없는마을 상임이사)

1. 이주문제의 보편성, 탈전통성 그리고 다문화주의

"하나의 유령이 세상에 출몰하고 있는데 그것은 이주라는 유령이다. 구세계의 모든 열강들은 이주라는 유령에 반대해 무자비한 조치를 취하는 데 합심했으나, 그러한 이동을 막을 수 없었다"(네그리·하트, 2001).

혹자는 지구화 시대를 '이주의 시대'라고 부른다(Kelly, 2002; Kivisto, 2002). 이는 지구화라는 시대적 흐름 속에서 이주문제가 모든 국가들이 공통적으로 고민해야 하는 지구공동체의 보편적인 의제가 되었음을 뜻하는 말이다. 현재 전 세계 인구의 약 2.5%는 이주민이다. 한국의 경우도 전체 인구의 약 2% 가량이 외국인들이다. 국경을 넘는 이주의 규모와 속도는 앞으로도 증대되고 가속화될 전망이다. 주요한 이주 수입국에 해당하는 서구 선진국들은 저출산·고령화로 인한 노동력 부족문제에 시달리고 있다. 그에 반해 송출국에 해당하는 개발도상국가들의 경제성장은 일반적으로 인구의 해외 유출이 저지될 수 있는 기준으로 평가되는 일인당 소득 7,000달러를 돌파하지 못하고 '이주의 고개'에 결박될 가능성이 높다. 게다가 정보 및 교통수단의 발달로 이동의 자율성은 증대되었으나, 국제적인 인구이동을 규제할 만한 성문화된 협약이나 법률 체계는 전무한 형편이다. 그 결과 국경의 통제 및 출입국관리법의 강화에도 불구하고, 비합법적인 이주와 정주의 규모는 날로 증가하는 추세에 있다(헬드, 2002; 네그리·하트, 2001; 스토커, 2004).

지구화 시대에 이주의 문제는 보편적일 뿐만 아니라 불가피한 면도 있다. 최근의 실증적인 연구들은 이주가 송출국은 물론이요, 유입국의 경제 성장에도 긍정적인 기여를 하고 있는 것으로 평가하고 있다. 유럽연합의 경우, 국내 전체 인구에서 이주민들이 차지하는 비중이 1% 증가했을 때, 국내총생산이 1.25%에서 1.5%까지 상승하는 것으로 조사된 바 있다(스토커, 2004). "저렴한 비합법 이주노동력을 별다른 규제 없이 손쉽게 공급받을 수" 있다는 점에서 미국을 비롯한 선진국의 장기적인 제조업 경쟁력이 유지될 수 있는 원인을 찾을 수 있다는 점도 알려진 바와 같다(헬드, 2002).[1] 이주자들은 유입국의 산업경쟁력 유지의 주요한 기제일 뿐만 아니라 실업률이 높아지고 복지비용 삭감이 불가피해지는 불경기에 일종의 '범퍼' 역할을 수행함으로써 유입국 주민들이 경기변동과 관계없이 일정한 삶의 질을 유지하는 데에도 중요한 기여를 한다.

이러한 이주의 보편성, 불가피성에도 불구하고 이주문제의 해법을 찾는 일은 그리 쉽지 않다. 전통적인 이주국가들이라고 할 수 있는 서구 국가들을 포함해 세계의 그 어떤 나라도 이주문제의 완전한 해법을 찾아내지 못하고 있는 현실이 이를 반증한다. 서구의 경우 이주 정책들이 오히려 퇴행하는 경향을 보인다. 최근 캐나다와 호주는 이주 정책의 근간이었던 '다문화주의'를 공식적으로 철회했다. 9·11 이후 미국 및 서유럽의 「이민법」 및 「국적법」이 강화되고 있음도 주지의 사실이다.[2] 이들 나라들에서 극렬한 인종 분규가 낯익은 일상의 경험이 되어버린 지는 이미 오래다.

이주문제의 해법을 찾기 어려운 이유는 두 가지 정도로 추론해볼 수 있다. 우선 이주문제의 복잡성이다. 이주는 일국적 문제이자 국가 간 문제이며, 구조적인 문제이자 개인적 욕망의 문제이기도 하며, 계급의

---

[1] 미국 이민국은 멕시코 국경을 차단하는 데 매년 20억 달러를 사용하지만 이주노동자를 고용하는 기업을 단속하려는 노력은 거의 보이지 않는데, 이는 이민국이 이주노동자들이 필요하다는 점을, 그리고 이주민 고용을 단속하기 위해 진지하게 노력한다면 오히려 기업들이 반발할 것이라는 점을 잘 알고 있기 때문이다(스토커, 2002).
[2] 이를테면 미국의 리얼 아이디 법안, 속지주의 철회 움직임, 영국의 5단계 입국 심사제(five-tier system) 등이 대표적이다.

문제이자 인종의 문제이며, 문화적 관용의 문제이기도 하다. 이주문제의 방점을 어디에 두느냐에 따라, 각기 다른 진단과 해법의 제시가 가능해지는 것이다(오경석, 2006ㄴ).

이주문제의 또 다른 어려움은 이주가 근대 민족국가 체제(근대 제도들) 및 그에 조응해서 구성되었던 근대 사회과학 체계의 정당성에 관해 도전적인 문제를 제기하는 '탈전통적'인 현상이라는 점에서 찾을 수 있다(헬드, 2002; 벡, 2000; Kelly, 2002). 이주를 통해 '동일한 국적, 단일한 국민 정체성, 배타적인 시민권, 영토 내부에 대한 포괄적인 통치권'으로 압축되는 근대 민족국가의 동질성 가정은 손상(Soysal, 1994)될 수밖에 없으며 그를 지지할 것을 목표로 그에 조응해서 구성되었던 근대 사회과학의 '영토주의' 가정 역시 새로운 검증의 대상이 되지 않을 수 없다(벡, 2000). 이주는 그 보편성에도 불구하고, "근대 민족국가론의 두 가지 원칙, 곧 국가와 사회(곧 국적과 시민권)의 동일시 및 국가와 사회의 배타적인 영토구속성이라는 원칙의 포기"를 강요하는 전복적인 특성을 띤다.

이런 맥락에서 이주문제의 해법을 찾는 일은 일국적인 토대에서 사회통합의 새로운 방법론을 찾는 일을 넘어 초국가적인 혹은 비국가적인 새로운 사회구성체를 형성해내는 일과 분리될 수 없다. 이주를 통해 다수결 민주주의의 한계, 배타적인 민족 및 국민 정체성의 허구성, 가부장적인 발전 패러다임과 국가 중심의 안보 논리의 폭력성 및 상대성이 의도하지 않은 방식으로 폭로된다. 단지 기존의 제도와 정책들을 개선하는 방식은 이 제도와 정책들이 근대 민족국가 체계의 구성 부분이었다는 바로 그 이유만으로도, 이주를 통해 드러나는 근대 민족국가 체계의 내적인 모순들을 해소하는 것에 어려움을 보일 수밖에 없다.

이주 현상의 보편성과 불가피성을 인정하되, 이주를 통해 드러나는 근대 체제의 '탈전통'적인 전화의 문제를 더 적극적으로 고려하기 위한 시도가 다문화주의이다.

2. 다문화주의'들'

다문화주의란 좁게는 이주문제의 적절한 해법을 모색하기 위한 시도이지만 근대 체제의 탈전통적인 전화의 문제의식과 맞닿아 있다는 점에서 명료하게 규정하거나 합의할 수 있는 개념이 아니다. 다문화주의는 근대국가 체제 '이후'의 탈전통적인 사회 공동체의 구성을 전망하는 철학, 이론, 사회운동론을 아우르는 키워드라는 점에서 지극히 논쟁적인 개념이다.

다문화주의는 1960년대 말 서구의 시민권운동을 기폭제로 1970년대 미국, 캐나다, 스웨덴 등의 전형적인 다인종 국가들에서 활발한 논쟁이 개시됨으로써 공론장에 본격적으로 등장했다(이상길·안지현, 2007). 다문화주의는 흔히들 다양한 문화적 주체들 혹은 소수자들(subaltern)의 특별한 삶의 자유와 권리 보장을 위한 '정체성 정치(politics of identity)' 혹은 정체성 '인정의 정치(politics of recognition)'를 뜻하는 것으로 알려져 있다. 그러나 철학적 기반, 개념 정의, 정치적 지향, 방법론 등에 있어서 합의된 규정을 발견하기란 결코 쉽지 않다.

철학적으로 다문화주의는 공동체주의와 자유주의라는 지난한 철학적 논쟁의 중심에 위치한다. '좋은 것'과 '옳은 것', '특수성'과 '보편성', '공동체'와 '개인', '미학'과 '합리성'의 공약 가능성(혹은 공약 불가능성)을 둘러싼 철학적 논쟁의 한복판에 다문화주의가 놓여 있는 셈이다(뮬홀·스위프트, 1992). 이렇듯 해소되지 않은 철학적 논쟁으로 인해 다문화주의 자체가 하나의 역설로 고착될 위험성은 상존하게 된다. 이를테면 '차이의 공통성' 혹은 '공통적인 차이'란 무엇을 뜻하는 말일까? '미학적인 보편성' 혹은 '보편적인 미학성'이란 또 무엇을 뜻하는 말일까? 다문화주의 담론이 강화될수록 다문화현실의 생성이 어려워지는 이유는 아마 다문화주의 자체에 내재되어 있는 이러한 철학적 딜레마와 무관하지 않을 것이다.

다문화주의는 가장 이상적인 방식으로부터 아주 정치적인 규정에 이르기까지 다양한 방식과 내용으로 개념 규정될 수 있다. 다문화주의는 광의의 이상주의적인 지평에서 "상이한 국적, 체류 자격, 인종, 문화적 배경, 성, 연령, 계층적 귀속감 등에 관계없이, 모든 인간이 인간으로서의 보편적 권리를 향유하고, 각각의 특수한 삶의 방식을 존중하며 공존할 수 있는, 다원주의적인 사회·문화·제도·정서적 인프라를 만들어내기 위한 집합적인 노력"(사단법인 국경없는마을 리플릿, 2006)을 뜻할 수도 있고, 협의의 제도적인 차원에서, "자유민주주의에 대한 광범위한 합의와 지지가 선결된 조건에서 다양한 문화적 주체들의 특수한 삶의 권리(politics of difference)에 대한 제도적 보장"(Kymlicka, 1995)을 뜻할 수도 있다. 더 구체적으로는 "지구화 시대, 보편적인 인권에 대한 광범위한 합의와 지지를 토대로 비국적자 및 체류 자격 미비자를 포함하는 방식으로 민족국가 시민권을 '탈민족국가'적인 방식으로 재규정(post-national citizenship)하려는 시도"(Soysal, 1994)를 뜻할 수도 있다. 정치적인 지향성과 관련하여 "상호 존중, 합리적 대화, 정치적 권리라는 세 가지 요건의 실현을 통해 시도되는 민주주의의 심화 프로젝트"(김남국, 2005)를 뜻할 수도, "'좌와 우', '진보와 보수'라는 고전적인 이분법적 정치이념의 경계를 무효화시키는 새로운 정치 '이데올로기(the latest 'ism')'"(Kelly, 2002)를 뜻할 수도 있다.

다문화주의와 관련된 정치적인 스펙트럼은 지향성의 차이뿐만 아니라

<표 1-1> 문화공동체들의 특수한 권리의 지지 유형에 따른
자유주의적 다문화주의의 세분화

	문화적 권리 지지	문화적 권리 비판
공화주의	테일러	배리
자유방임주의	라즈	케이텝
자유주의	킴리카	거트만

자료: 김남국(2005)을 재구성.

동일한 지향성 내부에서의 차이점 역시 나타날 수 있음을 보여준다. 가장 좌파적인 다문화주의는 '다중들의 전 지구적 시민권(global citizenship of multitude)' 확보를 목표로 한다(네그리·하트, 2001). 이에 반해 '적극적인 중도(active middle)' 진영은 가변적이며 '성찰적인 자기 기획으로서의 정체성 정치(identity politics as a reflexive project)'의 추구를 다문화 정치의 핵심으로 설정한다. 자유주의 지향의 다문화주의는 자유주의를 공유함에도 불구하고 특정한 문화공동체들의 '차이 인지적인(difference-oriented)' 권리 부여에 대해 어떤 입장을 취하느냐에 따라 세분화될 수 있다(<표 1-1>).3)

다문화사회의 핵심적인 주체를 어떻게 설정하느냐에 따라서도 다문화주의는 다양한 갈래로 구분될 수 있다. 소수민족, 토착민, 이주자들 및 미등록 체류자들은 각기 다문화사회의 주요한 주체로서 위상을 부여받을 수 있다. 어떤 주체들이 강조되느냐에 따라 다문화주의의 정치적 목표는 소수민족의 분리 및 자치, 토착민들의 권리 복원, 이주자들의

---

3) 자유주의 내부에서의 다문화 지향성을 둘러싼 논쟁은 여전히 진행 중인 것으로 알려져 있다. 킴리카(Kymlicka, 1995)는 '자유주의 비판으로서의 공동체주의적인 다문화주의', '집단 혹은 개인의 권리를 강화하기 위한 자유주의적인 다문화주의', '맹목적인 국민 만들기에 대한 비판으로서의 다문화주의'라는 세 가지 논제가 논쟁의 세 단계를 대변한다고 지적한다.

사회적 포용, 미등록 체류자들의 합법화 등으로 상이하게 설정될 수 있다(Kymlicka·He, 2005).

문화를 어떻게 규정하느냐에 따라서도 다문화주의의 내용과 범주는 상이해질 수 있다. 문화를 일반적인 삶의 방식으로 포괄적으로 규정하는 경우, 다문화주의는 굳이 문화적인 프로젝트로서의 자기규정을 가질 필요가 없게 된다. 이 경우 다문화주의는 사회 집단들 간의 갈등과 혁신 전체를 포괄하는 전 사회적인 프로젝트가 될 수 있다. 반면에 문화를 특수한 공동체 고유의 관습과 행위 양식으로 좁게 규정하는 경우, 다문화주의는 소수문화공동체들의 문화적 권리 보장을 목표로 하는 특수한 프로젝트로 제한되어야 한다(Kymlicka, 1995).

다문화주의의 적용 범위와 적용 방식에 대해 어떤 태도를 취하느냐에 따라서도, 다문화주의는 '온건한 다문화주의', '정책적 다문화주의', '강경한 다문화주의' 등으로 구분될 수 있다. 강경한 다문화주의가 사회 공동체에 대한 기존 개념(사회적 멘탈리티) 자체의 재구성을 목표로 하는 데 반해, 전자의 두 가지는 정책이나 제도의 보완 정도로 다문화주의의 적용 범위와 방식을 제한한다(마르티니엘로, 2002).

다문화주의의 논쟁적인 특성은 이처럼 다문화주의를 무엇으로 볼 것이냐(철학인가, 정치 지향인가, 제도 개선을 목표로 하는 상이한 제안인가)로부터 시작되어 각각의 입장 내부의 차이로 확산·심화되는 방식으로 강화된다고 볼 수 있다. 주목할 점은 다문화주의에 반대하는 집단들 역시 상이한 이유로 분화되어 있다는 점이다. 보수주의 진영은 개별 국가의 고유한 주권과 정신적 가치가 훼손된다는 이유로 다문화주의를 비판한다. 보편주의자들은 다문화주의의 상대주의적인 권리 담론에 반기를 든다. 미국식의 신자유주의, 혹은 신제국주의적인 자본주의 논리의 상부구조에 불과할 뿐이라는 비판은 급진주의 진영으로부터 제기된다(이상길·안지현,

2007). 특수한 공동체의 고유한 문화적 정체성을 타자화·주변화하는 효과를 가질 수 있다는 점에서도 다문화주의는 비판의 대상이 될 수 있다(천선영, 2004). 이런 이유들로 인해 모든 소수문화 주체들이 다문화주의를 옹호하거나 수용하는 것은 결코 아니다(마르티니엘로, 2002).

3. 한국에서의 이주문제의 동향과 다문화주의

한국의 근대화를 특징짓는 대표적인 용어 중의 하나가 '압축성'이다. 압축성이라는 특징만을 고려하는 경우, 한국에서의 다문화주의는 지극히 '근대적인 현상'이 아닐 수 없다. 한국에서의 이주문제는 서구나 동아시아 국가들과는 전혀 다른 양상으로, 압축적이며 동시에 비약적으로 경험되고 있기 때문이다.

지난 20여 년간 이주와 관련된 한국의 위상은 극적으로 변화했다. 1980년대 초까지만 해도 한국은 다른 아시아 국가들과 다를 바 없는 적극적인 노동력 수출 국가였다. 1965년에 설립된 '한국해외개발공사'라는 국가기관이 노동력 수출의 전담기구였다. 1980년대를 경유하면서 한국은 말레이시아, 태국, 홍콩 등과 함께 노동력의 수출입이 비슷한 국가 대열에 합류했다(스토커, 2004). 1988년 올림픽 개최를 계기로 한국은 아시아의 주요한 이주노동력 유입 국가의 위상을 갖게 된다. 1988년 이후 국내 이주자의 규모는 급속도로 증가해서, 2006년 3월 현재 국내에 체류 중인 외국인의 규모는 80만 3,000명으로 전체 인구의 2%에 이른다(법무부). 그중 53만 7,000여 명이 90일 이상 체류하고 있는 장기체류자들로서 이는 전체 인구의 1.1%에 해당하는 수치이다(행자부). 국제결혼율도 급증하고 있는 추세로 2001년 전체 결혼 건수의 4.8%에 불과했던 것이 2005년에는 13.6%로 증가, 4만 3,121건에 달하는 것으로 보고된 바 있다(통계청). 현재 대략 40여만 명 전후의 이주노동자들이 국내에 체류하고 있는 것으로 추산되고 있는데 그들 중 약 50%에 해당하는 20여만 명이 미등록 이주노동자들이다.

단기간에 이뤄진 이민 송출국에서 이민 유입국으로의 위상의 변화는 국내외적인 차원에서 여러 가지 긍정적인 효과들을 가져다주었다. 국제사회에서 한국의 국가 이미지는 제고되었다. 한국은 아시아 출신 노동자들이 선망하는 '코리안 드림'의 목적지가 되었다. 이주노동자들이 내국인 노동자들이 기피하는 저임금의 '3D'업종에 투입됨으로써 제조업의 경쟁력이 유지될 수 있었다. 이를 기반으로 한국 정부는 공격적인 '세계화' 전략을 추진할 수 있었으며, 1996년에는 선진국가들의 관문이라고 할 수 있는 OECD에 진입하는 데 성공했다.

그러나 압축적인 근대화와 마찬가지로 이민 유입국으로의 압축적인 위상의 변화 역시, 여러 가지 심각한 문제들과 모순들을 동반할 수밖에 없었다. 무엇보다도 이주와 관련된 다양한 사회적 의제들이 동시적으로 발현할 수밖에 없었다. 서구의 경우 이주 의제들은 각 세대별로 특화되어 단계적으로 공론화되는 양상을 띤다. 이주 1세대들에게는 정치적 시민권이, 2세대들에게는 사회경제적 시민권이, 3세대들에게는 문화적 시민권의 문제가 핵심적인 의제가 되는 식이다(Kelly, 2002). 우리의 현실은 그 모든 문제들이 어느 것 하나 제대로 해결되지 못한 채 혼재되어 있는 상황이다. 이는 이주민의 규모가 확대되고 있을 뿐만 아니라 내적 구성이 다변화되고 그에 따른 다원적인 욕구들이 출현하고 있음에도 불구하고, '부재-빈곤-비약'의 저발전 단계를 벗어나지 못하고 있는 정부 이주민 정책의 실패에 기인하는 바가 크다(<표 1-2>).

이주민 유입 국가가 된 지도 20여 년이 지났지만 정부는 무려 15년간

〈표 1-2〉 외국 인력 정책의 단계별 특징

	1단계	2단계	3단계	4단계
시기	1987~1991	1991~2003	2003~2006	2006~
특징	정책 부재 시기	산업연수제 시기	고용허가제와 산업연수제 병행 시기	이주노동정책에서 이민정책으로
내용	미등록 노동자로 정착하는 것을 방관	연수생에 대한 가혹한 시민·노동권적 배제, 연수생의 사업장 이탈 미등록화 조장	고용허가제 시행, 중소기업중앙회의 반발로 산업연수제 존속	다문화 통합 정책·고용허가제 단일화

자료: 이선옥(2005)을 보완.

은 '산업연수제'라는 이주노동 '불허' 정책을 고수했으며, '고용허가'라는 제한적인 '방문노동(guest worker)' 허가 정책을 본격적으로 실시한 것이 2007년부터이니 아직 1년도 채 되지 않았다. 그 결과 전체 이주노동자들의 50%가량에 달하는 미등록 체류자들의 규모는 줄어들지 않고 있다. 고용허가와 산업연수가 병행되기 직전인 2003년의 경우에는 미등록 노동자들이 전체 이주노동자의 80%에 달하기도 했다(<표 1-3>).

'노동 허가 불허'와 더불어 한국 정부의 이주민 정책을 특징짓는 또 다른 키워드는 '가족 동반 불허'라는 것이다. 한국 정부는 지난 20여 년간 일관되게 이주노동자의 정주화를 방지하기 위한 목적으로 국내 체류 기간을 3년으로 제한하고 가족 동반은 불허하는 단기 로테이션 정책을 고수해왔다. 결국 국내 이주노동자들의 대다수는 기본적인 노동권으로부터 배제되어 있을 뿐만 아니라 가족과 함께 살아갈 수 있는 인간적인 권리 또한 누리지 못하고 있는 형편이라고 할 수 있다.

이런 상황에서 2006년 정부는 한국 사회의 '다문화·다민족 사회로의 전환'이라는 문제의식을 급작스레 선언하는 방식으로 이주자 정책의 변화를 모색한다. 소위 '관주도의 다문화주의'가 이주자 정책 담론의

〈표 1-3〉 국내 체류 미등록 이주노동자 규모의 추이(단위: 천 명, %)

	1996	1997	1998	1999	2000	2001	2002	2003	2004.6	2005.5
전체 외국 인력	210	245	158	217	286	330	363	389	420	401
미등록 이주노동자	129 (61.3)	148 (60.3)	99 (63.1)	135 (62.3)	189 (66.2)	255 (77.4)	289 (79.8)	138 (35.3)	166 (39.5)	199 (49.7)

자료: 이선옥(2005).

새로운 키워드로 부상한다. 다문화주의 정책을 통해 단기적인 방문노동의 문제를 이민(정주)의 문제로, 노동력 관리의 문제를 사회문화 통합의 문제로 새롭게 자리매김하겠다는 것이 정부의 의도다. 그러나 이주노동자들의 노동권 및 시민권에 대해서는 철저하게 배타적인 입장을 견지해 온 정부가 문화적 권리와 관련해서만 적극적으로 개방적인 입장을 취하는 일이 과연 가능한 일일까?[4]

4. 국내의 다문화사회 논의, 몇 가지 문제들

2005년 무렵부터 정부를 중심으로 미디어 및 학계를 포함하는 공론장, 그리고 현장의 지원단체들을 망라하는 다양한 주체들에 의해 가히 '붐'

---

[4] 일반적으로 서구 사회의 이주(노동)자의 시민권 모델은 다음과 같은 네 가지 내용으로 유형화된다: 1) 비실체적 모델: 이주노동자의 존재 자체를 무시(일본과 이탈리아), 2) 배타적 모델: 인종적 민족주의(스위스, 독일, 벨기에), 3) 공화적·제국적 모델: 혼합적·속지주의적 시민권(영국, 프랑스, 네덜란드), 4) 다문화 모델: 영구적 이주, 시민권 보장, 시민적 민족주의 추구(캐나다, 호주, 스웨덴)(Castles and Miller,1993). 이와 관련해 한국 정부는 노동·시민권에 대해서는 1)유형을 고수하면서 문화적 권리에 대해서는 4)유형을 주장하고 있다는 점에서 일종의 극심한 '정책적 분열상'을 자초하고 있는 셈이다.

이라고 할 수 있을 정도로, 다문화사회에 대한 논의들이 활발하게 개진되고 있다. 한국이 전 세계 184개국 가운데 아이슬란드와 함께 유일하게 단일문화를 고수하고 있는 국가로 분류(Kymlycka, 1995)되는 '한 핏줄-한 민족-한 문화' 신화를 대표하는 나라라는 점과 이주문제의 압축성과 그에 대응하는 정책의 실패로 인해 혼돈스러운 이주 현실을 경험하고 있다는 점에서 다문화사회에 대한 논의는 일면 긍정적인 평가를 받기에 충분해 보인다. 그러나 현재의 논의들이 몇 가지 심각한 문제점들을 방치하거나 강화하고 있다는 사실을 지적하는 일 역시 그리 어렵지 않은 일이다.

다문화주의에 대한 정부의 관심은 2005년 5월, 외국인 문제의 위상이 "대통령 지시 과제"로 격상되면서 본격화되기 시작했다. 2006년 4월 국정회의에서 "다인종·다문화 사회로의 진전은 거스를 수 없는 대세"라는 대통령의 발언이 있은 후, 정부의 각 부처는 "이주자를 통합하려는 다문화주의 정책" 개발과 입안을 위한 경쟁에 적극적으로 나서고 있다. 정부가 주도하는 다문화주의 이주민 정책에서 가장 문제가 되는 점은 대상 범주와 방법론이다. 정부가 고려하는 다문화 정책의 대상 범주는 결혼 이민자 가정이다. 결혼 이민이 급격히 증가하고 있는 것은 사실이지만, 결혼 이민이 전체 이주자 문제를 대변할 수 있는 위상을 갖는 것은 결코 아니다. 서구의 경우, 결혼 이민자는 다문화적인 사회구성과는 가장 거리가 먼 문화적인 병합(amalgamation)의 대상일 뿐이다(Kymlicka·He, 2005). 정부의 다문화 정책에서 국내 이주민 문제의 핵심이라고 할 수 있는 미등록 이주노동자들의 문제는 범주적으로 배제되어 버린다. 체류 자격 여부와 관계없이 이주(노동)자들에게 자국민과 동일한 시민권을 보장하는 것(Soysal, 1994)이 다문화사회로의 전환을 판단할 수 있는 주요한 잣대일 수 있다는 입장을 수용하는 경우, 현재 정부가 추진하고 있는 다문화 정책의 한계는 명백하다. 이주노동 정책이 다문화주의적인 외국인 통합 정책으로 변화하고 있음에도 불구하고 미등록 이주노동자들의 상황은 전혀 개선되고 있지 않을 뿐만 아니라 오히려 이주문제를 다루는 공론장에서조차 주변화되는 역설이 초래되고 있다.[5]

결혼 이민자 가정을 대상으로 하는 정부의 다문화 정책 역시 가부장적 순혈주의에 근거한 동화주의 원칙을 고수하고 있다는 점에서 근본적인 한계를 드러낸다(김희정, 2007). 정부는 결혼 이민자 가정의 중심 범주를 한국인 남성과 외국인 여성 커플로 설정함으로써 한국인 여성과 외국인 남성 커플을 주변화하는 우를 범하고 있다(정혜실, 2007).[6] 한국 남성과 결혼한 외국인 여성들은 가부장적이며 순혈주의적인 한국 사회 및 문화에 일방적으로 적응 내지 통합되어야 할 대상이지, 결코 다문화사회의 대등한 주체로 평가되지 않는다.

이런 면에서 정부의 다문화주의 이주민 정책은 '다문화주의'라는 포용적인 슬로건에도 불구하고, 이주민 공동체 내부의 '분열'을 가속화시키

---

[5] 1993년부터 2005년까지, 자살, 산재 등으로 숨진 이주노동자들이 '공식적으로'만 96명에 달한다(인권단체연석회의, 2005). 정부의 다문화 정책이 공론화되기 시작한 이후에도 이들의 상황은 별로 나아지지 않고 있다. 2005년부터 2007년 3월에 이르기까지 대략 7만 4,910명의 미등록 이주노동자들이 단속되었으며, 그중 6만 674명이 강제 퇴거(추방)당했다. 실질 임금은 하락했으며, 노동시간은 증가했다. 2007년 2월 여수출입국 화재 참사가 이들의 가혹한 인권 상황을 대변한다(샤킬, 2007).
[6] 그러나 한국 여성과 외국 남성 커플이 전체 국제결혼 커플 가운데서 차지하는 비중이 무시할 수 없음은 분명하다.

〈성별에 따른 국제결혼 추이〉

	1990	2005
한국 남성+외국 여성	619건	31,180건
한국 여성+외국 남성	4,091건	11,941건
전체	4,710건	43,121건

자료: 정혜실(2007).

〈표 1-4〉 미디어 및 공론장에서의 결혼 이민 여성에 대한 재현의 유형

부인 및 오인의 방식	부인 및 오인의 내용
문제화	빈곤, 무력감, 무지, 무개성, 무인격, 계몽의 대상, 소통불능, 위협적 존재
대상화	피해자, 희생자, 지원의 대상, 동화 및 통합의 대상, 낮은 위계, 동정의 대상
타자화	순결, 구원, 수동적인 객체, 순진하고 약한 자, 어수룩하거나 교활한 자, 배타적 객체, 관념적 타자

자료: 오경희(2007).

는 분할통치술(divide and rule)의 일환으로 구사되고 있다는 혐의를 지우기 어렵다.

다문화사회에 대한 편협하고 왜곡된 이미지가 가장 적극적으로 생산되고 소통되는 공론장은 방송미디어일 것이다. 2005년 이후 방송매체들은 시사, 교양, 오락, 드라마와 영화라는 장르를 넘나들며, 다문화를 문화 상품화하는 데에 적극적으로 나서고 있다. 그러나 그들 프로그램에서 재현되는 다문화사회란 주로 아시아 출신의 여성 결혼 이민자를 주인공으로 하고 있다는 점에서 편협할 뿐만 아니라, 그들에 대한 왜곡된 이미지를 무분별하게 유포시키고 있다는 점에서 정부의 다문화 담론에 못지않은 심각한 문제들을 드러낸다. 미디어는 '문제화' 혹은 '신비화'라는 두 가지 극단적인 이미지로 이주여성 혹은 여성 결혼 이민자들을 재현한다. 그런 이미지는 '경계심'과 '온정주의'라는 두 가지 극단적인 반응을 유도하는 것으로 귀결되게 마련이다. 미디어 공론장에서 유통되고 있는 이주여성들에 대한 이러한 왜곡된 이미지들로 인해 이주여성들의 삶은 '탈맥락화'되고 한국 사회에서의 그들의 존재는 '타자화'될 수밖에 없어진다(<표 1-4>).

한국 사회가 다민족·다문화사회로 진입했음을 한결같이 강조하면서

도 이주민들의 사회적 가치, 문화적 주체성을 인정하는 방송물을 찾아보기 힘들다는 것이 미디어 공론장에서 유통되고 있는 다문화사회 담론의 한계라고 할 수 있다.

학계의 다문화주의 담론은 정부나 미디어 공론장에 비해서는 객관적이며 심층적인 접근을 시도하고 있다는 점에서 긍정적으로 평가될 수 있다. 2006년과 2007년에 한국사회학회가 연속적으로 시도하고 있는 '다문화주의'에 관한 특별 세션이 학계의 다문화주의에 대한 포괄적인 고민을 보여주는 대표적인 사례라고 할 수 있다. 한국 학계에서 다문화주의 담론은 1990년대 초반에 문학 비평의 한 영역으로 처음 소개되었다. 1990년대 후반에는 정치철학적인 관점에서 다문화주의에 대한 접근들이 시도된 바 있다. 그러나 실용주의적인 관점을 넘어서서 다문화주의를 사회과학적인 차원에서 심층적으로 검토하려는 작업은 여전히 취약한 것이 현실이다(이상길·안지현, 2007).

아직까지는 다문화사회로의 전환을 거부할 수 없는 시대적 당위로 간주한 후, 결혼 이민자라는 제한적인 범주를 대상으로 효율적인 사회통합의 방법론을 모색하는 연구들이 주류를 이루고 있다. 다문화주의가 이질적인 사회철학과 정치이념들의 경합장(Kelly, 2002)이며, 근대적인 사회구성 전체에 대한 도전적인 문제 제기들로 구성되는 지극히 논쟁적인 개념(Kivisto, 2002)이라는 점을 지적하는 연구들은 아주 드물다. 한국 사회의 다문화사회로의 전환(곧 이주 '노동'의제의 '다문화'의제로의 급작스러운 전환)의 정당성, 한국적인 다문화 환경의 특수성, 한국에서 다문화를 논의하는 경우 핵심적으로 고려해야 할 대상 및 방법론(서구적 다문화 담론을 극복해야 하는 문제의식), 다문화사회 논의의 부정적인 효과 및 문제점들(이를테면 문화 주체들 간의 위계를 강화하거나 그릇된 인정을 통한 종족 집단 간의 분할통치)을 집중적으로 논구하는 연구들을 찾아보는 일도 쉽지 않다.[7] 여성 이주자 혹은 여성 결혼 이민자를 대상으로 하는 연구들의 경우에도, 그들을 동질화, 대상화, 타자화함으로써 다문화사회로의 전화의 과정에서 그들이 수행할 수 있는 주체적인 역할을 폄하하거나 주변화하는 연구들이 주류를 이루고 있다.

현장의 이주민 지원단체들 역시 다문화사회 담론의 확장에 기여하고 있다. 2006년에는 다문화주의를 공식적으로 표방하는 두 곳의 NGO('다문화열린사회'와 '사단법인 국경없는마을')가 창립되기도 했다. 그러나 그들이 다문화주의에 내포되어 있는 급진적이며 논쟁적인 사회 변화의 문제들을 진지하게 고민하고 있는지는 의문이다. 현장에서 이해되는 다문화사회란 '담론적인 이상향'이거나 위탁받은 프로젝트의 '주제'이거나 관행적으로 운영해온 문화 프로그램의 한 '아이템' 정도일 경우가 대부분이다. 지원단체들이 진행하는 다문화 프로그램들이 '인권 및 언어 교육, 축제 지원' 등 관에서 수행하는 이주민들의 한국 사회 적응 프로그램과 차별성을 보이지 못하고 있다는 점이 이를 반증한다(이선옥, 2007). 현장에서조차 다문화주의는 '선택의 여지가 없는' 시대적 당위를 넘어서지 못한다.

결국 현재 우리 사회에서 유통되고 있는 다문화주의 담론들에게서 발견될 수 있는 공통적인 문제점들은 다음과 같이 정리할 수 있다. 첫째, 현재의 다문화주의 담론은 이주자들의 현실을 정확히 반영하지 못하고 있다. 둘째, 이주자 정책의 실패를 거듭해온 정부가 주도하는 기이한

---

[7] 정치철학으로서의 다문화주의와 관련된 서구적 맥락에서의 논쟁 지형을 세심하게 정리한 후 한국적 적용을 위한 조건을 제시한 김남국, 다문화주의 논의 자체의 부정적인 효과를 비판적으로 분석한 천선영, 현재 우리 사회에서 진행 중인 다문화 논의의 여러 가지 문제점들을 예리하게 지적하고 있는 엄한진 등이 이런 '드문' 연구자에 해당한다(이에 관해서는 김남국, 2005; 천선영, 2004; 엄한진, 2006 참조).

양상으로 전개되고 있다. 셋째, '다문화주의'를 표방함에도 불구하고 정작 이주민 자신들의 목소리는 전적으로 배제되어 있다.[8]

5. 다문화 환경의 유형화, 그리고 한국

　우리의 다문화주의에 대한 논의가 이주자들의 현실을 왜곡하고 정부의 통치 이데올로기를 강화하며, 다문화사회의 주체들인 이주민들을 주변화하는 데 기여하는 다문화주의에 대한 논의일 수 없음은 분명하다. 그렇다면 이주민들의 현실을 실제로 개선하고, 이주민들의 고유한 삶의 자유를 보장하며, 시민권적 권리를 신장하는 데 기여할 수 있는 다문화사회에 관한 논의는 과연 어떤 방식으로 개진될 수 있을까? 다문화주의 담론의 선언적인 이상주의와 이주민들의 지체된 현실 사이의 간극은 과연 어떤 방식으로 좁혀질 수 있을까?

　다문화주의를 생산적이며 현실적인 토론의 주제로 재규정하기 위해서 무엇보다 필요한 일은 다문화주의를 논의할 수 있는 역사적 맥락 및 사회적 환경이 모든 나라에서 결코 동일할 수 없음을 이해하는 일이다. 다문화주의가 '이주의 시대'를 살아가는 지구인들의 보편적인 고민거리라는 사실이 결코 모든 국가(및 사회 그리고 집단과 개인)들이 동일한 형태로 다문화문제를 경험하고 있다는 뜻은 아니다. 다문화주의는 상이한 이주민의 유입 경로, 민족국가 체제의 안정성, 민주주의의 수준, 종교 의제와의 결합 정도 등에 따라 상이한 방식으로 논의되고 추진될 수

---

8) 이와 관련해 "미네르바의 부엉이는 황혼에 난다"는 격언의 우울한 경고를 환기해볼 필요가 있다. 현실과 괴리된 다문화사회 담론의 과잉이 다문화사회운동의 실질적인 동력인 이주자들의 자생적인 사회운동에 질곡으로 작용할 수도 있다는 이야기다.

있다. 이주민의 유입 경로는 다문화사회의 핵심 주체를 설정하는 문제에서 중요한 변수가 된다. 민족국가 체제의 안정성 여부는 다문화사회의 주요한 갈등 주체와 분규의 내용을 결정짓는 주요한 요인으로 작용한다. 민주주의의 수준은 서구적 환경에서 배태된 자유주의적 다문화주의의 타당성을 비서구 사회적 맥락에서 검증할 때 주요한 기준으로 활용될 수 있다. 강하고 경쟁적인 종교 공동체의 존재 여부는 다문화주의의 실현 방법론(강도)을 설정하는 문제와 관련하여 중요한 고려의 대상이 된다. 이들 요소들의 결합 방식을 구분함으로써 다문화 환경의 이념형을 세 가지로 유형화해볼 수 있다(<표 1-5>).

(가)유형은 이를테면, '유럽-제국주의형'이라고 불릴 수 있는 다문화 환경이다. 민족국가 체제의 안정성, 민주주의 발전 정도, 시민사회의 성숙도 등에서 가장 '선진적'으로 구현된 다문화 환경이라고 평가할 수 있다. 이런 환경이 뒷받침되는 탓에, '다문화시민권(multicultural citizenship)', '데니즌십(denizenship)', '탈민족국가시민권(postnational citizenship)' 등, 다문화사회를 구현하기 위한 시민권의 급진적인 개정에 관련된 논의들이 개진되는 것이 가능하다. 유럽의 선진 산업국가들의 다문화 환경이 이에 해당한다. 그러나 타 민족국가(문화)를 폭력적으로 정복했던 제국주의의 경험을 갖고 있다는 점에서 이들 국가들의 다문화주의는 본원적인 한계를 갖는다고도 볼 수 있다(린드크비스트, 2002; 2003). 이들 사회의 다문화 주체(이주민)들의 대부분은 '식민지의 신민'들이었다. 그들을 향한 개방주의적인 포용 정책은, '제국의 국민'과 '식민지의 신민'들 사이의 근본적인 힘의 불균형에 근거한 것에 불과했다. 시민사회 차원에서 이뤄지는 극렬한 인종주의적 폭력들과 유럽 외부에 대한 뿌리 깊은 배타주의가 이들 환경의 태생적 한계를 반증한다.[9]

(나)유형은 '미국형 혹은 신제국주의형'이라고 불릴 수 있는 다문화

〈표 1-5〉 다문화 환경의 유형화

	(가)유형	(나)유형	(다)유형
1) 이주민의 유입경로	식민지 신민들의 본국으로의 유입	정복에 의한 토착민의 이주자화, 신이주민들	식민 정부에 의한 자의적 종족 혼합
2) 민족국가 체제의 안정성	안정	안정	불안정
핵심적인 갈등 주체	민족국가체제 헤게모니 경쟁에서 패배한 민족 소수들	주류민족에서 주변화된 토착민들	식민 정부의 분할-통치 전략에서 배제된 종족 공동체들
다문화적 분규의 내용	민족 소수의 자치 혹은 분리	토착민의 자치 권리 복원	종족 연방의 비대칭성
3) 민주주의 수준	민주주의의 민주화	민주주의의 정교화	제도적 민주주의의 모색
개인화 정도	개성화	개별화	집단주의
시민사회	분화	분화	미분화
시민권	데니즌십, 지역참정권	영주권	불허
민족주의의 내용	탈민족지역주의와 극우민족주의	인종주의와 국가주의	종족주의
지방자치 수준	강함	강함	약함
4) 다문화의제와 종교의제의 결합도	강함	강함	강함
5) 다문화 정책의 기조	자유주의적 포용 (민족국가레짐 안에서의 제한적 자치)	관주도적 포용 (실질적인 동화)	형식적 포용, 국가주도적 동화주의
다문화 지향성의 변화	문화집단의제로부터 인권의제로	시스템의 강화	외부적 압박에 의한 인권의제의 수용

환경이다. 이러한 환경을 갖추고 있는 나라들로는 미국, 캐나다, 호주 등 소위 새로운 주류 이주국가들이 포함될 수 있다. 이들 국가들은 흔히

---

9) "No blacks, No dogs"(1950년대), "If you want a nigger for a neighbour, vote Labour"(1964), "Labour says he's black. Tories say he's British."(1984)와 같은 영국 정계의 인종주의적 슬로건들을 보라.

모범적인 다문화주의의 전범을 제공해주는 국가들로 알려져 있다. 그러나 이들 나라들의 다문화주의가 정치·경제적인 이유로 국가에 의해 전략적이며 도구적으로 동원되어 왔음은 주지의 사실이다. 이들 나라들은 (가)유형의 국가들과 같은 제국주의의 경험은 갖고 있지 않으나 정복 국가들이라는 점에서는 공통적이다. 이 과정에서 주류 민족이었던 토착민들이 '내부의 이주자 소수집단'으로 전락한다. 민족국가의 헤게모니는 '이방인 정복자'들의 몫이 된다. 이들 환경에서의 다문화주의란 실질적으로는 정복자들의 정체성(이를테면, 'WASP')을 표준적인 것으로 공인하고 제도적으로 정당화하는 정치적인 과정과 분리되기 어려워진다.

(다)유형은 '아시아형 혹은 탈식민주의형'이라고 말할 수 있는 다문화 환경이다. 여기에 해당되는 나라들은 (가)나 (나)유형과는 달리 정복이 아니라 식민 통치를 경험한 국가들이다. 인도네시아나 말레이시아 등의 아시아 국가들이 이에 해당하는데, 이들 지역은 식민지 이전에 이미 다종족·다문화적인 삶의 환경이 조성되어 있던 곳들이다. 이 국가들은 식민 정부의 자의적인 행적 구획 편제와 종족 분할통치, 강제 이주 등에 의해 종족 문화생활권의 격리와 중복이 일어나 종족 간의 분규를 강요받았다. 이런 이유로 이 국가들에서의 다문화문제는 탈식민, 곧 식민 통치 이전의 다종족·다문화 환경을 복원하는 문제, 그리고 전통적인 토착 문화의 반인권적·가부장적 요소들을 탈전통화하는 문제, 그를 위해 현재의 통치주체를 민주화하는 문제 등과 중첩됨으로써 더욱 접근이 어려워진다.

한국의 다문화 환경은 이들 세 가지 유형의 어디에도 귀속될 수 없다는 점에서 아주 특별한 경우라고 할 수 있다(<표 1-6>).

한국은 식민지 경험을 했다는 점에서는 (다)유형의 국가들과 정치적 헤게모니를 놓고 경합해야 할 경쟁적인 종족 공동체가 부재하여 정치체제의 다문화적 분열을 경험해본 적이 없다는 점에서는 (나)유형의 국가들

〈표 1-6〉 한국의 특수한 다문화 환경

1)	이주민의 유입경로	외국군대의 주둔, 디아스포라의 귀환, 자원적인 이주자들
2)	민족-국가 체제의 안정성	취약하며 강압적인 국가 정당성
	핵심적인 갈등 주체	미등록 이주노동자(정책적으로는 결혼 이민자)
	다문화적 분규의 내용	합법적인 정주 및 노동의 권리 보장(정책적으로는 결혼 이민 가족 구성원의 시민권)
3)	민주주의의 수준	제도적 민주주의
	개인화 정도	집단주의를 기저로 하는 개별화 진행 중
	시민사회	미분화되었으나 역동적
	시민권	불허
	민족주의의 내용	강박적이며 조울증적인 민족주의
	지방자치의 수준	약함
4)	다문화의제와 종교 의제의 결합도	약함
5)	다문화 정책의 기조	순혈주의적이며 가부장적인 통합 정책
	다문화 지향성의 변화	인권, 노동 의제로부터 문화 의제로의 전화

과, (형식적일지언정) 자유주의 지향의 통합주의적인 이주자 정책을 모색하고 있다는 점에서는 (가)유형의 국가들과 공통점을 보인다. 그러나 (가)유형의 국가들이나 (나)유형의 국가들과 같이 민족 소수나 토착민들의 문제로 고민해본 바가 없으며, (다)유형의 국가들과 같이 정치적 헤게모니를 특정 종교 공동체가 독점함으로써, 다문화 의제를 종교적 차원의 사회 문제로 경험해본 바도 없다. 민족국가는 '분단'이라는 특이한 경로를 통해, (식민 정권하에서의 매판적인 통치주체들이 식민 이후의 정치적 헤게모니 역시 장악함으로써 초래된) 취약한 정당성에도 불구하고 ('반공'이라는 금단의 '국시'를 통해) 과도한 통합성을 행사할 수 있었다. '분단'은 허구적이며 분열적인 민족주의를 정당화하는 기제이기도 했다. 다문화주의가 모색될 수 있는 중요한 토대라고 할 수 있는 민주주의는 (가)나 (나)유형의

국가들에 비해서는 취약하지만, (다)유형의 국가들에 비해서는 활성화되어 있다고 볼 수 있다. 시민사회는 그 어떤 유형의 국가들보다 역동적이지만 미분화되어 있다는 점에서는 한계를 보인다.

거칠게 단순화한 것이지만 이러한 유형화를 통해 몇 가지 사실을 확인할 수 있다. 우선 다문화주의와 관련하여 적절하게 차용할 수 있을 만한 모델이나 규범적인 방법론이라는 것은 존재하지 않는다. 한국의 다문화 환경은 기존의 어떤 유형에도 귀속될 수 없는 매우 특수한 성격을 갖는다. 다른 유형의 국가들과 달리 한국 사회에는 다문화주의에 대한 고민을 강요받을 만한 상부구조 및 멘탈리티(mentality)가 조성될 기회가 없었다. 이는 한국적 환경에서 다문화주의를 적극적으로 추진하기에 충분한 제도적 기반 및 시민사회적 동력이 모두 매우 취약하다는 것을 뜻한다.

한국 사회의 다문화 환경이 이와 같은 특수한 성격을 갖고 있다는 사실을 인정하는 경우, 다문화사회에 대한 적절한 논의는 다문화주의를 논의할 수 있는 제도적 기반 및 시민사회적 멘탈리티를 형성하는 과제와 연동될 수 있는 방식으로, 한국 사회의 특수한 다문화 환경을 반영하며, 그에 적용될 수 있는 적절한 다문화 개념, 모델, 방법론을 발굴하는 것을 목표로 수행될 수 있어야 할 것이다. 그것이 순혈주의적인 통합정책을 기조로 전개되고 있는 모방적인 '관주도형 다문화주의'에 대한 논의와 같을 수 없음은 분명하다.

6. 다문화사회 논의의 콘텍스트

다문화사회에 대한 고민이 최소한의 진정성을 가지려면 다문화주의 자체에 대한 논의와 더불어 한국 사회만의 특수하면서도 척박한 다문화 환경 및 개방적이며 다원주의적인 토론이 이뤄지기에는 턱없이 취약한 공론장의 문제가 동시에 다뤄져야 한다. 정치 및 시민사회의 반다원주의적인 멘탈리티와 인프라가 당연시되는 상황에서 다문화사회에 대한 논의는 공허하거나 기만적인 말장난이 될 개연성이 크기 때문이다. 다문화사회에 관한 논의들이 담론적인 급진성에도 불구하고 폐쇄적이며 분열적인 공론장의 전통에 매몰되어 있는 경우, 논의들의 적극성은 몰성찰적인 조급성으로 평가절하될 수밖에 없을 것이다.

〈표 1-7〉은 국가의 탈중심화 경향(Soysal, 1994), 탈민족주의 지향, 그리고 소수문화(혹은 문화적 차이)에 대한 관용의 정도라는 세 가지 기준으로 한국 사회에서 다문화주의에 대한 논의가 배태되고 공론화될 수 있었던 콘텍스트로 작용한 사건들을 선택하고, 그들 사건들이 다문화주의 논의에 끼쳤을 영향력들의 함의들을 추론한 후, 이를 정부의 외국인 정책의 변화 과정과 연관시켜 정리해본 것이다. 〈표 1-7〉을 통해 몇 가지 흥미롭지만 우울한 사실들을 확인해볼 수 있다.

정부나 시민사회 두 차원 모두에서 국가의 탈중심화 경향은 가속화되고 있다. 박정희 정권은 한국해외개발공사를 통해 적극적인 노동력 수출정책을 구사함으로써 한국의 기층 민중이 '나라 밖'을 경험할 수 있는 최초의 조직적인 기회를 제공했다. 노태우 정권은 '한민족공동체통일방안'을 발의함으로써 '한민족'의 생활 반경이 남한이라는 국가 영토 내부에만 제한될 수 없다는 사실을 공론화하는 데 기여했다. 김영삼 정권은 신자유주의적인 '세계화' 슬로건을 적극적으로 수용함으로써 국가가 주도하는 국가의 탈중심화라는 역설이 발현되는 토대를 마련했다. 이는 노무현 정권으로까지 이어져 한미FTA를 적극적으로 추진하는 과정에서

---

10) 1992년 출판되어 200만 부 이상의 판매고를 올린 김진명의 베스트셀러로 남과

〈표 1-7〉 다문화사회 논의의 콘텍스트들

시기	주요 콘텍스트	다문화주의와의 관련성	이주노동정책
1965	한국해외개발공사 설립	'국가주도'의 탈국가 경험	국가주도의 이주노동수출 정책
1970	「외국인특별토지법」 제정	국내 유일의 에스닉 집단인 화교공동체의 고립	
1988	이주노동유입 시작	총체적이며 가혹한 사회적 배제	이주노동정책 부재
1989	한민족공동체통일방안, 해외여행 자율화	재외한인에 대한 관심 제고	
1992	국정목표로서의 '세계화' 슬로건	'외국어(영어)'능력에 대한 전 사회적 강조	
1993	북한 NPT 탈퇴, 『무궁화꽃이 피었습니다』[10]	'민족의 제국화'에 대한 환상의 공론화	
1996	OECD 가입, 문화의 시대 선포	글로벌스탠더드에 대한 강조	
1997	IMF 발발	외국인노동자 유입 금지 압력	
1998	영어공용어화 논쟁	한문의 주변화	
1999	『민족주의는 반역이다』[11] 「재외동포특별법」	민족의 탈신화와 재신화화	산업연수
2000	남북정상회담	'단일민족' 신화 강화, 한민족공동체론 부상	
2001	「북한이탈주민보호 및 정착지원에 관한 법률」	귀순용사로부터 북한이탈주민으로 새터민의 위상 주변화	
2001	이민박람회 5만 3,000명 운집	국가에 대한 불신	
2002	월드컵, 유승준 파문	애국주의	
2005	정부의 다문화주의 선포	결혼 이민 가정에 대한 미디어의 온정주의적 관심, 일회성 다문화축제들	산업연수와 고용허가 병행
2006 ~ 2007	하인스 워드, 사극붐, 한미FTA	혼혈인에 대한 관심, 민족주의에 대한 애증	고용허가제, 다문화가족정책, H2비자 제정

북이 협력해 핵무기를 개발, 강대국들에 대항한다는 내용을 담고 있다.
11) 민족주의의 허구성과 폭력성에 대한 최초의 본격적인 학문적 저술이라고 할 수 있는 임지현의 논문모음집(임지현, 1999).

자본시장 및 문화 인프라에 대한 국가주도성은 약화될 수밖에 없었다. 이민 및 조기 유학, 고아 수출, 파병 등의 방식으로 시민사회의 탈국가적 이탈 역시 가속화되고 있다.

탈민족주의 지향성과 관련, 정부와 시민사회는 모두 분열적인 태도를 보여준다. '한 핏줄, 한 민족, 한 언어, 한 문화'로 요약되는 순혈주의적인 단일민족 신화는 여전히 정부와 시민사회(그리고 북한까지 포함[12]) 모두에서 강력한 영향력을 행사한다. '같은 민족'이기에 핵개발과 같은 위협적인 행동도 관용될 수 있으며, 독재의 세습조차도 비난의 대상이 되지 않는다. '같은 민족'이기에 타국적 소지자의 성공에 대해서조차 '우리 민족의 긍지'라는 환호를 보낼 수 있다. 그러나 이러한 민족주의는 허구적인 만큼 취약한 것이기도 하다. 자국적 소지자의 이중 국적을 불허하는 중국 정부와 우크라이나 정부의 항의에 의해 「재외동포특별법」은 '조선족'과 '고려인'에 대한 '민족적 고려'를 철회할 수밖에 없었다. 고용주들 사이에서 "새터민을 고용하느니 조선족을 쓰겠다"는 말을 듣는 것은 흔한 일이다. 민족의 신화가 안팎으로부터 약화될 징후들이 관측되고는 있으나 그러한 탈민족의 현실성은 (소수문화 주체들이 아니라) 보수적인 정치 집단에 의해 전취(戰取)되고 만다.[13]

소수문화 주체들 그리고 그들의 문화적인 차이에 대한 인정과 관용의

---

[12] 민족주의 있어서만큼은 북한은 늘 남한의 '스승'이다(임지현, 1999). 북한 ≪로동신문≫은 한국 사회의 다문화주의 '붐'을 "민족말살론"이라고 강력하게 비난한다. "남조선의 친미사대매국세력이 운운하는 '다민족·다인종사회'론은 민족의 단일성을 부정하고 남조선을 이민족화(하려는)…… 민족적 분노를 금할 수 없게 하는 말 그대로의 망동(이다.)"(2006년 4월 27일, ≪로동신문≫).

[13] 론스타 수사를 "인종 청소"로, FTA반대를 "시대착오적인 민족주의"로 거세게 비난하는 '다문화 친화적(?)' 주체는 한나라당이나 ≪조선일보≫와 같은 보수 진영이다(≪조선일보≫, 2006.11.27.).

정도는 정부나 시민사회 두 차원 모두 아주 척박하다. 국내 유일의 에스닉(ethnic) 집단인 화교공동체는 철저하게 비시민권자로서의 삶을 강요받아야 했다. '전 세계에서 유일하게 차이나타운이 없는 나라가 한국'이라는 사실이 이를 대변한다. 내국인 혼혈인들 역시 비시민권자로서의 삶을 강요받아왔기는 마찬가지다. 그들 대부분이 한국전쟁에 참전했던 '혈맹' 군대의 군인을 아버지로 두고 있음에도 불구하고 2006년 하인스 워드라는 미국 국적의 풋볼 스타가 등장하기 전까지는 가혹하게 배제된 소수의 삶을 살아야만 했다. 주로 빈한한 나라 출신들인 미등록 노동자들은 '공식적으로 존재하지 않는' 유령의 근린(近隣)들이다. 소수문화 주체들에 대한 사회적 인정 및 제도적 배려의 인색함은 그들을 재서열화하고, 재인종화하는 방식으로 오히려 강화되는 경향마저 보이고 있다.[14]

결국 국가의 탈중심화 경향, 민족주의의 분열, 소수문화 주체들의 재서열화와 재인종화라는 세 가지 콘텍스트가 최근에 이뤄지고 있는 다문화사회에 관한 논의들의 저변에 관류(貫流)하고 있다고 할 수 있다. 다문화사회 담론들은 국가의 탈중심화 경향에 조응해서 탄력받고 있지만 분열적이되 여전히 강하게 작동하는 민족주의에 구속되어 있는 탓에 이주민들의 고유한 문화와 정체성에 대한 인정과 포용의 기제로 전화되는 데는 한계를 보이고 있다.

주목할 점은 다문화주의 논의의 저변에 관류하고 있는 세 가지 콘텍스트가 그다지 새로울 것이 없는 근대 한국의 정치, 시민사회에 일관되게

---

[14] 외국인 고급 인력과 저임금 미숙련 노동자, 에스닉 코리안과 일반적인 이주노동자, 이주노동자와 결혼 이민자, 합법 체류자와 미등록 체류자 등으로 이주자들의 내부는 위계적으로 재범주화될 수 있다. 재인종화와 관련해서는 다음과 같은 일간지의 광고를 참고할 수 있다. "베트남 신부의 장점: 혈통이 우리와 비슷하다(몽고반점이 있음), 일부종사를 철칙으로 하고 헌신적으로 남편을 섬긴다. 중국·필리핀 여성과 다르게 체취가 아주 좋다……"(≪한겨레≫, 2006.5.1).

관철되고 있는 것들로 평가된다는 점이다. 이주노동력의 수출 국가였을 때는 물론이고, 유입국이 된 현재에도 국가의 주도성은 일관되게 관철되고 있다. 국가주도의 국가의 탈중심화가 진행되는 과정에서도 민족의 신화는 (분열적인 방식으로나마) 새롭게 복원되고 강화된다. 다문화가 공론화되기 이전이나 이후에나 법적 자격과 관계없이 '순혈과 혼혈', '우리와 (낮은 서열의) 이방인' 사이에 작동하는 배타적인 위계의 위력은 동일하다.

다문화사회에 대한 논의들이 이러한 일관된 콘텍스트들 내부에서, 게다가 그를 강화하는 방식으로 이뤄지는 한, 다문화 담론들을 통해 새로운 사회 공동체 형성의 문제의식이 실현 가능한 방식으로 구체화되기를 기대하기는 어려울 것이다. 다문화사회라는 전망을 태생적으로 제약하고 있는 정치, 시민사회적 멘탈리티와 인프라를 변화시킬 수 있는 다문화사회에 관한 논의는 과연 어떤 방식으로 시도될 수 있는 것일까?

7. 안산시 원곡동, '국경 없는 마을'의 실험

배타적이며 조울증적인 민족주의에 침윤되어 있는 다문화사회 논의의 콘텍스트를 변화시키기 위해서는 국가의 탈중심화를 적극적으로 활용하면서, 다문화사회의 실질적인 주체들의 삶의 현장을 기반으로 그들의 주도로 전개될 수 있는 새로운 방식의 다문화사회에 관한 논의가 필요하다. 안산시 원곡동의 국경 없는 마을은 그러한 논의를 시작하기 위해 참고할 만한 하나의 준거가 될 수 있다. 국경 없는 마을은 1990년대 중반, 반월·시화 공단에 이주노동자들이 유입되면서부터 자생적으로 형성된 다양한 문화권 출신의 이주민들의 집단 거주지이자 그곳을 다문화적인 지역공동체로 전화시키는 것을 목표로 추진되고 있는 실험적인 사회운동을 일컫는 명칭이다.

안산은 한국 최대의 이주노동자 밀집 지역으로,[15] 안산과 통합된 생활권이라고 할 수 있는 시화 지역 이주노동자를 포함하면 국내에 체류하는 전체 이주노동자의 약 15%가량이 생활하고 있는 곳이다. 원곡본동의 경우 3만여 명 주민의 70% 정도가 외국인들이며, 유동 외국인을 포함하면 그 규모는 4만여 명에 달한다. 한때 30여 개 나라 출신의 외국인들이 거주했었고 지금도 그에 버금가는 다양한 국가 출신의 외국인들이 생활하고 있다. 430여 개의 외국인 상점들이 입주해 있으며(장영진, 2006), 20여 개에 달하는 지원단체, 출신국 공동체(ethnic community), 종교기구들이 다양한 지원 활동 및 문화 활동을 펼치고 있다.

국경 없는 마을 운동은 1990년대 중반에 법적·제도적 접근만으로는 이주노동자들이 일상적으로 경험하는 인종적·문화적 차별을 해소하는 데 한계가 있다는 문제의식을 갖게 된 안산이주민센터의 주도로 시작되었다. 이주민들과 한국인들이 주민으로서의 정체성을 공유하며, "공동체적으로 더불어 살 수 있는" 원곡동을 만들어보자는 것이 이 운동의 출범 취지였다. 이후 10년간 원곡동을 다문화 공동체(곧 국경 없는 마을)로 만드는 것을 목표로, 이주노동자들을 관리의 대상인 노동력의 담지자에서 공존의 근린인 문화적 주체로 재규정하는 작업, 주류 사회의 시각 전환을 독려하는 작업, 내국인들에게 차이와 공존에 대한 감수성을 제고시키기 위한 프로그램 운영, 기타 내외국인 주민이 함께 참여하는 다양한 공동체 사업 등이 진행되었다(박천응, 2002; 오경석, 2006ㄱ).

다문화사회 담론이 공론화되기 훨씬 이전인 1990년대 중반에 이주

---

[15] 2005년 5월 현재 안산시의 외국인 수는 36,290명(등록 17,238명, 미등록 19,052명)으로서 안산 전체 인구의 5%를 상회하는 규모다(안산외국인근로자지원센터, 2005).

현장을 삶의 현장으로 공유했던 활동가들에 의해 주도된 한국 최초의 자생적인 다문화 공동체 형성 시도였다는 점에서 국경 없는 마을의 선구적인 실험 정신은 아무리 높이 평가되어도 부족함이 없을 것이다. 그러나 문제는 국경 없는 마을의 현재이다. 현재 국경 없는 마을은 비단 안산이주민센터만의 사업이 아니라 지역사회(그리고 국내외)의 다양한 주체들이 관심을 갖고 참여하는 '지명도가 높은' 공동의 의제가 되었다. 그런데도 원곡동이 실제로 다문화적인 공동체의 공간으로 전화했다는 증거는 어디에서도 발견하기 어렵다. 지난 10여 년간 대안적인 삶의 실험이 이뤄졌지만 지역 주민들이 가장 기피하는 게토화된 역내 오지이기도 한 곳이 원곡동의 국경 없는 마을이다.

삶의 현장을 공유하면서 체득한 절박한 문제의식으로 출발한 다문화주의를 지향하는 선구적인 공동체 만들기 실험이 목표의 정당성, 물적 인프라, 그리고 적극적인 행위 주체들이 존재하고 있는데도 표류하고 있으며 고립되어가고 있다. 그 이유를 몇 가지로 추론해볼 수 있다.

우선 지나치게 포괄적이고 모호한 자기규정의 문제를 들 수 있다. 국경 없는 마을은 현장의 운동이었지만, 사회구조 및 제도, 그리고 인간의 총체적 변혁이라는 추상적인 구호를 고수했다. 둘째, 다원적인 삶의 공동체를 지향했음에도 불구하고 이론에 과도하게 의존했다. 또 운동을 추진하는 방식에도 문제가 있었다. 정작 다문화 공동체의 주인공들이라고 할 수 있는 이주노동자들에게는 제한적이며 수동적인 역할만이 부여되었다. 마지막으로 국경 없는 마을을 구성하는 지역 공동체 구성원들의 상충하는 욕구 및 이해관계의 조정에 실패했다(오경석, 2005; <표 1-8>).

국경 없는 마을은 현장에서 배태된, 다문화 친화적인 삶의 공간을 실제로 만들어내기 위한 수행적이며 실험적인 시도였다는 점에서 기존의 다문화사회 담론들과는 분명히 구분된다. 그러나 자신이 처한 현실의

〈표 1-8〉 국경 없는 마을의 집합적 주체들과 갈등선들

	이주노동자지원 NGO	지방정부파견 지원센터	이주노동자 공동체	내국인 주민단체
국경 없는 마을에 대한 이해	담론적 이상향으로서의 다문화 공동체	문화 특구로서의 외국인마을	단속의 위협에서 자유로운 활동 공간	안정적이며 자족적인 상업 지구
갈등하는 주요 자원	다문화 담론 및 이주노동자 공동체에 대한 헤게모니	원곡동 공간에 대한 권리 및 이주노동자들에 대한 주도권	타 출신국 공동체에 관한 경쟁력	외국인에 대한 혐오와 경제적 이익의 조정
주요한 경쟁 상대	지방 정부, 일부 NGO들	특구 개발에 반대하는 NGO들, 미등록 이주자들	다른 에스닉 공동체들과 한국인 마이너리티들	NGO들 및 순응적이지 않은 이주자들

조건들을 치밀하게 반영해내려는 노력과 나아가 그러한 조건들을 변화시키려는 노력이 부족했다는 점, 그 결과 현장에서조차 현장(이주민들의 욕구 및 자기결정권에 대한 존중)이 주변화되는 방식으로 추진될 수밖에 없었다는 점에서는 분명한 한계를 드러낸다.

그 결과 국경 없는 마을의 가치와 의미에 관한 담론들의 생산이 활발해지고 국경 없는 마을의 미래에 대한 구체적인 기획들이 제출되고 있음에도, 국경 없는 마을이 내부로부터 '공동화'되어가는 역설이 초래되고 있다. 정작 국경 없는 마을의 주체들인 이주민들은 국경 없는 마을의 가치와 미래에 대해 무관심하거나 등을 돌려 또 다른 주거지를 찾아 나서고 있다.16)

---

16) 안산시는 원곡동을 '외국인 마을 관광 특구'로 재개발하기 위한 대규모 프로젝트를 진행 중에 있다. 10년에 걸쳐 수천 억 원이 투입될 이 프로젝트가 계획대로 추진되는 경우, 원곡동의 지가는 기하급수적으로 상승할 것이고, 높은 임대료를 지불할 수 없는 다수의 이주노동자들은 원곡동을 떠날 수밖에 없게 될 것이다(오경석,

8. 어떤 다문화주의인가?

　다문화주의 자체가 논쟁적인 개념일 뿐만 아니라 우리 사회에는 그러한 논쟁적인 다문화주의를 진지하고 세밀하게 토론할 만한 논의의 기반 자체가 아주 척박하다. 그런데 그러한 척박한 논의 기반 자체를 혁신하려는 문제의식을 생략한 채 조급하게 다문화사회에 관한 담론들이 생산·유통되고 있는 탓에, 오히려 담론에 의해 이주자들의 현실이 왜곡되고, 이주자 문제의 초점이 흐려질 뿐 아니라 다문화사회의 핵심적인 구성 주체들이 주변화되고 배제되는 역설이 초래되고 있다. 국경 없는 마을과 같은 현장에서의 다문화 공동체 운동조차 비슷한 한계들을 공유하고 있었다.

　우리에게 필요한 것이 이와는 다른 종류의 다문화주의에 관한 논의임에는 분명하다. 무엇보다도 다문화사회에 관한 담론들은 이주민들의 존재론적·시민권적·생활환경적 열악한 현실을 비판하고 고발할 수 있는 방식으로 재구성될 수 있어야만 한다. 그와 관련해 몇 가지 새로운 토론의 주제들을 제안해보면 다음과 같다.

　다문화주의는 정부의 자의적인 '통치 전략(art of gevernment)'을 보완하거나 비판하는 수준을 넘어 논의될 수 있어야 한다(구견서, 2003). 그것은 정부 정책 및 그와 관련된 담론 생산자들에 의해 조직적으로 배제되고 있는 다문화 주체들을 중심으로 다문화주의가 새롭게 논의될 수 있어야 함을 뜻한다.

　정부의 통치 전략 너머에서 새롭게 논의되어야 할 다문화주의의 초점은 문화라기보다는 생존에 맞춰져야 한다. 언제 닥칠지 모르는 단속, 추방의 공포 속에 살아가는 사람들에게 문화적 공존이라는 슬로건은

　2007).

공허할 따름이다. '공존'을 위해 문화에 앞서 필요한 것은 최소한의 삶의 지속성을 보장받을 수 있는 '체류 자격'이고, 자신을 재생산하기 위해 필요한 자원 확보를 가능하게 해줄 수 있는 '노동의 권리'이다.

생존할 수 있는 자유와 더불어 두 번째로 강조되어야 할 것은 결정할 수 있는 자유이다. 다문화 주체들은 스스로의 삶의 방식을 선택하고 변경할 수 있는 삶의 권력(transformative capacity)을 행사할 수 있어야 한다. 삶의 권력을 박탈당한 생존의 자유를 '문화'적인 것이라고는 결코 평가할 수 없을 것이다.[17]

문화를 종족 고유의 관습이 아니라 특정한 결사체 특유의 관점이나 에토스로 규정(Kymlika, 1995)하는 경우, 정책의 대상에서조차 범주적으로 배제되는 탈범주적인 다문화 주체들의 생존의 자유 및 삶의 권력에 초점을 맞추는 다문화주의는 소수자 정치의 성격을 가질 수 있게 된다. 이럴 경우, 이주자 집단과 국내의 소수자 집단 간의 연대를 통한 말 그대로 '다문화 간 연합 정치 활동'의 모색도 시도될 수 있을 것이다. 소수자 연합 정치로서의 다문화만이 다문화를 명목으로 특정한 문화공동체들을 '문화적 소수'로 타자화하는 '선량한 폭력(benign neglection)'의 역설에서 벗어날 수 있게 해줄 것이다.

소수자 정치로서의 다문화주의는 연합의 정치를 구사하지만 사회 통합이 아니라 다원화를 지향해야 한다. 이러한 지향성은 한국 사회의 고질적인 병폐가 통합성의 부족이 아니라 과잉(국가의 과잉, 민족의 과잉) 때문이라는 진단에 근거한다. 다원화를 지향하는 다문화주의는, 다문화주의 역시 전체주의적인 방식으로 도구화될 수 있음을 경계해야 한다.

---

[17] 다문화 주체들이 삶의 권력을 행사한다는 것은 그들이 다문화주의를 선택할 수도 있고 거부할 수도 있음을 뜻한다.

다문화주의는 담론적 구성물을 넘어 실제로 실험되고 시도될 수 있어야 한다. 다문화주의에 관한 논의는 공론장을 넘어 실제의 시공간으로 확장될 수 있어야 한다. 이것은 다문화주의를 논의하거나 추진하는 주체들이 담론의 주인공에서 실질적인 다문화적 삶의 주인공으로 자기변화를 꾀할 수 있어야 함을 의미한다.

수행적인 다문화주의는 다문화주의가 제도 개선이나 권리의 확장을 넘어, 다른 존재의 인정과 '익숙한 자신의 정체성'에 대한 부정을 포함하는 실존적인 영역으로까지 심화될 수 있어야 함을 뜻한다.

탈범주적인 다문화 주체들의 생존의 자유와 삶의 권력에 초점을 맞춘, 아래로부터의, 소수자 연합 정치로서의, 다원주의를 지향하는, 수행적이며, 실존적인 다문화주의는 어려운 숙제이다. 그래도 고민과 논쟁을 새롭게 시작할 수 있어야만 한다. 과연 지금 우리에게 필요한 것은 어떤 다문화주의인가?

참고문헌

구견서. 2003. 「다문화주의의 이론적 체계」. ≪현상과 인식≫, 2003 가을호. 한국인문사회과학회.
기든스, 앤서니(Anthony Giddens). 1997. 『현대성과 자아정체성』. 권기돈 옮김. 새물결.
김남국. 2005. 「심의 다문화주의: 문화적 권리와 문화적 생존」. ≪한국정치학회보≫, 39권 1호, 한국정치학회.
김희정. 2007. 「한국의 관주도형 다문화주의: 다문화주의 이론과 한국적 적용」. (사)국경없는마을 학술토론회 자료집.
네그리·하트(Antonio Negri and Michael Hardt). 2001. 『제국』. 윤수종 옮김. 이학사.
린드크비스트, 스벤(Sven Lindqvist). 2002. 『야만의 역사』. 김남섭 옮김. 한겨레신문사.
_____. 2003. 『폭격의 역사』. 김남섭 옮김. 한겨레신문사.
마르티니엘로, 마르코(Marco Martiniel). 2002. 『현대사회와 다문화주의: 다르게, 평등하게 살기』. 윤진 옮김. 한울.
뮬홀, 스테판·애덤 스위프트(Stephen Mulhall·Adam Swift). 2001. 『자유주의와 공동체주의』. 김혜성·조영달 옮김. 한울.
박천응. 2002. 『국경 없는 마을과 다문화 공동체』. 안산외국인노동자센터.
벡, 울리히(Ulrich Beck). 2000. 『지구화의 길』. 조만영 옮김. 거름.
샤킬, 샤켈 아흐메드(Shakel Ahmed Shakil). 2007. 「이주노동자의 상황과 전망」. 『다문화, 설레임, 만남, 변화 자료집』. 안산시·안산시지역사회복지협의체.
설동훈 외. 2004. 『국내외국인노동자 차별해소방안 연구』. 대통령자문정책기획원.
스토커, 피터(Peter Stalker). 2004. 『국제이주』. 김보영 옮김. 이소출판사.
엄한진. 2006. 「전 지구적 맥락에서 본 한국의 문화다원주의적 이민 논의」. 『2006후기 사회학대회자료집』.
오경석. 2005. 「국경 없는 마을: 누군가는 키우고 지켜야 할 값진 꿈」. 『국경없는마을 발전방안을 위한 워크숍 자료집』.
_____. 2006ㄱ. 「다문화 지역 공동체 형성의 가능성: 안산시 원곡동 '국경 없는 마을'의 실험」. 『제4회 한일시민사회포럼 자료집』.
_____. 2006ㄴ. 「안산 지역에서의 이주노동자운동: 지형과 특성」. 사회운동학회 발제문.
_____. 2006ㄷ. 「한국에서의 이주문제의 동향과 안산 지역에서의 현안과 과제」. 안산지역사회복지협의체 이주자지원분과 집담회 발제문.
_____. 2007. 「다문화와 지역사회」. 시민사회지도자아카데미 발제문. 안산의제21.
오경희. 2007. 「이주여성노동자의 정체성 재현」. 미발표 논문. 숙명여대아시아여성연구소.

유길상. 2004. 『저숙련 외국인력 노동시장 분석』. 한국노동연구원.

이상길·안지현. 2007. 「다문화주의와 미디어/문화 연구: 국내 연구동향의 검토와 새로운 전망의 모색」. 『다문화사회 한국 사회과학의 과제 심포지엄 자료집』. 성대 동아시아지역연구소.

이선옥. 2005. 「한국 이주노동자 운동의 형성과 성격변화: 고용허가제 도입 시기 명동성당 농성단 사례를 중심으로」. 성공회대학교 석사학위논문.

인권단체연석회의. 2005. 『반인권적 이주노동자 정책과 차별로 숨져간 이주노동자 합동 추모식 자료집』.

임지현. 1999. 『민족주의는 반역이다』. 소나무.

장영진. 2006. 「이주노동자를 대상으로 하는 상업 활동의 성장과 공간적 특성: 안산시 원곡동을 사례로」. 한국지역지리학회.

정혜실. 2007. 「파키스탄 이주노동자와 결혼한 한국 여성의 주체성에 관한 연구」. 성신여자대학교 석사학위청구논문.

천선영. 2004. 「'다문화사회'담론의 한계와 역설」. ≪한독사회과학논총≫, 14권 2호. 한독사회과학회.

킴리카, 윌(W. Kymlicka). 2006. 『현대 정치철학의 이해』. 장동진 외 옮김. 동명사.

헬드, D. 외(David Held). 2002. 『전지구적 변환』. 조효제 옮김. 창작과비평사.

Castles, S. and M.J Miller. 1993. *The Age of Migration: International Population Movements in the Modern World*. The Guilford Press. New York.

Garbaye, R. 2005. *Getting Into Local Power: The Politics Of Ethnic Minorities In British And French Cities*. Blackwell Publishing.

Kelly, P.(ed.). 2002. *Muticulturalism Reconsidered: Culture and Equality and its Critics*. Polity.

Kivisto, P. 2002. *Multiculturalism in a Global Society*. Blackwell Publishing.

Kymlicka, W. & B. He(ed.). 2005. *Multiculturalism in Asia*. Oxford Univ. Press.

Kymlicka, W. 1995. *Multicultural Citizenship*. Oxford.

Soysal, Yasemin Nuhoglu. 1994. *Limits of Citizenship: Migrants and Postnational Membership in Europe*. The University of Chicago Press.

웹자료

사단법인 국경없는마을 리플릿. 2006. (사)국경없는마을 홈페이지(http://www.bvillage.org).

제 2 장

한국의 관주도형 다문화주의

다문화주의 이론과 한국적 적용

김희정
(위스콘신대학교 사회학 박사과정)

1. 한국이 다문화 국가?

최근 2~3세기 동안 대부분의 서구 사회는 소수인종과 이주민을 통합하기 위해 다문화 정책을 실시하고 있다. 최근에는 아시아 국가들도 다문화주의 담론과 다문화 정책을 채택하기 시작했다(He and Kymlicka, 2005). 그러나 아시아 국가 중에서도 한국은 뿌리 깊은 민족주의 때문에 다문화주의 담론이나 정책을 기대하기가 쉽지 않다. 한국의 인종주의적 민족주의나 순혈주의에 대한 집착은 이미 잘 알려진 사실이다. 일제하에 독립운동을 거치면서 본격적으로 형성되기 시작한 한국의 민족주의는 1970~1980년대 군사 독재 정권하에서 국가주도형 개발 정책의 이데올로기로 이용되는 과정을 통해 한국 사회에 뿌리 깊게 정착하게 된다. 이러한 정치·사회적 배경 속에서 정착된 민족주의는 현 정부의 외국인력 정책에도 반영되어 있다. 한국은 일본과 더불어 노동 이민자를 받아들이지 않는 몇 안 되는 OECD국가에 속하는데, 학자들은 이에 대해 한국과 일본 모두 단일민족주의가 지배적이기 때문이라고 설명한다. 한국 정부는 이민자를 받아들이는 대신 산업연수제 및 고용허가제를 통해 외국인노동자(guest workers)를 받아들임으로써 부족한 노동력을 대신하고 있다. 이민자와 달리 외국인노동자는 한국에서 정착할 수 없고 일정한 기간(보통 3년)이 지난 후 본국으로 돌아가야 한다. 외국인노동자의 최장 체류 기간을 3년으로 제한하고 가족 동반을 금지하는 궁극적인 목적은 바로 이들이 한국 사회에 정착하는 것을 방지해, 단일민족주의를 유지하려는 것이다. 이렇게 한국 정부의 외국인노동자 정책에는 단일민족주의를 유지하고자 하는 정부의 계산이 반영되어 있다. 이런 맥락에서 최근 1~2년간 한국 정부가 다문화주의라는 이름하에 각종 정책을 실시하고 있다는 것은 의외가 아닐 수 없으며 한국 정부의 다문화주의 정책을 어떻게 이해할 것인가라는 의문을 남기게 된다. 이 장은 다문화주의의 발상지라고 할 수 있는 캐나다와 호주에서 다문화주의가 등장하게 된 배경을 살펴봄으로써 한국 정부의 '다문화주의 붐'에 대한 분석을 시도하고자 한다.

2. 다다문화주의(Multi-Multiculturalism)

'다문화', '다문화주의'는 요즘 어디서나 쉽게 들을 수 있는 용어가 되었다. 따라서 다문화주의의 정의는 시대, 장소, 상황에 따라 다양한 의미를 지닌다. 대부분의 사회학적 개념이 그렇듯이 다문화주의를 획일적으로 정의내리기는 쉽지 않지만, 논의의 전개를 위해 이 장에서는 네 가지 측면에서 다문화주의를 정의한다. 첫째는 가장 일반적인 의미의 다문화(주의)는 인종적·민족적 다양성을 지칭한다. 인종적 다양성만을 고려한다면 현재와 같은 국제화·전 지구화 상황에서 지구상 모든 국가가 다문화 국가라 할 수 있을 것이다. 둘째는 학문적 담론의제로서의 다문화주의이다. 전 지구화로 노동력의 이동이 활발해지는 상황에서 기존의 단일민족에 기반했던 국민국가의 개념은 더 이상 현실을 제대로 반영하지 못하게 된다. 민족과 국가가 일치하는 국민국가의 개념을 고수할 경우, 소수인종들은 자신의 고유문화를 포기하고 다수의 문화에 동화되도록 강요받는다. 학문적 담론의제로서의 다문화주의는 이러한 동화론(assimilation)에 반해 등장하게 되었다. 다문화론자들은(Kymlicka, 1995; Taylor, 1994) 이민자들이나 소수민족들은 자신의 고유문화를 향유할 수 있는 '문화 권리'가 있다고 주장한다. 여기서 문화권은 자유민주주의 국가의 시민에게 보장되어 있는 다양한 권리(예를 들면 참정권과 자유권)의 연장으로 이해된다. 다문화주의를 주장하는 정치철학자들은 세부적인 사항에 대해서는 이견을 보이지만 문화적 차이(특히 인종적 차이에서 기인하는)는 존중되고 보존되어야지 차별의 기준이 되어서는 안 된다는 것에 동의한다(Kymlicka, 1995; Tayor, 1994; Young, 1989). 문화적 차이의 존중과 고유문화의 보존을 위해 필요하다면 국가가 개입해야 한다는 것이 다문화주의론자들의 공통적인 핵심 주장이다. 다문화주의는 사회운동적 측면에서도 살펴볼 수 있다. 시민들의 권리 의식이 향상되면서, 이민자나 소수인종 그룹들이 국가를 대상으로 자신의 문화적 고유성을 인정해주기를 요구하기 시작했다. 사회운동적 측면에서의 다문화주의는 비단 소수인종 그룹에만 한정되는 것은 아니다. 최근 2~3세기 동안 성적·종교적 소수자 단체 등 다양한 소수자 그룹들이 다문화주의라는 이름하에 자신들의 권리를 주장하기 시작했는데, 이러한 측면에서 다문화주의는 탈근대주의(post modernism)와 맥락을 같이한다(Young, 1989; Taylor, 1994). 마지막으로 다문화주의는 국가의 소수자 정책(이민자, 소수인종, 난민정책)을 총괄적으로 지칭한다. 서구의 다문화주의 정책은 이민자가 쉽게 통합할 수 있도록 공공기관에서 본국어로 서비스를 제공한다거나 인종차별주의 예방을 위한 교육 실시, 공무원을 대상으로 다문화 이해 교육 실시, 다문화 축제 주체 등을 포함한다(Kymlicka, 1995).

3. 서구의 관주도형 다문화주의 유형

위에서 살펴보았듯이 다문화주의는 전 지구화로 인한 인구 구성의 다양성에 대해 학자, 정부, 소수자들이 각자 대응하는 방식에 따라 다른 의미를 지닌다고 할 수 있다. 이 장에서는 정부 정책으로서의 다문화주의에 초점을 맞추지만, 정부 정책으로서의 다문화주의가 인적 구성의 다양성, 학계담론, 그리고 사회운동으로서의 다문화주의와 밀접한 관련이 있음을 간과해서는 안 된다.

정부 정책으로서의 다문화주의는 국가의 동기나 개입 정도에 따라 두 유형, 즉 실질적(de facto) 다문화주의와 공식적(official) 다문화주의로 분류할 수 있다(Joppke, 2001). 전자인 실질적 다문화주의의 경우, 전 지구화로 인한 국가 구성원의 인종적 다양화 현상을 국가가 단순히 수동적으로 인정하는 수준이다. 반면, 공식적 다문화주의의 경우 국가가 적극적으로 다문화주의 담론을 유용하며 다문화 정책을 실시한다. 캐나다와 호주의 경우가 이러한 공식 다문화 국가의 전형적인 예이다. 특히 캐나다에서는 1970년대 무렵 다문화주의라는 말 자체가 처음 생겨났다. 서구학자들의 논의에서는 빠져 있지만 싱가포르 또한 공식적 다문화 국가로 분류될 수 있다. 1965년 말레이시아로부터 반자의적으로 분리된 싱가포르 정부는 1950년대부터 다문화주의를 채택했으며 1957년부터 공용어 교육(bilingual education)을 실시하고 있다(Hill and Lian, 1995).

4. 자유민주국가론

정부가 다문화주의 정책을 채택하게 되는 이유는 무엇인가? 다문화주의 정치철학의 선구자라 할 수 있는 킴리카(W. Kymlicka)는 실질적 다문화주의와 공식적 다문화주의를 구분하지 않고, 여러 서구 국민국가들이 다문화주의 정책을 채택하게 되는 배경을 두 가지의 큰 축으로 설명한다. 첫 번째 원인은 사회운동론 차원에서의 다문화주의와 관련이 있다. 즉, 문화적 소수자들의 권리 의식이 향상되면서 좀 더 적극적으로 자신들의 문화적 권리를 옹호하게 되었다는 것이다. 두 번째 원인은 바로 자유민주국가론이다. '민주주의와 인권'이라는 축을 중심으로 운용되는 자유민주국가들은 소수자들의 문화적 권리요구를 묵살할 수만은 없다는 것이 자유민주국가론의 요지이다. 국제적 차원에서 구 소련연방의 붕괴와 함께 서유럽 자유주의 국가들은 전례 없는 정치·지리학적 안정기에 접어든 반면, 국내적 차원에서는 인종적 소수자들이 적극적으로 권리를 요구하고 나서게 된 상황에서 문화적 소수자들의 요구를 수용할 '여유'와 '명분'이 생긴 것이다. 킴리카와 마찬가지로, 좁케(Joppke) 또한 실질적 다문화주의는 자유민주국가의 산물이라고 주장한다. (원칙적으로) 시민의 개인적 삶의 영역에 간섭할 수 없는 자유민주국가의 정치 논리상, 자유민주국가들은 인종적 소수자들의 사적 영역에서의 문화 관습을 인내할 수밖에 없다.

　좁케나 킴리카와 같은 서구 학자들은 아시아 국가들을 보면서 '서구' 자유민주주의 국가들이 공통적으로 자유민주국가론하에서 운용된다는 사실에 확신을 얻는 듯하다. 미등록 외국인노동자의 강제 추방이나 외국인노동자의 가족 동반 금지 등의 아시아 국가에서만 찾아볼 수 있는 관행은 자유민주국가론의 '민주주의와 인권'이라는 축에서 어긋나는 것이며, 이러한 비자유민주적인 관행을 통해 아시아 국가들은 (등록 혹은 미등록) 외국인노동자들이 다문화 권리를 주장하기도 이전에 체류 자격 확보를 위해 조직화하는 것 자체를 원천봉쇄한다고 주장한다(Kymlicka, 1995; 2005). 하지만 자유국가론을 한국 상황에 적용하기에는 한계가 있다. 서구 국가의 다문화주의 정책 채택의 이유를 자유민주주의 국가의 기본 원칙에서만 찾을 경우, 대표적인 비자유주의 국가인 싱가포르의 오랜 다문화주의 관행을 설명할 수 없을 뿐만 아니라(Hefner, 2001), 미등록 외국인노동자를 강제 추방하는 데 망설임이 없는 '비자유민주적인'

한국 정부의 관행과 다문화 정책을 실시하는 '자유민주주의적인' 한국 정부의 또 다른 관행을 설명하는 데도 무리가 따른다. 또한 이주자들의 정치세력화가 아직 미약한 한국의 실정을 고려하면, 자유주의국가론은 더욱 설득력이 떨어진다. 몇몇 이주노동자 지원단체들의 이주노동자 활동가들이 최근 다문화주의 담론을 형성하기 시작했지만 아직 정치적 영향력을 발휘할 수준이라고는 할 수 없다.

5. 건국이념으로서의 다문화주의

혹자는 자유민주주의론은 실질적 다문화주의, 즉 정부의 적극적인 개입이 없는 다문화주의 형태를 설명하는 데만 적합하다고 주장할지 모른다. 공식적 다문화주의의 경우, 국가가 다문화주의의 전파에 있어서 주도적인 역할을 하기 때문에 국가의 이해관계에 좀 더 주목할 필요가 있다. 좁게는 공식적으로 다문화주의를 채택한 국가가 모두 이주자에 의해 세워진 국가라는 것에 주목한다. 정치철학자들이 문화적 소수자들의 문화권리를 보호하기 위한 수단으로서 다문화주의의 일차적인 목표를 삼는 것과 달리, 공식적 다문화주의 국가에서의 다문화주의는 이주민 그룹 간의 분열을 막고 국가에 대한 소속감을 강화하기 위한 정치 수단으로서의 성격이 강하다(Joppke, 2001). 많은 학자들은 캐나다가 퀘벡 지역 프랑스어 사용자들의 분리주의 주장을 무마하기 위해 다문화주의를 채택하게 되었다고 지적한다. 호주도, 1978년 백호주의 정책을 포기한 후, 기존 유럽계 이민자가 아닌 아시아인들이 '새로운 호주인'들로 유입되기 시작하는데, 이러한 '새로운 호주인'들을 호주의 민주적 체제 내로 동화시키기 위한 수단을 찾던 호주 정부가 캐나다의 사례를 모델로 다문화주의를 공식적으로 채택하게 되었다. 이러한 이유로 호주의 다문화주의 헌법은 문화적 다양성은 인정하지만 모든 호주인은 국가의 이익을 최우선으로 삼아야 함을 명시하여 국가통합을 더 강조하고 있음을 알 수 있다. 인종적 다양성을 통제하기 위한 수단으로서, 또한 국민을 문화적으로 같은 그룹으로(nationalize) 만들기 위한 정치 수단으로서의 다문화주의 성격은 싱가포르의 경우 가장 명확히 드러난다. 싱가포르 정부는 국민을 4분류의 민족(중국계, 말레이시아계, 백인계, 기타)으로 나누고, 이 네 민족 간 경계 및 위계를 바탕으로 사회질서를 유지하고 있다(Chua, 1995; Kong and Yeoh, 2002). 이렇듯 공식적 다문화주의는 건국이념이 없는 이민국가에서 건국이념을 대신한 사회 통합의 통치이데올로기로서 사용되고 있으며, 이러한 것이 바로 다문화주의가 언어가 소수민족의 문화권리보다는 '시민으로서의 권리 및 의무'를 더 강조하게 된 배경인 것이다(Southphommasane, 2005; Sciortino, 2003).

건국이념을 대체하기 위한 수단으로서의 다문화주의는 캐나다와 호주 같은 이민국가(settler countries)에 한해서는 설득력이 있으나 한국과 같이 강한 건국이념과 민족주의 이데올로기를 가지고 있는 나라의 경우에는 설득력이 약하다. 한국 정부는 건국이념으로서의 다문화주의 이데올로기가 필요 없기 때문이다.

그렇다면 한국 정부는 왜 다문화주의 정책을 채택하게 되었는가? 민족주의 이데올로기라는 것이 1~2년 사이에 다문화주의로 대체될 정도의 이데올로기에 지나지 않는 것인가?

6. 한국의 다문화주의 정책담론

우선, 한국의 관주도형 다문화주의를 좀 더 자세히 살펴보기로 하자. 정책 담론차원에서 살펴보면, 정부의 다문화담론은 서구사회에서 전형적인 다문화주의론자들의 주장과 유사하다. 예를 들면, 2006년 2월 13일 행정자치부는 "한국이 급속히 다인종·다문화 사회로 이행하고 있다는 이해하에" 부서 행정 목표를 설정했다고 발표했다. 또한 그해 4월 26일에는 노무현 대통령 주재로 열린 다부처 회의에서 '혼혈인 및 이주자 사회통합 지원방안'과 '결혼 이민자 사회통합안'의 두 정책이 채택되었다. 노무현 대통령은 회의를 주재하면서 "한국이 다인종 다문화사회로 이행하는 것은 이미 거스를 수 없으며" 따라서 "다문화 정책을 통해 이주자를 통합하려는 노력을 해야 한다"라고 선언했다. 이와 같이 한국 정부의 다문화 정책은 한국 사회가 인구 구성적으로 '다문화'되어가고 있는 현상에 대한 대응책으로 제시되고 있다. 포괄적인 다문화 정책을 논의하기 위한 회의는 노무현 대통령의 발표가 있은 지 한 달 후인 5월에 소집되었는데, 이 과정에서 교육인적자원부는 현재 단일민족주의를 강조하는 교과서를 다문화를 강조하고 타 인종에 대한 관용을 강조하는 내용으로 수정하기로 결정했다고 발표했다. 교육부의 이 발표는 정규교육을 통해 단군의 홍익인간 사상의 민주성과 백의민족의 우월성을 교육받아왔던 많은 사람들에게는 '충격'에 가까운 발표였다. 교육인적자원부뿐만 아니라 한국정보문화진흥원은 결혼 이민자를 한국 사회의 소외집단 중의 하나로 규정하고 결혼 이민자들을 대상하고 디지털 교육을 실시하기로 결정했다. 여러 정부 부처 중 다문화 담론의 확장에 앞장서고 있는 부처는 단연 법무부이다. 법무부는 부처 변화전략의 일환으로 '이민 정책: 외국인과 평화롭게 공존하는 열린사회를 위해'라는 공청회를 조직했는데, 여기서 법무부가 '외국인노동자 정책'이 아니라 '이민 정책'이라고 한 것은 의미 있는 변화이다. 공청회 개회사에서 당시 법무부 장관이었던 천정배 씨는 "현재 한국에는 이미 85만 명의 외국인이 거주하고 있는 등, 급속히 다인종·다문화 사회로 전화하고 있다"고 전제하고 서구 사회의 경험에서 보듯이 다문화 정책을 통해 이주자를 통합하지 않을 경우 심각한 사회불안을 야기할 수 있음을 경고했다. 또한 천 전 장관은 2005년 출입국관리보고서 서문에서 "외국인은 한국 사회에 역동성과 다양성을 제공하는 소중한 인적 자원이라는 것을 인식해야" 한다고 밝혔다.

7. 다문화 정책

대통령 산하의 차별시정위원회가 2006년 4월 26일에 발표한 '혼혈인과 이주자에 대한 사회 통합 지원안'은 한국 관주도형 다문화주의의 청사진이라고 볼 수 있다. 차별시정위원회의 발표안은 "한국이 다문화 열린사회로 전화하는 것을 촉구하며, 혼혈인과 이주민이 차별받지 않고 한국에서 환영받을 수 있도록 하기 위해"라고 지원안의 취지를 설명하고 있다. 이와 같이 담론의 수준에서는 한국의 관주도형 다문화주의는 다른 나라의 다문화주의와 크게 차이를 보이지 않는다. 하지만 한국의 관주도형 다문화 정책을 좀 더 구체적으로 살펴보면, 담론으로서의 다문화주의와 상당한 차이가 있음이 나타난다.

〈표 2-1〉은 통합지원안을 지원 대상별로 요약한 것이다.

〈표 2-1〉에서 나타나듯이, '다문화주의' 사회 통합 지원대상의 주요 대상은 결혼 이민자와 코시안들이다. 결혼 이민자의 경우 통합지원방안

〈표 2-1〉 정책 대상자별 다문화 정책 비교

그룹	정책 내용
결혼 이민자	간이 국적 취득 허용 가정폭력피해자를 위한 쉼터 운영 한국어·문화교실 운영 결혼이민자지원센터 운영 사회복지지원 강화 아이가 있을 경우 최저생계보호대상 적용 「모성보호법」 수혜 자격 임신·육아·양육에 적절한 환경 마련 모국어로 된 훈육 지침서 작성·배포 방문간호사제도
국내 혼혈인 아동	다문화 교과서 개발 일인 상담·멘토링 제도 실시 교사 대상 다문화교육 실시 방과 후 지도 「차별금지법」 도입 「징병법」 개정 국민 공모를 통해 '혼혈인' 용어 대체
국제 혼혈인	부친이 한국인이라고 판단되는 경우 한국 국적 취득 허용 고용허가제에서 우선권 부여
이주노동자	이주노동자를 대상으로 하는 공무원과 고용주에게 다문화교육 실시
화교	해당 사항 없음

은 가족을 유지하는 것과 아동 양육에 초점이 맞춰져 있음을 알 수 있다. 사실 차별시정위원회에 의해 발표는 되었지만 결혼 이민자에 대한 사회통합 지원 방안의 기본틀이 저출산고령화사회위원회에서 성립되었다는 것으로 볼 때, 결혼 이민자에 대한 한국 정부의 지원은 진정한 의미의 다문화사회 통합보다는 인구대책으로서의 성격이 더 강하다고 할 수 있다. 이는 아이를 출산한 결혼 이민자의 경우, 국적 취득 전이라도 원칙적으로는 한국인에게만 해당되는 각종 혜택을 받을 수 있도록 하고

있다는 것에서도 나타난다. 즉, 아동을 출산할 경우는 그렇지 않을 경우보다 더 '다문화주의'의 혜택을 받게 되는 것이다. 결혼 이민자들에게 제공되는 한국 문화교실 등도 한국에서의 주부로서 며느리로서의 책임과 의무감을 교육하는 것에 초점이 맞춰져 있는 경우가 많다.

관주도형 다문화 정책의 또 다른 대상그룹은 코시안 혹은 혼혈 아동들이다. 정책 입안과 실행의 측면에서 봤을 때, 코시안과 다른 혼혈 아동의 구분은 사실 무의미하다. 교육인적자원부 통계에 따르면, 현재 초중고 과정에 다니는 코시안의 수는 약 7,000명 정도이다. <표 2-1>에서도 나타나듯이, 코시안 혹은 혼혈인에 대한 다문화 정책의 초점은 치열한 한국 교육 제도 속에서 코시안이 살아남을 수 있도록 하는 데 있다.

이렇듯 결혼 이민자 및 코시안 관련 다문화 정책은 결혼 이민자들을 전통적인 한국 며느리 혹은 한국 어머니로 통합하는 데 기여하여 궁극적으로 코시안들이 '한국인'으로 제 역할을 할 수 있도록 하는 데 초점이 맞춰져 있다. 즉, 결혼 이민자들이나 코시안들의 문화적 권리를 보장하는 다문화주의가 아니라 그들을 한국인으로 동화시키는 정책의 성격이 더 강하다.

한국의 관주도형 다문화 정책에서 또 한 가지 주목할 만한 것은 화교와 장기체류 이주노동자들이 다문화주의 정책으로부터 소외된 것이다. 한국의 화교 수는 2만 명 정도로 집계되는데 그 수는 매년 감소하고 있다. 화교들이 한국 사회의 일원으로 정착하지 못하고 차별의 대상이었음은 이미 잘 알려진 사실이다. 전 세계에 화교가 제대로 정착하지 못한 나라가 한국뿐이라는 것을 '자랑스럽게' 여기는 나라에서, 최근 영주권 제도의 도입과 외국인의 지방 선거 참정권 부여 등으로 재한 화교의 사회·정치적 지위가 향상된 측면도 없지는 않다. 하지만 다문화 정책의 방향을 제시하는 보고서에서 한국 내 최대 소수인종인 화교에 대한 정책이 누락

되었다는 것은 여전히 시사하는 바가 크다. 한국의 유일한 소수민족이라 할 수 있는 화교가 한국 정부의 다문화 정책에서 제외되었다는 것은 서구의 다문화 정책이 소수민족(원주민 혹은 장기체류 이민자)을 위주로 하고 있는 것과 상반되기 때문이다. 또한 영주권 제도와 외국인 참정권의 경우, 화교의 사회 통합의 측면에서보다는 다른 정치·외교 논리가 더 강하게 작용했다는 것도 간과할 수 없다.

다문화 정책 사업에서 배제된 또 다른 그룹은 장기체류 이주노동자들이다. 사실 이주노동자들의 문제를 접근함에 있어 다문화주의 담론이 적절한가의 문제는 논란의 대상이다. 킴리카조차도 다문화의 논의를 공식적인 통로를 통해 유입한 이주민들로 국한하면서 이주민들은 국적을 취득할 전제를 하고 있는 집단이기 때문에 적극적 사회 통합 정책을 실시할 당위성을 바탕으로 다문화주의의 논의를 전개한다. 만약 다문화주의 담론이 합법적 이민자만을 대상으로 하는 이론이라면 사회정의라는 실천적 측면으로서의 가치는 상당히 제한적일 수밖에 없다. 이주노동자의 대부분이 미등록 이주노동자이고, 그들의 귀환은 실질적으로 불가능하며, 이주노동자의 수가 결혼 이민자의 수보다 훨씬 많은 한국적 상황에서는 특히 그러하다. 이주노동자와 관련해 제시된 유일한 정책은 이주노동자를 자주 접하는 한국인들에 대한 교육이 전부이다. 한국인에 대한 다문화교육은 필요한 것이며 환영할 만한 정책이기는 하나, 이러한 사회 교육은 이주노동자를 위한 것이라기보다는 한국 내 모든 소수인종을 대한 것으로 이주노동자가 수혜의 대상이라고 보기는 힘들다.

8. 관주도형 다문화주의의 배경: 인구감소 문제와 인종적 소수자 문제

이와 같이 한국 정부의 다문화주의를 담론적 측면과 실제 정책 실행의 두 가지 측면에서 살펴보면 두 가지 의문이 생긴다. 첫째는 한국 정부가, 비록 선택적이기는 하지만 소수자에 대한 통합 정책을 실시하게 된 배경에 대한 것이며, 둘째는 왜 한국 정부가 소수자 통합 정책을 실질적인 내용과 상이하게 '다문화 정책'이라고 정의 내리는가에 대한 것이다.

우선 왜 한국 정부가 소수자 통합 정책을 실시하게 되었는가에 대해서는 캐나다나 호주에서 다문화 정책이 등장하게 된 배경을 살펴보는 것이 의미 있다. 다문화 정책의 발상지라고 할 수 있는 캐나다와 호주의 경우, 다문화 정책의 배경은 건국이념의 부재뿐만 아니라 대부분의 선진 산업국가가 직면한 저출산·고령화의 인구문제와도 관련이 있다. 고령화와 출산율 저하라는 문제에 직면하여 캐나다와 호주와 같은 나라에서는 이민자를 받아들임으로써 그 문제를 극복하고자 한다. 즉, 다문화주의 정책은 인구 정책의 일환으로(Elabor-Idemudia, 2005) 저출산·고령화에 대한 해법으로서 새로이 유입된 이주민들을 융합하고 사회적으로 통합하여 사회 안정을 도모하려는 정부의 묘안인 것이다.

최근 한국 내에서도 고령화와 저출산율이 사회적 문제로 크게 부각되고 있다는 것은 단순한 우연이 아니다. 통계자료에 따르면 한국의 2006년 추산 인구성장률은 0.46%이고 인구 1,000명당 10명 정도의 출산율을 보이고 있다. 이러한 인구 증가율은 다른 선진국들과 비교하면 아직 그리 심각하다 할 수 없으나, 고도성장에 익숙한 한국 정부로서는 심각한 문제가 될 수 있다. 한국 정부는 합계출산율—한 여성이 가임 기간 동안 출산하는 평균 아동 수—이 고작 1.08이며, 이는 OECD 국가 중 홍콩 다음으로 낮은 수준이라고 경고한다. 통계청은 총 인구수가 2020년에 최고치에 다다른 이후 계속 감소할 것이라든지 가임 기간에 있는 여성의 절대적 수가 줄어들고 있으며, 특히 가임 기간 여성 중 배우자가 있는 여성의 수는 더 빠른 속도로 줄어들고 있다는 등, 연이어 비관적 전망을 내놓고 있다. 통계청 발표에 따르면 부양 비율이 현재의 8 대 1에서 2020년에는 8 대 4~5 정도로 증가할 것이라고 발표해서 인구문제의 심각성을 홍보하고 있다.

한국 정부도 저출산·고령화 사회에 대비하여 일련의 행동을 취하고 있다. 예를 들면, 2005년 5월 노무현 정부는「저출산고령화법안」을 공포하고, 그해 9월 대통령 산하 저출산고령화사회위원회를 구성한다.「저출산고령화법안」은 "국가의 지속적인 성장을 위해 적정한 인구 구성비와 수준을 유지하는 것"(조항 2)을 목적으로 제안되었으며, "정부와 지방 단체들이 국가나 지방 자치 단체의 인구증감을 미리 예측하여 거기에 맞는 대책을 세울 의무가 있음"(조항 7)을 명시하고 있다. 하지만 앞서 설명한 것과 같이, 한국 정부는 부분적으로는 뿌리 깊은 단일혈통주의에 얽매여 노동력 부족과 인구 감소 문제에도 불구하고 공식적으로 이민자를 받아들이지 않고 있다.

감소하는 인구수와 관련된 또 다른 인구관련 문제는 인구의 인종적 다양화이다. 단일 혈통을 자랑해왔던 한국 사회가 최소한 통계 수치상으로는 인종적으로 다양해지고 있다. 출입국 통계자료에 따르면, 지난 5년간 한국에 거주하고 있는 외국인의 수가 2배로 증가했으며, 현재 전체 한국 인구의 1.7% 정도를 차지하며 이 수는 향후 5년간 다시 3배로 증가할 것으로 내다보았다. 이와 같이 급속히 증가하는 외국인 중 상당수가 결혼 이민자이다. 2005년부터 출입국관리국은 출입국 통계연보에 결혼 이민자 조항을 신설하여 결혼 이민자 통계를 산출하고 있다.

〈표 2-2〉 국제결혼 통계

연도	2002	2003	2004	2005
국제결혼 건수	15,913	25,658	35,447	43,121
국적 취득자	1,734	5,339	5,768	8,419
국적 취득자 비율(%)	11.4	21.1	16.2	19.5

〈표 2-2〉에서 보듯이, 결혼 이민자의 수는 매년 급속히 증가하고 있다. 1990년대와 비교하여, 한국 남성과 외국인 여성 간의 결혼 비율은 전체 결혼의 0.2%에서 9.9%로 급속히 증가했다. 결혼 이민자 증가의 원인이 감소하는 인구수 때문이기도 하지만 한국 정부의 입장에서는 감소하는 인구문제에 대한 해결책이 될 수도 있다. 본격적인 국제결혼의 관행은 1990년부터 나타나는데, 경제 발전에 따른 이농현상 때문에 농촌 총각들이 배우자를 찾는 데 어려움을 겪게 되는 것에서 시작한다. 몇몇 농촌 총각들의 자살 등이 사회적 이슈가 되면서 시민단체를 중심으로 소위 '농촌총각 장가보내기 운동'을 펼쳤지만 별 실효를 거두지 못했다. 이에 따라 중국의 조선족 여성을 시작으로 점점 동남아시아 저개발 국가의 여성들을 '수입'하는 것으로 눈을 돌리게 된다. 그렇다고 해서 결혼 이민자 현상이 단순히 농촌 지역에만 국한된 것은 아니다. 상당수의 결혼 이민자들은 서울 등 대도시에 거주하기도 하는데, 도농 지역 간 차이를 불문하고 배우자인 남성의 사회경제적 지위가 대체로 낮다는 것이 공통적이다.

한국 정부의 입장에서는 급증하는 결혼 이민자를 사회적으로 통합함으로써 감소하는 인구문제에 대해 어느 정도 해법을 찾을 수 있다. 우선 결혼 이민자 당사자들이 한국인으로 귀화하여 한국인이 되는 것이다. '결혼 이민자'라는 용어 자체는 2005년부터 정부 공식 문건에 등장하기 시작하는데, 이전에는 결혼 이민자와 여성이주노동자를 통칭하여 여성

외국인근로자라는 용어가 주로 사용되었다. 한국 정부가 결혼 이민자라는 용어를 여성외국인근로자와 별도로 사용하기 시작했다는 것은 한국 정부가 결혼 이민자들을 특별 정책 대상 집단으로 인식하기 시작했다는 것을 의미한다. 결혼 이민자들은 일반 한국 여성과도, 여성이주노동자와도 다른 정책 집단이 된 것이다. 2004년 개정된 「국적법」은 여성 결혼 이민자들의 귀화요건을 완화하여 그들이 빨리 한국인으로 귀화할 것을 독려한다. 간이 귀화요건은 1) 한국 배우자와 결혼하여 한국에 거주한 지 2년 혹은 2) 한국 배우자와 결혼 후 3년 및 한국 거주 1년 등 두 가지 요건 중에서 하나만 충족하면 된다. 이는 일반 귀화 요건인 최소 5년간의 한국 거주와 한국어 구사능력, 한국 문화에 대한 이해 등 일반 귀화 요건과 비교할 때 훨씬 완화된 것임을 알 수 있다. 귀화 요건 완화와 함께 결혼 이민자들을 사회 통합을 위한 각종 정부 지원이 '다문화주의'라는 이름하에 발표되고 있다. 한 지방 정부는 「농촌 총각 국제결혼 지원 조례」까지 제정했는데, 그 조례안에 따르면 국제결혼 비용의 최대 40~50% 지방 정부가 지원해주는 것이다. 이렇듯 공식적 통로를 통해 이민자를 받아들이는 대신, 한국 정부는 결혼 이민자들의 입국 및 귀화를 용이하게 함으로써 감소하는 인구문제에 대처하고 있는 것이다.

결혼 이민자가 인구문제의 해결책으로 제시되는 두 번째 경로는 출산을 통해서이다. 결혼 이민자와 한국 남성 간의 아동은 혼혈 아동이 될 텐데, 이 혼혈 아동들이 정부 통계에 잡히는 인구 다양화의 주 원천이다. 한국에서 혼혈 아동은 크게 세 그룹으로 나눌 수 있다. 첫 번째 그룹은 1950~1960년 사이에 재한 미군(혹은 다른 국가의 군인)과 한국 여성 사이에서 태어난 혼혈 아동이다. 이 혼혈그룹은 한국 사회에서 오랫동안 함께해왔지만, 사회적 차별과 무관심 때문에 제대로 한국 사회에 편입하지 못하여 미국으로 이민을 간 경우가 많다. 미국 미식축구 선수인 하인스 워드가 이 첫 번째 혼혈인의 대표적인 예이다. 혹자들은 하인스 워드로 인해 한국 정부가 순혈주의 전통을 버리고 다문화 정책으로 전환하게 되었다고 주장하고 있으나, 이는 상관관계를 인과 관계로 오인하는 단순 논리에 지나지 않는다. 하인스 워드가 한국 사회에 성찰의 계기를 제공한 것은 인정하지만, 정부의 다문화 정책은 '하인스 워드 사건' 이전부터 이미 시작되고 있었다. 다만 한국 정부는 다문화라는 이름하에 이뤄지는 이주민 통합 정책을 국민들에게 거부감 없이 전달할 수 있는 명분이 필요했던 것이다. 두 번째 혼혈인 그룹은 흔히 코시안으로 불리는 결혼 이민자와 한국인, 혹은 이주노동자 사이의 자녀들이다. 세 번째 혼혈인 그룹은 베트남과 필리핀 등지에 살고 있는 한국계 혼혈인들로서 베트남 전쟁 당시 월파된 한국 군인과 현지인 여성 사이의 혼혈인이다. 한국인과 베트남인 사이의 혼혈인인 라이따이한은 약 5,000에서 2만 명 정도로, 한국인과 필리핀인 사이의 혼혈인인 코피안은 약 3,000명 정도로 추산되고 있으나 정확한 수는 알려지지 않고 있다.

물론 한국 정부가 결혼 이민자 및 그들의 자녀를 인구문제의 해결책으로 고려한다고 해서 한국 정부가 적극적으로 결혼 이민을 지원한다는 것은 아니다. 또 결혼 이민자의 유입이 한국 정부가 고려하고 있는 유일한 저출산·고령화 사회 대책이라는 것을 의미하지도 않는다. 각종 출산 장려 정책이 보여주듯이, 한국 정부의 최우선 선택은 한국 여성의 출산율을 높임으로써 경제성장을 지속할 수 있는 적정 인구 규모를 유지하는 것일 것이다. 이 장의 주장은 가정형적인 것으로, 만약 저출산·고령화의 문제가 없었다면 한국 정부가 다문화라는 이름으로 결혼 이민자 및 혼혈인의 사회통합 지원정책을 펼칠 인센티브가 없었을 것이라고 본다. 군부독재 시절에 한국 정부는 적극적인 출산 억제 정책을 펼쳤다. 그러한 시대적 배경에서 화교를 한국인으로 통합할 인센티브가 없었던 것과 마찬가지로, 현재 저출산·고령화의 문제가 없다면 결혼 이민자들이나 혼혈인들도 화교나 미등록 이주노동자들처럼 관주도형 다문화 정책에서 배제되었을 것이다.

그렇다면 한국정부가 실질적인 동화 정책을 '다문화 정책'이라고 이름 붙이는 이유는 무엇인가? 이는 국제적 요인과 국내적 요인 두 가지 측면에서 설명할 수 있다. 우선 다문화주의가 전 세계적으로 유행하고 있으며 아시아 노동력 유입국으로도 퍼지고 있다(He and Kymlicka, 2005). 세계의 석학들이 다문화주의의 정당성을 설교하고 있으며, 유네스코와 같은 국제기구도 앞장서서 다문화주의를 전파하고 있다. 특히 유네스코의 역할은 주목할 만한데, 1980년대부터 유네스코는 각국 정부의 공식 문건에서 assimilation이라는 용어 대신 integration 혹은 incorporation을 사용하기를 장려하고 있다. Assimilation이 일방적인 동화를 의미한다면, integration나 incorporation은 이민자 혹은 소수자의 문화적 고유성을 인정하면서 쌍방향적인 통합이라고 할 수 있다. 즉, 다문화주의가 새로운 소수자 통합의 국제적 기준이 되고 있으며, 이러한 맥락에서 '모두가 다문화주의자'라는 주장도 나오고 있다(Glazer, 2002). 김영삼 정권부터 시작된 국제화·세계화 열풍은 국제사회에서의 위치를 굳히려는 한국 정부의 노력을 반영한다고 할 수 있다. 이런 맥락에서 이민자를 '다문화'라는 이름으로 통합함으로써 국제적으로 한국의 이미지를 제고할 수 있다는 측면이 고려된 것이다.

한편, 국내적 요인으로는 이주노동자 지원세력의 강화 및 그들의 현 정권과의 상호 작용을 들 수 있다. 일본의 이주노동자 지원운동의 경우, 그 초기부터 다문화 공생을 운동의 주 모토로 삼고 있다. 하지만 한국의 경우 초창기에는 인권·노동권을 강조하는 경향이 강했다. 인권·노동권에 초점을 맞춘 이주노동자 지원운동은 소수자 '통합'보다는 '보호'를 우선시한다고 할 수 있다. 최근 이주노동자 지원 세력이 세분화되면서 일부 단체들이 시민권 및 다문화 담론을 사용하기 시작했다. 즉, 한국 정부가 소수자 문제를 다문화문제로 규정하는 것은 이주노동자 운동권 진영에서 다문화담론을 본격적으로 사용하기 시작한 시점과 일치한다.

9. 결론: 누구를 위한 다문화주의인가?

이 장에서는 한국 정부가 소수자 통합 정책을 펼치게 된 배경과 그러한 소수자 통합 정책을 다문화주의라고 이름 붙이게 된 이유를 살펴보았다. 한국의 관주도형 다문화주의가 갖는 시사점을 다음의 두 가지로 정리하며 결론을 대신하고자 한다.

우선 한국 정부의 소수자 통합 정책에서도 뿌리 깊은 혈통주의의 잔상이 남아 있다는 것이다. 앞에서 살펴보았듯이, 한국 정부는 결혼 이민자와 혼혈인 등 한국인과 혈족 관계에 있는 외국인에 대해서는 다문화 정책이라는 이름하에 적극적인 사회 통합 정책을 펼치면서, 화교와 이주노동자등에 대해서는 차별 혹은 무관심의 이중적 태도를 보이고 있다. 이러한 의미에서 한국의 관주도형 다문화주의는 여전히 순혈주의, 민족주의 이데올로기에서 자유롭지 못한 것이다. 이러한 한국 정부의 이중적 태도는 2006년 4월에 발생한 한 미등록 이주노동자의 죽음에서도 나타난다. 한국 정부는 「혼혈인과 이주민에 대한 사회통합 지원 방안」을 마련하는 동안에도 미등록 이주노동자에 대한 강제단속 추방을 멈추지 않았는데, 그 과정에서 터키 노동자인 코스쿤 셀림 씨가 추락사하게 된다. 코스쿤 셀림 씨의 죽음은 한 개인의 불운을 넘어서 한국 정부의 관주도형 다문화주의 정책의 포용과 배제의 경계를 상징하는 사건이라고 볼 수 있다.

한국의 관주도형 다문화주의가 혈통주의를 벗어날 수 없었던 이유 중 하나는 이주자의 목소리가 정책 결정 과정에서 배재되었기 때문이다. 이는 두 번째 시사점, 즉 '누구를 위한 다문화주의인가'로 귀결된다고 할 수 있다. 한국 정부가 부분적이기는 하지만, 소수자 통합 정책을 실시하기 시작했다는 것은 환영할 만한 일이다. 그 과정에서 이주노동자 지원운동 세력이 상당한 공헌을 했음도 인정해야 할 것이다. 하지만 최근 정부가 새로운 정책을 입안하고 실행하는 과정에서 당사자인 결혼이민자나 코시안의 참여가 전무했다는 것은 정작 누구를 위한 통합 정책이며, 누구를 위한 다문화주의인가라는 질문을 던지게 한다. 중요한 것은 소수자 통합 정책이 '다문화' 정책이냐 아니냐가 아니라, 소수자의 인권 및 삶의 질 향상에 얼마나 도움이 되느냐이기 때문이다. 이러한 점에서 한국 정부, 이주노동자 지원 세력, 그리고 한국 사회 모두 진지한 고민을 해야 할 것이다.

참고문헌

Chua, Beng Huat. 1995. *Communitarian Ideology and Democracy in Singapore*. London; New York: Routledge.
Elabor-Idemudia, P. 2005. "Immigrant Integration in Canada: Policies, Programs and Challenges." in C.E. James(ed.). *Possibilities and Limitations*. Halifax: Fernwood Publishing. pp.58~75.
Glazer, N. 2002. "We are all Multiculturalists Now." in H. Breining, J. Gebhardt, and K. Losch(ed.). *Multiculturalism in Contemporary Societies: Perspectives on Difference and Transdifference*. Erlangen. pp.37~51.
He, B. and W. Kymlicka. 2005. "Introduction." in W. Kymlicka and B. He(ed.). *Multiculturalism in Asia*. Oxford New York: Oxford University Press. pp.1~21.
Hefner, R. W. 2001. "Introduction: Multiculturalism and Citizenship in Malaysia, Singapore, and Indonesia." in R.W. Hefner(ed.). *The Politics of Multiculturalism*. Honolulu: University of Hawaii Press. pp.1~58.
Hill, Michael and Kwan Fee Lian. 1995. *The Politics of Nation Building and Citizenship in Singapore*. London; New York: Routledge.
Joppke, Christian. 2001. "Multicultural Citizenship: A Critique." *European Journal of Sociology*, 42 (2), pp.431~447.
_____. 1996. "Multiculturalism and Immigration: A Comparison of the United States, Germany, and Great Britian." *Theory and Society*, 25 (4), pp.449~500.
Kong, Lily, and Brenda S. A. Yeoh. 2003. *The Politics of Landscape in Singapore: Construction of "Nation."* Syracuse: Syracuse University Press.
Kymlicka, W. 2005. "Liberal Multiculturalism: Western Models, Global Trends, and Asian Debates." in W. Kymlicka, and B. He(ed.). *Multiculturalism in Asia*. Oxford New York: Oxford University Press. pp.22~55.
_____. 1995. *Multicultural Citizenship*. Oxford: Clarendon Press.
Lee, C. 2003. "'US' and 'THEM' in Korean Law." in A. Rosett, L. Cheng, and M. Y. K. Woo(ed.). *East Asian Law: Universal Norms and Local Cultures*. London and New York: RoutledgeCurzon. pp.106~136.
Sciortino, G. 2003. "From Homogeneity to Difference? Comparing Multiculturalism as a Description and a Field for Claim-Making." in G. Brochmann(ed.).

The Multicultural Challenge. Amsterdam: Elsevier. pp.263~285.
Southphommasane, Tim. 2005. "Grounding Multicultural Citizenship: From Minority Rights to Civic Pluarlism." *Journal of Intercultural Studies*, 26 (4), pp.401~416.
Taylor, Charles. 1994. "The Politics of Recognition" in *Multiculturalism*. New Jersey: Princeton University Press. pp.25~84.
Young, Iris Marion. 1989. "Polity and Group Difference: A Critique of the Ideal of Universal Citizenship." *Ethics*, 99, pp.250~274.

제3장

한국에서의 이주노동운동과 다문화주의

이선옥
(사단법인 국경없는마을 연구원)

1. 문제 제기

이 장은 15여 년 넘게 발전과 분화를 거듭해온 이주노동운동[1])의 추이를 살펴보고, 현재 한국 사회의 새로운 의제로 떠오른 다문화주의가 이주노동운동 안에서 어떤 위치를 차지하고 있는지 살펴보고자 한다.

이주노동의 문제는 일국적 문제이자 국가 간의 문제이며, 구조적인 문제이자 개인의 욕망에 관한 문제이기도 하며, 계급의 문제이자 인종의 문제이기도 하다. 그것은 지구적인 노동시장의 재편과 관계된 시장의 문제이자 동시에 문화적 관용 혹은 배제의 문제이기도 하다(오경석, 2006). 이러한 이주노동문제의 복잡성 때문에 정부의 정책은 상이하게 나타날 수 있고, 이에 대응하는 이주노동운동 또한 복잡성을 띤다. 게다가 한국에서 이주노동의 문제는 불과 20년이 채 안 된 짧은 시간 동안 급속하게 진행되었기 때문에 서구의 경우 몇 세대에 걸쳐서 일어날 일이 동시에 발현되고 있다.[2]) 이러한 한국 이주노동문제의 복잡성과 압축성은 이주노동운동의 역동성을 담보해주지만, 한편으로는 혼돈스러운 무기력의 기제로도 작용할 수 있기 때문에 한국의 이주노동운동의 성격을 명증하게 규정하기란 매우 어렵다(오경석, 2006). 게다가 한국 이주노동문

---

1) 설동훈(2005)은 이주노동자운동이란 '이주노동자 지원운동과 이주노동자 자신들의 운동 모두를 포괄하는 개념'이라고 설명한다. 이에 반해 정정훈(2006)은 이주노동자가 주도적으로 전개하는 '이주노동자운동'과 이들을 지원하는 '이주노동자 지원운동'으로 나누어볼 수 있으며 이를 통칭해 '이주노동운동'으로 불러야 한다고 주장하고 있다. 최근 특화되어 이슈화되고 있는 이주여성(국제결혼 여성 포함)과 이주아동의 문제를 고려한다면 오히려 '이주자운동'으로 표현하는 것을 제안해볼 수도 있다. 그러나 이 장에서는 정정훈의 개념을 사용하기로 한다.
2) 켈리(Kelly, 2002)는 서구의 경우 이주노동 1세대는 시민적·정치적 권리의 확보가 의제였으며, 2세대들에게는 사회적·경제적 권리의 확보가 의제였으며, 3세대에게는 문화적 권리의 확보가 쟁점으로 공유된다고 지적한다.

제의 복잡성과 압축성 위에 '누가 운동을 이끌어가는가'라는 운동주체의 문제까지 고려한다면 이주노동운동에 대한 성격 규정은 더욱 어려워진다. 또한, 그동안 한국 이주노동운동의 주요한 축이었던 지원단체와 정부 사이에 협력 통로가 구축되면서 이들 지원단체가 NGO와 GO 사이의 불분명한 경계선에 위치하게 되었고, 이들 지원단체의 활동 중 어디까지를 운동의 영역으로 간주할 것인지에 대한 문제도 제기되고 있다. 이런 이유로 한국에서 이주노동운동의 특성을 규정하기 어려우며, 용어의 개념 규정 또한 쉽지 않은 실정이다.

한국 이주노동운동에서 '다문화주의'라는 말이 등장하기 시작한 것은 그리 오래된 일이 아니다. 다문화사회라는 용어는 1990년대 중후반에도 일부 지원단체에서 사용하기는 했지만 운동의 의제는 아니었다. 이런 '다문화'라는 용어가 정부 정책과 이주노동운동 진영에서 광범위하게 사용되기 시작한 것은 2005년경으로, 국제결혼 이주여성의 수가 급격하게 증가함에 따라 이들에 대한 처우가 주요한 사회적 이슈로 다뤄지게 된 것과 관련이 깊다. 지원단체와 정부는 국제결혼 이주여성의 문제를 푸는 해법으로 '다문화'를 채택했고, 2006년에는 정부, 학계, 이주노동운동 진영을 망라하여 '다문화', '다문화주의', '다문화가정'은 가히 붐이라고 해도 과언이 아닐 정도가 되었다. 현재 이주노동운동 속에서 '다문화주의'는 이미 지원단체와 이주여성 상담단체의 주요 의제이다. 아직까지는 다문화주의가 전체 이주노동운동을 관통하는 의제는 아니나, 최근 들어 이에 대한 정부 정책과 예산안 증액이 같이 맞물리면서 이주노동운동에서 '가장 잘 팔리는' 영역이 되고 있는 것도 사실이다.

한국 이주노동운동에서 다문화주의는 새롭게 제기된 의제이며, 양면성을 가진 의제이기도 하다. 이를테면 다문화주의는 정부에서 추진하는 통합 정책이긴 하지만 이것이 밑으로부터의 풀뿌리운동과 만난다면 한국의 광적인 민족주의, 순혈주의 담론을 깨는 새로운 운동의 가능성으로 나타날 수도 있다. 그러나 동시에 '다문화주의'라는 세련된 이름의 또 다른 통제와 차별의 기제로 작동할 가능성도 강하게 존재한다. 따라서 이제 막 그 출발점에 서 있는 한국의 다문화주의를 현재 이주노동운동과 함께 연결하여 비판적으로 조망하는 것은 '다문화주의'의 가능성을 가늠해본다는 측면에서 의미가 있다.

2. 한국에서 이주노동운동 전개

1) 정부 정책의 변화

한국에서 이주노동자의 유입은 체계적인 외국인력 정책에 의해서가 아니라 1988년 이후 제조업과 건설 부문의 인력이 부족하던 시기, 이주노동자들이 자발적으로 들어오게 되면서 시작되었다. 따라서 정부의 이주노동정책은 전무했고, 이 시기에 한국으로 들어온 이주노동자 전원이 미등록자들이었다. 국내 산업의 노동력 부족과 맞물려 이주노동자의 수가 꾸준히 증가하게 되자 정부는 1991년 일본의 정책을 모델로 한 외국인산업연수제를 마련했고, 2003년 11월에는 고용허가제를 도입하게 되었다(설동훈 외, 2004).

산업연수제는 1991년 11월 '해외투자기업 산업기술연수생제도'를 시작으로 시행되었다. 정부는 외국인 '산업연수생'을 수입하여 국내 기업에 취업 중인 미등록 노동자를 대체함으로써 '불법체류자' 문제와 인력부족문제를 동시에 해결하려고 했다. 그러나 산업연수생은 근로기준법상 노동자가 아니고 기술을 배우는 학생으로 간주되었으므로 노동법에 적용되지 않았다. 따라서 산업연수생들은 저임금·장시간 노동에 노출되었으며 작업장 내에서의 인권침해도 심각한 수준이었다. 게다가 노동법에서만 배제된 것이 아니라 산재보험, 의료보험 등의 사회복지 제도의 혜택에서 배제되어 이를 둘러싼 각종 인권침해 논란이 끊이지 않았다. 특히 산업연수생은 미등록 노동자보다 낮은 임금을 받았기 때문에 많은 이들이 사업체를 이탈했고, 그 결과 2002년에 미등록 노동자의 비율은 전체 이주노동자의 80%에 이를 정도가 되었다. 이에 정부는 '의도적으로 불법체류를 양산한다'는 비판을 받게 되었다(설동훈 외, 2004).

미등록 노동자의 비율이 전체 이주노동자의 80%에 이르자 정부는 새로운 외국인력 정책을 도입할 수밖에 없게 되었다. 정부는 산업연수제를 대체할 새로운 인력정책으로 고용허가제를 마련했고, 고용허가제는 2003년 11월부터 준비시기를 거쳐 2004년 8월 17일 본격적으로 시행되었다. 애초에 정부는 말도 많고 탈도 많던 산업연수제를 폐지하고 고용허가제로 일원화하려고 했다. 그러나 산업연수제의 이해당사자인 중소기업중앙회가 이주노동자에게 노동법을 적용할 경우 인건비가 상승한다는 이유로 고용허가제에 반발하여 산업연수제는 2007년 1월까지 지속되었다. 현재 정부는 2007년 1월부터 산업연수제를 폐지하고 고용허가제만 시행하도록 하고 있다.

고용허가제 시행으로 이주노동자는 노동자로 인정받고 기본적인 노동법을 적용받을 수 있게 되었다. 그러나 내국인 노동자와 동등한 대우를 받는 것이 아니라 최저임금 등 몇몇 기초적인 것만 적용받는다. 또한 고용허가제란 고용주에게 이주노동자의 고용을 허가해주는 것이기 때문에 이주노동자의 자유로운 구직활동이 금지된다. 즉, 한국인처럼 본인이 구직활동을 하는 것이 아니라 노동부에서 지정해준 사업장에서만 일할 수 있다는 것이다. 문제는 이주노동자가 정부의 허가 없이 사업장을 이동하게 되면 강제 출국을 당하기 때문에 사업장의 노동조건이 열악해도 이주노동자는 그저 받아들이는 수밖에 없다는 것이다. 이러한 고용허가제의 사업장 이동 금지 조치는 인권침해의 논란이 되고 있다. 또한 고용허가제로 바뀐 이후에도 이주노동자의 입국 과정에서 브로커가 개입하는 경우가 많아 송출비용이 과도해지는 문제도 있다.

정부는 고용허가제 도입을 위해 2003년 11월에 미등록 노동자에 대한 일시적인 합법화를 추진했다. 이 당시 일시적인 합법화 조치로 인해 미등록 노동자의 수는 전체 이주노동자의 35.3% 수준으로 감소했다. 그러나 "고용허가제를 통해 미등록 노동자의 수를 3만 명 내외로 낮출(설동훈 외, 2004)" 수 있을 것이라는 정부의 기대와는 달리 일시적인 합법화 기한이 지나자 미등록 노동자의 수는 다시 50%로 증가했고 이러한 수치는 지금까지 계속 유지되고 있다. 미등록 노동자의 수가 상시적으로 50%를 유지하고 있다는 것은 "한국에서 '불법'체류의 문제는 이주노동자 정책의 구조적 실패라는 요인이 작용"(오경석, 2006)했다고 해석해볼 수 있다.

2) 이주노동운동의 발전

위에 살펴본 것처럼 이주노동자들은 열악한 생활환경 속에서 개인적으로 살아갈 방법을 모색했으며 한편으로 출신국 공동체를 조직하여 서로를 돕기 시작했다. 이와 함께 사회운동의 성격을 가지는 이주노동자 지원단체들도 생겨나게 되었고, 이주노동자의 개인적 저항은 지원단체를 중심으로 하는 '이주노동운동'으로 성장했다. 현재 이주노동운동은 크게 1995년 7월에 결성된 지원단체 협의체인 '외국인이주노동운동협의회(구 외국인노동자대책협의회, 이하 외노협)', 이주노동자의 영주권·시민권 획득을 강조하는 '이주노동자인권연대', 노동권을 강조하는 '서울경기인천 이주노동자 노동조합(이하 이주노조)'을 중심으로 활동을 벌이고 있다.

1988년부터 1991년까지는 이주노동자 유입 초기로서 이주노동자에 대한 정부의 정책도 없었고 이주노동운동 또한 형성되지 않았던 시기였다. 즉, 아무것도 없었기 때문에 이주노동자가 어려움을 당해도 도움을 청할 수 없었다. 따라서 이 시기 이주노동자들은 열악한 노동조건, 폭행, 무시, 임금체불 등의 인권침해에 대해서 그냥 참거나 일자리를 옮기거나 개인적으로 대응하거나 극단적인 경우 자살을 하는 등 개인적 불만의 형태로 표출할 수밖에 없었다.

1992년부터 의식 있는 종교단체를 비롯하여 운동성격을 지닌 단체들이 만들어져 이주노동자의 인권 보호를 위한 활동을 벌였지만 공동의 연합체를 구성하지는 않은 상태였다. 이어 1995년 네팔인 산업연수생들의 명동성당 농성을 계기로 지원단체들의 연합체인 외노협이 만들어졌다. "외노협은 참여단체 간 이주노동자의 '인권수호'라는 공동의 목표를 설정하여 노동상담, 임금체불, 산업재해 처리, 폭행문제 해결 등의 활동을 벌였고, 제도개선을 위한 합법·비합법 집회를 벌였다"(설동훈, 2005).

한편, 2000년 10월 노동조합 결성을 목표로 하는 한국인 활동가들과 이주노동자 활동가들은 외노협에서 분리해 나와 '이주노동자 노동권 완전 쟁취와 이주·취업의 자유 실현을 위한 투쟁본부(이노투본)'를 결성했다. 이노투본은 외노협을 필두로 하는 기존 지원단체가 이주노동자를 운동의 파트너로 받아들이지 못하고 한국인 활동가 중심의 사업을 벌이고 있다는 것을 문제 삼았다. 이노투본은 1년 동안 활동한 후 2001년 5월 '경인지역 평등노동조합 이주노동자지부(이주지부)'를 결성했고, 2003년 11월 15일부터 고용허가제에 반대하는 380일간의 농성을 한 후, 2005년 4월 독자 노조인 이주노조로 전환했다. 현재 이주노조는 이주노동자의 노동권 확보와 미등록 이주노동자의 합법화를 강조하는 활동을 하고 있다.

2000년 같은 해에 외노협 소속단체였던 안양전진상복지관 등이 외노협에서 분리해 나와 이주여성 문제를 특화시켜 다루는 '이주여성인권연대'를 결성했다. 이주여성인권연대는 2004년 안산이주민센터(구 안산이주노동자센터), 한국이주노동자인권센터 등을 주축으로 하는 '대전포럼'과 함께 '이주노동자인권연대'를 결성했다. 이주노동자인권연대는 서울 중심의 활동에서 벗어나 대구, 부산 등 지방 단체와의 협력을 강화할 것을 표방하고 있다. 이 단체는 외노협의 참여단체 간 노선 차이, 주도권 문제, 서울 중심의 활동, 다양해지는 운동을 수렴해내지 못하는 구조에 대한 문제 제기하면서 분리해 나온 경우이다. 한편 이주노동자인권연대는 이주노동자 문제는 이민의 성격을 가지므로 주민 혹은 정착민으로 봐야 한다는 입장이다. 따라서 시민권을 활동의 주된 방향으로 삼고 있다.

이렇게 이주노동운동이 형성되었고 그동안 내부적 분화도 일어났다. 이렇게 이주노동운동이 분화와 발전을 계속하는 동안 열악한 이주노동자 중에서도 소수자인 이주여성의 문제를 특화시켜 다루는 이주여성 상담소가 등장하게 되었다. 이러한 상담소들은 국제결혼 이주여성의 수가 꾸준히 증가한 2001년 이후 괄목할 만한 양적·질적 성장을 거듭했다. 이주여성 상담소들은 기존의 이주노동운동 연대단체의 소속단체로 기능하기는 하지만 독자적인 활동 영역을 구축하여 성장해나가고 있다. 최근에는 정부의 지원과 정책에 힘입어 그 활동 영역이 확대·특화되고 있다.

국내에서 활동 중인 이주노동자운동 진영은 크게 외노협, 이주노동자인권연대, 이주여성 상담소들, 이주노조, 이주노동자 출신국 공동체를 들 수 있다. 이 중 외노협, 이주노동자인권연대, 이주여성 상담소들이 이주노동자 지원운동의 대표적인 지원단체 연대체들이며 사실상 이주노동운동을 이끌고 있다. 이주노동자 지원운동 단체들은 각기 핵심 사업에

〈표 3-1〉 국내 활동 중인 이주노동운동 진영

단체(연합체) 구분	조직 형태	지향	정부정책에 대한 입장 (고용허가제)	핵심사업	활동시기	운동성격
출신국 공동체	자생적 조직	상호 부조	-	상호 부조 문예 활동	1992~현재	이주노동자운동
이주노조	노동조합	노동권	반대 (노동허가제)	미등록 전면합법화	2001~현재	
외노협	지원단체	인권 다문화	수정, 개선	귀환운동, 다문화	1995~현재	
이주노동자 인권연대	지원단체	시민권 다문화	수정, 개선	시민권 확보, 다문화	2004~현재	이주노동자 지원운동
이주여성 상담소들	지원단체	시민권 다문화	수정, 개선	이주여성 시민권 확보, 다문화	2001~현재	

자료: 이선옥(2005).

있어서 조금씩 차이가 있지만, 전반적으로는 인권개선과 다문화를 지향한다는 점과 정부 정책에 대해 비판적 조력자의 입장을 취한다는 점에서 비슷한 행보를 취하고 있다.

한편 이주노동자가 주도적으로 활동하는 단체는 노동조합인 이주노조와 자생조직인 이주노동자 출신국 공동체들이다. 즉, 이주노동자운동은 이 두 주체들에 의해서 이뤄지고 있는 것이다. 그러나 이 중 교민회로 기능하는 이주노동자 출신국 공동체는 상호부조와 문예활동에 치중하면서 한국 사회에서의 안착을 목표로 하고 있다. 따라서 사회적 발언은 최대한 삼가고 있으며 때때로 정치적으로 보수적인 성향을 보이기도 한다. 이러한 출신국 공동체들은 이주노조보다는 이주노동자 지원단체와 더 긴밀한 연관을 맺고 있다. 반면 이주노조는 적극적으로 자신들이 이주노동자에 의한 운동단체라는 것을 호소하고 있으며, 운동 방향으로 미등록 이주노동자의 합법화를 주장하고 있기 때문에 정부의 이주노동자 정책에는 반대한다. 현재 이주노동자가 나서서 이끌고 있는 운동단체는 이주노조 정도라고 봐야 할 것이다.

이와 같이 한국의 이주노동운동은 1992년 이주노동자의 출신국 공동체와 개별적으로 설립된 지원단체의 등장을 시작으로 내적인 성장과 분화를 거듭해왔다. 이주노동운동 내 운동의 의제 또한 초기의 '이주노동자의 인권보호'에서부터 시작하여 현재는 '노동권', '시민권', '이주여성의 권리', '다문화' 등으로 다양해졌다. 이주노동운동 의제의 다양화는 이주노동운동 내의 다양한 주체, 노선, 이념을 둘러싼 갈등이 존재한다는 것을 의미한다. 이는 "운동 내의 분열로 독해될 수(오경석, 2006)"도 있지만, 한편으로는 이주노동운동의 내적인 힘을 나타내는 것이기도 하다. 또한 이러한 분화는 이주노동운동 집단이 한국 사회에서 하나의 갈등집단으로 등장했다는 것을 의미하는 것으로 해석할 수 있고, 이러한 해석에 따르면 이주노동운동집단이 독자적인 운동의 영역을 구축하면서 사회세력화되었다는 것을 의미한다. 특히, 이주노동자들이 주축이 되어 결성한 이주노조는 미약하지만 사회 세력화를 시도하고 있다는 점에서 주목할 만하다.

3. 한국 이주노동운동의 혼종적 특성

이주노동문제의 복잡성은 이주노동운동을 하나의 특별한 범주에 귀속시키는 것을 어렵게 만든다. 이주노동운동은 계급운동이며, 소수자운동일 수 있고, 자유주의적 시민·노동·사회권 확보운동이며, 상이한 문화정체성에 대한 차별적 인정을 요구하는 공동체운동일 수 있다. 이런 면에서 이주노동운동은 기존 운동론의 범주에 포섭될 수 없는 '하나의 목표, 하나의 강령, 하나의 대오로 결집될 수 없는 운동'이라고도 할 수 있다(오경석, 2006).

한국의 이주노동운동의 특성을 정리해본다면 근원적으로는 다음과 같을 것이다. 노동운동이 노동과 자본의 대립에 따른 운동이고, 시민운동이 시민사회와 국가가 대립하여 발생하는 운동이라면, 이주노동운동은 비국민과 국민국가가 대립하여 발생하는 운동이다. 비국민인 이주노동자는 소극적이고 방어적인 권리로서의 인권과 적극적이고 정치적인 권리로서의 시민권이 결여되어 있으므로 착취 구조의 최하층에 위치하게 된다. 한편 이주노동운동이 국민국가에 대립하여 발생하는 운동이기는 하지만 현대의 국가가 자본주의 국가인 한에서 노동과 자본의 대립은 이주노동문제의 핵심을 이룬다.

한국의 이주노동운동은 그 시기와 단체들의 강조점에 따라 몇 가지의 특징적 성향을 보여왔다. 크게는 세 가지 정도로 정리해볼 수 있는데, 인권운동, 노동권쟁취운동, 시민권운동이 그것이다. 운동 초기에서부터 현재까지 관통하고 있는 의제는 지원단체가 주축이 되어 이끌었던 인권을 강조하는 운동이었다. 2000년 이후 이주지부가 분화되어 나올 무렵에는 이주노동자의 노동3권을 주장하는 노동권운동이 부각되었으며, 2003년경에는 이주인권연대를 필두로 주민으로서의 이주민을 강조하는 시민권운동이 제기되었다. 또한 이주노동자운동 내에서 주도적인 운동의 의제로 주장되지는 않았지만 소수자운동과 이주노동자 공동체운동도 고려해야 한다.

1) 인권운동의 성격

이주노동운동에서 인권운동은 이주노동자에 대한 인도주의적 운동이다. 외노협을 중심으로 하는 지원단체운동은 일상적으로 이주노동자에게 필요한 노동 관련 서비스를 제공하고, 조직적 차원에서 법제도 개선투쟁과 인권보장 활동을 하는 것이었다.[3] 이주노동자의 불안한 법적 지위 때문에 인권침해가 빈발했고, 이런 현실에서 지원단체는 노동 상담이나 법제도 개선을 급선무로 인식하고 있었다.[4] 지원단체의 법제도 개선 활동은 부분적으로 인권 향상을 도모했으며, 많은 지원단체의 활동가들 역시 인권 향상에 주력했다.[5] 인권 향상에 초점을 맞춘 활동들은 이주노동자들이 최소한의 법적 지원도 받지 못하는 상황에서 이주노동자의 열악한 처지를 한국 사회에 알리는 데 상당히 기여했다.

그러나 한국에서 인권담론은 권위주의적 군사정권의 시기를 거쳐 1987년(민주화투쟁) 이후, 불평등을 생산해내는 사회구조의 부조리함을 고발하는 역할에서 벗어나 제도화 과정을 겪게 되었고, "정치적 지배담론으로서 인권(그레이, 2004)"이라는 성격마저 띠게 되었다. 이는 이주노동자에 대한 경제적 우월감과 결합되어 이주노동자를 희생자나 도움의

---

[3] 『외노협 정기총회 자료집』(2000)에 의하면, 이주노동자운동은 크게 두 가지 방향으로 설정되어 있다. 하나는 산업연수제 백지화 혹은 단기적으로 제도를 합리화하는 것을 목표로 하는 법제도 개선투쟁이고, 다른 하나는 이주노동자의 건강권, 사회복지, 인권교육 확대 등을 골자로 하는 권리 확대를 위한 문제의 사회화이다.
[4] 한국국제노동재단에서 수행한 연구보고서에 수록된 지원단체 활동가와의 인터뷰를 통해 지원단체의 활동 지향을 쉽게 알 수 있다. "아무래도 현실적으로 제도적인 문제로 발생하는 인권침해, 일차적인 노동상담이 주요 활동이다. 현실적으로 가장 많은 것은 돈을 받아주거나 부당하게 폭행당했거나 할 때 지원하는 노동상담이다"(한국국제노동재단, 2003: 56, 활동가 인터뷰 #528).
[5] 이주노동자들이 어쨌든 이렇게 만나지게 되는 것은 종교단체에서 보면 측은지심으로 그들을 보살펴줘야 하는 종교적 심성 때문에 돌봐주는 것이지만, 우리는 정확하게 인권이라는 개념으로 이 일을 바라보기 때문에, 그들과의 만남의 시작이 그들에게 인권지수를 높여내는 것이라고 생각한다……(한국국제노동재단, 2003: 57, 활동가 인터뷰 #219).

수혜자로 대상화했고, 이를 둘러싼 비판은 이주노동운동 내에서 지속적으로 제기되었다.

2) 시민권운동의 성격

이주노동운동에서 시민권운동은 이주노동자를 사회의 구성원으로 인정하게 하고 일시 체류 노동자가 아니라 주민으로 간주하는 것이며, 나아가 시민권을 확장시키는 운동이다. 즉, 법적 주체로서의 시민의 범위를 확장시켜야 한다는 의미에서 국민국가의 성격을 변화시키는 운동이다.

한국에서 이주노동자의 시민권운동에 대한 논의는 2000년 이후 이주노동자의 자녀의 학업과 인권의 문제가 서서히 사회문제로 대두되고, 국제결혼 이주여성의 수 또한 증가하면서 시작되었다. 시민권 논의는 이주인권연대와 이주여성 상담소를 중심으로 진행되고 있다. 그러나 한국에서 이주민에 대한 논의는 이주노동자, 이주아동, 국제결혼 이주여성 등 모든 이주민을 포괄하지 못하고 준국민인 국제결혼 이주여성에만 초점이 맞춰져 있다는 한계를 갖는다. 따라서 한국에서의 시민권운동이 국민국가의 성격을 변화시키는 운동이 될 것인지는 미지수이다. 그러나 한편으로는 단기적으로 체류할 것이라고 기대했던 이주노동자 중 다수가 10년 이상 장기체류하고 있는 현실에 비추어볼 때, 국제결혼 여성뿐만 아니라 이주노동자의 시민권에 대한 논의도 지속적으로 제기될 가능성이 크다. 이제 시작단계에 들어선 한국의 시민권 논의는 '초국적 이주'의 측면을 고려하기보다는 일국 안에서 유입국의 '국적'을 획득하는 것을 중심으로 하고 있다.

3) 노동운동의 성격

노동운동은 자본주의 사회에서 노동과 자본이 대립하면서 발생하는 운동이다. 그러나 이주노동운동에서 지원단체는 이주노동자에게도 기본적인「근로기준법」이 적용될 수 있도록 제도개선활동을 펼쳤지만, 그것은 인권운동 차원의 성격이 강했다. 즉, 지원단체들은 자본과 노동의 대립에서 발생한 갈등을 인도주의적인 방식으로 이끌어냈고, 이를 통해 제도 개선을 이뤄낸 것이다. 그러나 이주에서 '노동'의 문제는 핵심이며, 더군다나 자본주의 사회에서 자본과 노동의 대립은 피할 수 없는 것이기도 하다. 이런 측면에서 보면, 인도주의적인 성격의 지원단체들이 노동을 더 이상 문제 삼지 않으면서 다문화와 시민권으로 옮겨간 것은 어찌 보면 자연스러운 귀결일 수도 있다.

반면 2005년 4월 결성된 이주노조는 이주노동운동을 노동조합 중심의 노동운동으로 이끌어갈 것을 천명했고, 실제로 이주노동자의 '노동자성'을 강조하고 있다. 그러나 아직까지 이주노조는 노조원의 대부분이 미등록 노동자라는 점, 지역적 분산, 다양한 종사 업종, 조직화 자체가 어려운 점 등으로 인해 실제 교섭력이 없고, 일상적인 노조활동도 최소한에 그치고 있다. 게다가 국내 노동운동 진영은 대외적인 수준에서는 이주노조(혹은 이주노동자)와의 연대와 조직화를 표명하지만 여전히 소극적이다.[6] 이주노조 결성에 개입했던 국내 소수파 노동운동 조직들은

---

[6] 이주노동자 유입 초기에 기업주들이 외국인력 도입이 필요하다고 국가에 요청했을 때, 한국노총은 노동시장의 교란과 일자리의 잠식 등을 이유로 들어 반대 입장을 표명했다. 민주노총은 대의적 수준에서 이주노동자들의 권리를 옹호했으나 적극적으로 관여하지 않았다. 기존 노동운동 진영의 반응은 인권단체들과 공동성명을 내는 정도였다. '내외국인 동일노동 동일임금'을 주장했던 양대 노조는 IMF 경제위기하에서 무관심한 행위자들로 돌아섰다가 경제위기가 다소 진정되는 2000년 8월

이주노조를 계급운동으로 보려고 하지만, 이러한 이주노조의 허약한 실상을 고려할 때, 현재의 이주노조운동을 계급운동으로 보기에는 무리가 있다.

4) 소수자운동의 성격

일반적으로 이주노동자는 주류사회의 인종적·수적·사회적·경제적·문화적 소수자에 속하기 때문에 이주노동자운동은 소수자운동의 범주에 위치하곤 한다. 이주노동자는 소수자이면서 기존의 근대적 민족이나 국가의 개념으로는 포괄할 수 없는 새로운 주체들이기도 하다(네그리, 2001). 그러나 소수자들이 자신들의 존재를 드러내는 것 자체로 사회적 공격을 받을 가능성이 높기 때문에 다수자들의 연대를 요구하게 되는데, 한국에서는 이러한 조력의 관계가 운동집단 간의 위계로 나타나거나 다수자(혹은 기존 운동)의 운동 방식과 논리를 수용하게 했다. 이런 양상은 소수자운동이 다수의 주류운동의 조력을 기대하는 방식으로 전개되어 다양한 소수자(여성, 장애인, 환경, 철거민, 빈민, 성적소수자 등)와의 연대는 적극적으로 전개되지 못하고 있다.

에야 비로소 이주노동자 정책에 대한 견해를 내놓았다(최선화, 2003: 76). 이주노동자운동이 지속적으로 사회적 이슈가 되자 민주노총은 미조직 노동자 조직화 계획을 발표했다. 이 계획은 외국인연수제도 '개선', 독자적 조직화보다 산별 지역노조를 통한 노동조합운동에의 결합, 외국인노동자 보호를 위한 법제도의 정비가 주 내용이었다. 그러나 노동조합연맹 수준의 상급 단위에서 이주노동자 조직화와 연대를 제시해도 현장 단위에서는 받아들여지지 않고 있다.

5) 공동체운동의 성격

한국에는 정확하게 파악되지는 않았지만 수십여 개의 이주노동자 출신국 공동체가 있다.[7] 출신국 공동체들은 상호부조적 성격을 가지며 지원단체들과 연결망을 맺어 필요한 도움을 얻고 있다. 이러한 출신국 공동체들의 성향은 일반적으로 안정적 정착에 맞춰져 있기 때문에 사회문제에 대해서는 일면 보수적인 경향을 보이기도 한다.[8] 그러나 이러한 공동체들은 이주노동운동의 기본적 동력이 되고 있다. 또 지원단체 내 한국인 활동가들과의 갈등으로 결국 무산되었으나 1997년경 국적을 초월한 공동체들의 연합조직을 시도한 적이 있다. 한편, 서구의 출신국 공동체들은 다문화주의 속에서 상이한 문화적 정체성의 인정과 권리를 요구하는 공동체운동을 벌이고 있다. 그러나 한국의 경우 출신국 공동체 성원의 대부분이 이주노동자이고 이들에게 최소한의 근로기준법 이외의 다른 사회적 권리는 거의 허용되지 않기 때문에 문화적 정체성에 대한 논의는 아직 요원하다.

지금까지 살펴본 것처럼 한국 이주노동자운동은 여러 범주에 걸쳐서 다양한 성격을 지닌 운동들이 진행되거나 잠재되어 있다. 이러한 이주노동운동 내의 다양한 성격들은 운동 주체에 따라서 다시 정리해볼 수

---

[7] 필리핀, 네팔, 방글라데시, 미얀마, 인도네시아, 스리랑카, 중국, 몽골 등의 출신국 공동체가 서울과 수도권을 중심으로 활동하고 있으며, 최근에는 아프리카 공동체도 등장하고 있다. 아프리카 출신의 이주민은 그 수가 상대적으로 적기 때문에 각 국가별로는 공동체라기보다 친목 모임에 가깝다.

[8] 일례로 필리핀 공동체(Kasamako)는 사회운동에 관심이 많은데 이를 두고 다른 필리핀 공동체 사이와 갈등이 발생하기도 했으며, 최근 이주노조에 가입한 한 스리랑카인은 자신의 출신국 공동체에 노조가입을 권유했으나 다들 기피했다고 언급했다(스리랑카 노동자, 2007년 2월 인터뷰).

있다. 즉, 중첩되는 지점이 있기는 하지만 지원단체운동은 인권운동, 시민권운동, 인권 차원에서 노동권 확보운동 등에 치중하는 측면이 있고, 이주노동자운동은 노동운동, 소수자운동에 강조점을 두고 있다.

4. 이주노동운동에서의 주요 쟁점: 이주자의 주체성 문제, 지원단체의 제도화

1) 이주자의 주체성 문제

지금까지 이주노동운동의 역사 속에서 운동의 중요한 행위 주체였던 한국인 중심의 지원단체들이 이주노동운동을 이끌어가고 있다. 이들은 이주노동자를 대표하여 사회적 발언을 하고, 정부 정책에 있어서는 중요한 의견 제출자이기도 하다. 그러나 이러한 지원단체의 대표성은 이주노동자, 이주여성들에게서 위임된 것이 아니라 자임하는 대표성에 가깝다.

이러한 이주노동운동에서의 대표성 문제와 이주노동자 당사자의 주체성 문제는 시기마다 운동 전략을 둘러싸고 갈등으로 표출되곤 했으며,[9] 지원단체 내외부에서 계속 지적되었다.

이주노동자 지원단체는 법제도 개선운동 외에 노동 상담, 쉼터 운영, 문화행사, 서비스 지원, 정보 제공, 한글 교육, 이주여성 상담, 이주아동

---

[9] 2001~2002년 고용허가제와 노동허가제를 둘러싸고 이주노동운동 진영 내에서는 치열한 공방전이 있었는데 표면적으로는 운동의 전략을 둘러싼 논쟁이었지만, 본질적으로는 운동의 주체와 노선의 문제가 핵심이었다. 이주노동자와 지원단체 사이에 흐르는 권력에 대한 반성, 이주노동자를 동등한 운동의 파트너로 간주할 것 등의 논쟁은 지금까지도 계속되고 있다.

보육 등을 중심사업으로 하고 있으며 전국적으로는 수백 개의 단체가 활동을 하고 있다. 그러나 지원단체가 이주노동자 문제를 다루고 있는데도 당사자인 이주노동자들을 의사결정 구조에서 배제하여 운동의 파트너가 아닌 도움의 수혜자로 대상화했다.[10] 따라서 이주노동자들은 한국인들이 이끌어가는 이주노동자운동에 대해 문제 제기를 하기도 한다.[11] 그러나 한편으로는 여전히 한국인의 도움이 필요하다는 현실적인 한계 또한 존재한다.

이러한 이주노동자의 주체성에 대한 문제는 이주노동운동 단체들 사이에서 자주 제기되지만 당위적으로 사고되는 선에서 그치고 적극적으로 시도되지는 않는다. 즉, 지원단체들도 그러한 문제 제기의 건강성은 인정하지만 현재로서는 실현 가능성이 낮다는 것이다. 그러나 이는 새로운 시스템에 대한 상상력의 부족, 내부에 흐르는 권력에 대한 무딘 감수성, 비민주성을 나타내는 것일 뿐이다.

지원단체의 운동이 이주노동운동을 이끌어가면서도 이주노동자(이주자)를 논의구조에 수렴시키지 못하는 한계를 노정하고 있는 반면, 이주노동운동의 주변에서는 새로운 영역에서 새로운 형식의 운동이 등장하기도 했는데, 이주노동자가 활동의 적극적 주체가 되어서 진행하는 이주노동자 대안미디어 운동이 그것이다. 이러한 이주노동독립미디어 운동[12]은 이주

---

10) 2004년 수행한 구술면접 과정에서 이주노동자들은 이런 참여구조의 한계에 대해 여러 번 언급하고 있었다.
11) "이주노동자 문제에서 한국 사람들이 리더(지도자)하고 있어요. 이주노동자 문제는 이주노동자 먼저 해결해야 돼요. 언제까지나 이주노동자들이 (한국에) 계속 살고 있는데 문제 여러 가지 생기면 계속 한국 사람들 리더하면 안 좋은 거라고 생각해요. 이주노동자 문제는 직접 이주노동자가 해결해야 돼요. 회사에서 문제 생기면 이주노동자가 문제 해결해야 돼요"(방글라데시 이주노동자, 2004년 인터뷰).
12) 이주노동자독립미디어 운동은 현재 전국적으로 시도되거나 준비되고 있으며, 활발한 활동을 벌이는 단체로는 이주노동자의 방송국(MWTV)과 이주노동자방송국이 있다.

민 당사자가 활동 주체가 된다는 점과 동시에 주류미디어의 한계를 넘어서는 대안미디어 운동의 새로운 형태를 보여준다는 점에서 의의가 있다.

2) 지원단체의 제도화

한국의 이주노동운동의 역사는 길게 봐야 15년, 짧게는 10년 정도밖에 되지 않는다. 짧은 시간 안에 급속하게 진행된 한국 이주노동운동은 폭발적인 성장과 동시에 제도화 또한 급격하게 진행되었다는 특징을 갖는다. 이러한 제도화는 정부가 이주노동자 지원단체에게 재정지원의 폭을 늘리면서 급속하게 진행되었다. 현재 지원단체들은 막대한 양의 지원금을 받아들일 것인가 아니면 정부 정책의 비판적 행위자로서의 운동성을 견지해나갈 것인가라는 고민을 안고 있다.13)

지원단체의 제도화는 1998년으로 거슬러 올라간다. 1998년 '참여정부'를 표방한 김대중 정부는 기존의 권위주의적 정부와는 다르게 시민단체를 자신의 지지기반의 하나로 간주했고, 이에 따라 시민단체들에 대한 재정적 지원 정책을 시작했다(박경태, 2001: 201). 이주노동자 지원단체들과 정부의 관계는 상당히 가까워졌고, 이주노동자 지원단체들은 특히 법 제정 과정에서 집권당 의원 및 정부 관계자와 밀착되는 모습을 보이기도 했다. 정부의 시민단체에 대한 재정지원은 주로 'NGO형 프로젝트' 지원사업을 위주로 진행되었고, 각 지원단체들은 비슷한 사업들을 경쟁

---

13) 이주노동자 지원단체들은 정부의 지원금을 노린 이익단체와 브로커들이 NGO를 위장하여 사익을 도모하고 있는 현실을 좌시할 수도 없고, 그렇다고 해서 정부지원금을 받아 제도화의 길을 선택할 수도 없는 상황에 처해 있다. 정부의 지원금을 받아 제도화된다는 것은 이주노동자(이주민) 통제의 대리인이 된다는 것을 의미하기도 하기 때문이다.

적으로 신청하기도 했다. 이렇게 정부와의 모호한 관계가 지속되면서 외노협의 참여단체 사이에서는 정부와의 관계 설정을 둘러싸고 정치적 노선의 미묘한 차이가 불거졌다(박천응, 2003: 43~44). 이전 시기 억압적 정권하에서 운동의 성격이 정부와 거리를 두는 것이었다면, 1992년 김영삼의 문민정부 이후 김대중 정부에 이르러서는 시민사회단체에 대한 재정 지원정책에 힘입어 지원단체와 정부와의 관계는 사뭇 달라졌다. 이러한 관계는 더욱 심화되었고 현재 일부 지원단체들은 정부로부터 대규모의 위탁사업을 맡아서 진행하고 있다.

이러한 이유로 일부 지원단체들은 NGO(혹은 운동단체)와 준정부기구의 사이에서 불분명한 정체성을 지닌 채 이주노동운동을 진행해나가고 있다. 이러한 정부와의 불분명한 관계로 인하여 지원단체는 기존에 주력했던 미등록 이주노동자의 문제와 노동허가제 논쟁에 대해서는 소극적 태도를 보이는 한편, 상대적으로 정부에 받아들여지기 쉬운 국제결혼 여성의 권리 문제와 이주아동의 교육 문제, 그리고 이주노동자를 위한 문화행사에 주력하는 양상을 보인다. 즉, 해결점이 쉽게 보이지 않을 뿐만 아니라 정부와 고용주 모두와 대립해야 하는 노동문제, 생존권의 문제에는 거리를 두고 있는 것이다. 이러한 경향은 최근 대두되고 있는 다문화주의와 연결되어 더욱 탄력을 받고 있다.

5. 최근 이주노동운동의 새로운 경향: 실체 없는 운동, '다문화주의'

지금까지 이주노동운동의 발전과 분화 과정을 통해서 이주노동운동의 내적 진화와 주요한 갈등의 지점이자 쟁점이었던 두 가지 주제에 대해서 살펴보았다. 정부 정책의 구조적 실패와 폭력성은 한국에서 이주노동운동의 필연적 조건을 구조화시켰다. 이러한 구조적 조건 아래에서 이주노동운동이 형성되었고, 이주노동운동은 내적인 다양한 힘에 의해 분화·발전했다. 한편 이렇게 이주노동운동이 자기의 내적인 힘에 의해 발전하는 동안 정부의 통치술 또한 진화했는데, 최근 대두된 '관주도형 다문화주의'가 그것의 하나라고 볼 수 있다.

관주도형 다문화주의는 이주자(이주노동자)에 대한 하나의 관리 기제로 기능한다. 우선 다문화주의를 내세우고 있지만, 그 대상을 명백하게 이주노동자와 '결혼 이민자'로 이분화하여 관리·통제한다는 측면에서 그렇다. 다음으로는 관주도형 다문화주의가 문화를 표방하고 있으나 결국은 이주민의 관리·동원·통합·배제의 수단이라는 점에서 문화가 아니라 오히려 반문화에 가깝다.

한국에서 이주자 관리의 기제들을 살펴보자. 먼저 국제결혼으로 준국민의 신분을 얻게 된 이주자들은 한국 사회에 통합되어야 할 대상으로 간주되며, 이들에 대한 지원정책은 다문화주의로 표방된다. 국제결혼 가정의 아동 또한 마찬가지다. 그러나 국제결혼을 한 이주남성의 경우는 법적으로는 준국민임에도 불구하고 다문화주의의 대상도 아닐뿐더러 한국 사회 또한 그들을 적극적으로 받아들이지 않는다. 한국의 가부장제는 이주여성을 남편에게 종속된 존재로 파악하기 때문에 그들을 적극적으로 받아들이지만 또 다른 가부장인 이주남성은 받아들일 수 없는 것이다.

다음으로 이주노동자와 그 자녀들은 비국민으로서 단기 체류 후 본국으로 귀환해야 할 존재로 간주된다. 그렇기 때문에 사회통합의 기제인 다문화주의는 그들에게 적용되지 않는다. 그들은 개별 인격체로 간주되지 않고 오로지 노동력으로만 간주되기 때문에 최소한의 인권과 노동인력 정책인 고용허가제 그리고 강제추방만이 적용될 뿐이다. 한편 중국동

〈표 3-2〉 한국에서 이주자 관리의 메커니즘

	세부 구분	법적 지위	관리기제	한국 사회 통합 여부	국민/비국민
국제결혼	국제결혼 여성	합법	다문화주의	통합대상	준국민
	국제결혼 남성	합법	-	-	준국민
아동	국제결혼 가정아동	한국인	다문화주의	통합대상	국민
	이주노동자 자녀	불법	최소 인권	귀환대상	비국민
이주노동자	등록 이주노동자	합법	고용허가제 단속	귀환대상	비국민
	미등록 이주노동자	불법	강제추방 의도적 묵인	귀환대상	비국민
재외 동포 (중국)	동포	합법 불법	방문취업제	통합·귀환 대상	준국민 비국민

포는 사실상 이주노동자이지만 같은 민족이라는 이유로 고용허가제보다 조금 더 유연한 방문취업제가 적용된다. 이들 중 일부는 국적을 회복하여 준국민의 지위를 가지고 있지만 일부는 여전히 비국민의 지위로 한국에 체류하고 있다. 이는 같은 민족이라는 이름에도 불구하고 중국 동포 또한 이주해온 노동력으로 관리되고 있음을 보여주는 것이다.

한국에서 다문화주의는 정부에 의해 추진되고, 이주여성 상담소를 포함한 지원단체들에 의해 지지되고 있다. 이렇게 정부와 지원단체가 다문화주의라는 접점에서 만나게 된 것은 몇 가지 요인으로 설명될 수 있다. 첫째는 국제결혼 이주여성의 증가[14]라는 인구학적인 변화와 더불어 국제결혼가정 내의 갈등 문제, 이주여성의 가정폭력 문제가 사회적 이슈로 떠올랐고, 이에 2001년 이후 이주여성 상담소들이 급격하게 증가했다. 둘째, 정부는 이주노동자는 일시 체류자로만 간주하지만 준국민인

---

14) 통계청 자료에 따르면 2005년 말 국내에는 약 15만 명의 국제결혼 이주여성이 거주하고 있는 것으로 추산되고 있다.

국제결혼 이주여성은 통합의 대상으로 간주한다. 따라서 이들의 한국사회와의 통합 여부는 중요한 사안이다. 이에 정부 정책의 적극적 조언자인 지원단체들은 기존의 국제결혼 이주여성에게 초점을 맞추었던 시민권 논의를 다문화주의와 결합시켜 운동의 의제로 내놓았고, 정부는 다문화주의를 사회통합의 기제로 적극 활용하고 있다. 문제는 한국에서의 다문화주가 국제결혼 이주여성과 그녀들의 자녀들만을 대상으로 하고 있어서, '다문화'를 표방하는 지원단체들이 이주노동자의 노동문제, 미등록 노동자 문제 해결에는 소극적이라는 데 있다.

이주노동운동 진영의 다문화주의 수용 여부를 살펴보면, 우선 이주노동자의 출신국 공동체는 정부와 지원단체가 주최하는 각종 문화행사의 대상자로서만 기능한다. 이들 출신국 공동체는 스스로 다문화주의에 대한 의견을 표명하거나 관련된 사업을 진행하지는 않는다.

반면 다문화주의의 담지자는 외노협, 이주노동자인권연대, 이주여성 상담소 등의 각종 지원단체들이다. 이들 지원단체는 약간의 차이가 있으나 정부의 다문화 정책 제언자라는 점에서 공통점을 가지며, 이주민을 대상으로 하는 축제와 다문화 관련 교육 프로그램 등 다문화주의를 표방하는 동일한 사업을 진행한다는 점에서 일치한다. 또한 정부로부터 프로젝트 기금을 지원받는 다문화주의 단체를 운영하고 있다는 점에서도 비슷하다.

전술했다시피 관주도형 다문화주의는 일부 지원단체와 이주여성 상담단체들을 중심으로 운동의제로 추동되고 있음을 다시 확인해볼 수 있다. 그러나 이주노동자들은 정부의 다문화주의와 아무런 연관도 맺고 있지 않다. 현재의 다문화주의 아래서 출신국 공동체는 문화행사의 대상자로서만 간주되고 있으며, 이주노조는 현재 정부와 지원단체를 중심으로 추진되고 있는 다문화주의 정책에 다소 비판적이다. 이주노조는 다문화

〈표 3-3〉 이주노동운동 진영과 다문화주의 수용 여부

단체(연합체) 구분	정부 다문화 정책 관련성	다문화주의 핵심사업	다문화주의 기관	관련 기타 프로그램
출신국 공동체	- 각종 문화행사의 대상자	없음	없음	없음
외노협	- 정부 다문화 정책 입안의 제언자	- 마이그런트 아리랑 축제(정부지원) - 다문화교육 프로그램	(사)다문화 열린사회	- 인권교육
이주노동자 인권연대	- 정부 다문화 정책의 제언자	- 이주민 참여 축제 - 다문화환경 조성을 위한 교육 프로그램	(사)국경없는 마을	- 인권교육
이주여성 상담소들	- 정부 다문화 정책 입안의 주요 제언자 - 「다문화가족지원법」 제언자	- 각국 언어교육 - 문화교육 - 정책제언	결혼이민자 지원센터 대행 (정부대행기관)	
이주노조	- 다소 비판적	없음	없음	없음

주: 외노협, 이주노동자인권연대 등 연합체의 소속단체들은 서로 긴밀한 연대를 하고 있지만 독립적인 활동을 하고 있으므로 위의 표에 제시된 것을 모두 공유하는 것은 아니다. 다만 위의 표는 전체적인 경향을 도식적으로 나타낸 것임을 일러둔다.

주의 정책에 대해 다소 비판적이긴 하지만 특별한 의사를 표명하지 않고 있다. 이주노조는 다문화주의보다 노동조합을 합법화시키는 것과 이주노동자의 사회적 권리 획득을 목표로 하는 노조운동에 매진하고 있다. 그러나 현재의 다문화주의 정책이 이주노동자에 대한 사회적 배제를 묵인하는 효과를 가져올 수 있음을 상기해보면, 이주노조가 어떤 식으로든 적극적인 의사표명을 해야 할 것으로 보인다.

앞에서도 계속 언급했듯이 한국에서 다문화주의의 정책적 주체는 정부이고, 실천적 주체는 지원단체와 이주여성 상담소들이다. 이는 현재 한국에서의 다문화주의가 국제결혼 이주여성으로 대표되는 이주민을 '위한' 다문화주의이기는 해도 이주민에 '의한' 다문화주의는 결코 아님을 뜻한다. 마르티니엘로(2004: 104)는 호주,[15] 스웨덴[16]의 원주민과 이민자

집단의 예를 들면서 소수집단이 언제나 다문화주의 정책과 시도에 찬성하는 것은 아니라고 언급한다. 이러한 언급이 의미하는 시사점은 소수자 당사자들이 최소한 다문화주의 담론에 반응하여 그것을 전략으로 채택하거나 채택하지 않을 수 있다는 것이다. 그러나 한국에서는 다문화주의는 지원단체의 활동에서조차도 이주자 자신들과 상관없이 진행되고 있다.

6. 나가며

지금까지 이주노동운동의 발전 과정과 그 안에서의 중요한 쟁점을 살펴보았으며, 더불어 최근 이주노동운동의 새로운 경향인 다문화주의가 운동 내에서 어떠한 위치를 차지하고 있는지에 대해서 살펴보았다. 이주노동운동의 발전과정을 통해 운동 내부의 다양한 내적 힘과 원동력이 있음을 확인할 수 있었다. 그러나 이와 동시에 이주노동운동의 오래된 논쟁점인 이주노동자의 주체성 문제와 지원단체의 제도화 문제가 내부의 주요한 갈등선을 이루고 있음도 확인할 수 있었다. 한편 정부에 의해 추진되고 지원단체에 의해 지지되고 있는 다문화주의는 국제결혼 이주여성들과 그 자녀들의 통합을 목표로 추진되고 있는 탓에 다른 이주노동자들의 사회적 권리의 제약을 묵인하는 결과를 낳고 있으며, 다문화주의

---

15) 호주 원주민은 다문화주의의 정착을 반대했다. 그들은 다문화주의가 '최초의 국민(first nation)'인 자기들의 주권과 기본권을 부인하는 것으로 간주했다. 즉, 영국이나 그 외 나라에서 온 사람들이 문화적 차이를 존중하자는 이데올로기를 내세워 조상대대로 내려온 주권을 위협한다고 본 것이다.
16) 스웨덴의 경우 이민자들이 다문화주의를 반대했다. 다문화주의 담론이 이민자 사회를 제어하고 그들의 정치적 통합의 정도를 낮추는 수단으로 작용한다고 보기 때문이다.

를 지향하는 지원단체들은 이주노동자의 노동문제에 대해서 소극적 행위자로 돌아서게 되었다. 지원단체들의 다문화주의 활동들에서도 여전히 이주자들이 행위의 주체가 아니라는 점은 중요한 비판점이다. 물론 많은 이주여성 상담단체와 지원단체에서 이러한 비판점을 모르는 것도 아니고 이주여성들과 이주노동자의 주체성을 증진시키기 위한 기획을 하고는 있으나, 결국은 기존의 운동방법으로는 쉽게 해결할 수 없다는 현실적 장벽을 넘지 못하고 있다. 문제는 "이주노동운동의 여러 주체들이 이주노동운동이 갖는 생성적 의미의 전복성에 대해서 별다른 운동적 감수성을 갖고 있지 못하다"(오경석, 2006)는 것이며, 이런 이유로 해묵은 비판은 해결되지 않고 계속된다.

참고문헌

강명득. 2006. 「출입국관리국의 외국인정책 방향」. 이민정책세미나 발표문. 법무부·출입국관리국.
그레이, 캐빈(Kevin Grey). 2004. 「"계급 이하"의 계급으로서 한국의 이주노동자들」. 조계원 역. ≪아세아연구≫, 제47권 2호.
네그리·하트(Antonio Negri and Michael Hardt). 2001. 『제국』. 윤수종 역. 이학사.
마르티니엘로, 마르코(Marco Martiniel). 2002. 윤진 옮김. 『현대사회와 다문화주의』. 한울.
박경태. 2001. 「사회적 자본으로서 NGO의 역할과 아시아 이주노동자 문제: 필리핀과 홍콩의 NGO를 중심으로」. ≪경제와사회≫, 제52호 (겨울).
박천응. 2003. 「이주노동자운동과 지원단체의 활동 전망」. 대전포럼. 『이주노동자운동 정책 심포지엄 자료집』.
_____. 2002. 『국경 없는 마을과 다문화공동체』. 안산외국인노동자센터.
설동훈. 2005. 「한국의 이주노동자운동」. 윤수종 엮음. 『우리시대의 소수자운동』. 이학사.
설동훈 외. 2004. 『국내 외국인노동자 차별해소방안 연구』. 대통령자문정책기획원.
오경석. 2006. 「안산지역에서의 이주노동자운동: 지형과 특성」. 사회운동학회 발표문.
외국인노동자대책협의회. 2000. 『2000년 제5차 외노협 정기총회 자료집』.
_____. 1999. 『외국인노동자운동의 전망과 노조건설을 위한 토론회 자료집』.
이선옥. 2005. 「한국이주노동자운동의 형성과 성격변화: 고용허가제 도입 시기 명동성당농성단을 중심으로」. 성공회대학교 대학원 석사학위논문.
이종구. 2005. 「한국의 외국인 이주노동자와 사회적 과제」. 부산 국제포럼발표문.
정정훈. 2006. 「탈국가적 정치주체로서 이주노동자에 관한 연구」. 연세대학교 대학원 석사학위논문.
최선화. 2003. 「한국의 이주노동자 정책의 형성과 변화: 국가·자본·노동 간의 관계 및 부문 내적 관계를 중심으로」. 성균관대학교 대학원 석사학위논문.
한국국제노동재단. 2003. 『외국인노동자 실태 및 지원서비스 수요조사』. 2003.

Kelly, P.(ed.). 2002. *Muticulturalism Reconsidered: Culture and Equality and its Critics*. Polity Press.

제2부

다문화 정체성, 이론과 현실

제4장

다문화와 새로운 정체성

포스트콜로니얼 시각을 중심으로

박홍순
(숭실대학교 기독교학과 강사)

1. 서론

　다문화사회와 다문화주의라는 용어와 관련해서 한국 사회의 이주민에 대해서 고찰하는 것은 의미가 있다. 한국 사회가 다문화사회로의 진입을 앞둔 시점에 한국 사회의 이주노동자, 결혼 이민자 그리고 북한이탈주민을 포괄하는 이주민에 대한 정체성을 고찰하는 것은 한국 사회의 구성원과 이주민 모두를 위해서 아주 적절하다고 할 수 있다. 이 장에서는 첫째로, 다문화주의와 관련된 개략적 고찰과 동시에 다문화주의가 정체성 주제와 밀접한 관련이 있다는 것을 살펴보고자 한다. 둘째로, 정체성 주제는 포스트콜로니얼 이론의 중요한 개념으로서 한국 사회의 이주민이 형성하고 있는, 또는 형성하게 될 새로운 정체성을 대안적으로 제시하고 있다는 점을 고찰하고자 한다. 셋째로, 정체성 주제와 관련하여 북한이탈주민의 현존을 성서 해석과의 연관성 속에서 고찰하고자 한다. 이 장은 북한이탈주민을 포함한 한국 사회의 이주민의 정체성과 관련해서 이주민 스스로의 자기인식에서 비롯된 것이 아니라 학문적 시도라는 한계를 지니고 있다. 그럼에도 불구하고 다문화사회와 포스트콜로니얼 사회로 진입하는 한국 사회의 구성원과 이주민에 대한 이론적 시각을 통해 문제를 제기한다는 측면에서 의미가 있다고 할 수 있다.

2. 다문화 논의와 정체성 주제

1) 한국 사회의 이주민과 다문화

　단일민족으로 하나의 언어, 문화 그리고 전통을 유지해왔다고 여기는 한국 사회는 이제 더 이상 하나의 민족, 인종, 문화와 언어를 가지고 있다고 말하기 어렵게 되었다. 이주노동자, 결혼 이민자, 북한이탈주민과 같이 다양한 배경을 지니고 살아왔던 이주민과의 공존은 한국 사회가 다문화사회로 진입하는 속도를 가속화하고 있다. 결국 한국 사회에 거주하는 다양한 배경을 지닌 이주민의 현존은 한국 사회에서의 다양한 문화와 인종의 공존 가능성에 대해서 고찰하도록 도전하는 긍정적 기여를 하고 있다.

한국 사회에 거주하는 이주민의 상당수는 고향과 가족 그리고 집을 떠나 한국 사회에서 살아가는 이 시대의 또 다른 이웃이다. 이들이 법률적 신분과 상관없이 한국 사회의 중요 기반산업과 노동시장에 종사하고 있는 것은 부인할 수 없는 사실이다. 한국 사회의 중요한 역할과 기능을 수행하고 있음에도 불구하고 기본적 자유나 권리 또는 가치관과 문화에 대한 고려보다 생존권과 관련하여 한국 사회에 적응하는 것이 쉽지 않은 게 현실이다(지인식, 1997: 40~41). 한국 사회가 점차로 다인종·다문화 그리고 다종교에 대한 인식의 전환이 일어나는 시점이라고 할지라도 아직까지 피부색, 인종, 국가에 의한 편견으로 인한 배타성을 발견하게 된다(박경태, 2001: 27). 인종·문화·언어·전통 그리고 종교의 차이로 인한 편견과 배타성은 결국 차이와 다양성을 인식하지 못하는 무지로부터 비롯된다는 것을 인정한다면 한국 사회의 이주민에 대한 관점은 전환될 것이다.

한국 사회의 이주민은 '디아스포라(diaspora)' 관점을 갖는다고 상정해 볼 수 있다. 한국 사회에 거주하는 이주민은 결국 낯선 곳에 머물러 사는 사람들의 존재 인식을 갖게 되며 그것을 설명할 수 있는 용어는 '디아스포라'라는 개념이다. 이스라엘 경계를 넘어서 이방 세계에 살고 있는 유대인을 가리켰던 용어인 이 '디아스포라'는 "팔레스타인 밖에 사는 기독교인들에게 적용됨으로써 그들의 사회적인 불안정과 소외는 물론이고 종교적인 정체성과 뿌리를 암시(박경미, 2001: 129)"하도록 만들었던 개념이다. 낯선 곳에 거주하는 것은 정체성과 가치관에 커다란 변화와 영향을 끼치는 것을 인식한다면 고향과 가족을 떠나서 낯선 한국 사회에 거주하는 이주민이 정체성이나 가치관에 커다란 영향이나 변화가 일어날 수 있는 가능성을 상정하는 것은 어려운 일이 아니다. '디아스포라'라는 용어를 해석학적 관점에서 다시 고찰할 때 세고비아(Fernando F. Segovia)의 정의를 참고할 필요가 있다.

> 일반적 차원에서 디아스포라는 어떤 이유에서든지 간에 그들의 출생지가 아닌 다른 나라에 영구적인 기초를 두고 살고 있는 모든 사람들의 총체를 대표한다. 그러므로 디아스포라는 이주를 포함하고 그들의 근저에는 사회·정치적 신분, 또는 연합 속에 변화를 포함하는 정치적인 현상이다 (Segovia, 1995: 60).

고향이나 모국을 떠나서 새로운 장소에서 정착이나 임시 거주의 형태로 머무는 모든 사람들을 가리키는 용어가 디아스포라라고 할 수 있다. 한국 사회의 이주민의 현존은 디아스포라적 관점으로 해석될 수 있으며 그와 같은 시각은 한국 사회의 폐쇄성이나 배타성을 극복하는 새로운 대안적 관점을 제공해줄 것이다. 한국 사회의 이주민이 갖는 디아스포라적 관점은 다양한 문화·인종·피부색·종교 등과 같이 다문화사회로 진입하고 있는 한국 사회에 구성원과 이주민 모두에게 정체성을 요구하게 된다.

2) 다문화사회와 정체성

다양한 문화와 인종적 배경을 지닌 사람들이 한 사회나 국가에 공존하면서 발생하는 여러 가지 현상이나 문제를 해결하기 위해서 출현한 다문화주의라는 용어는 유동적이고 광범위해서 쉽게 정의하기 어렵다(이귀우, 1999: 59; 구견서, 2003: 30).[1] 다양한 문화와 사회에 속한 개인·집단·국가가 평등·상호 존중·공존할 수 있다는 믿음을 갖는 보편적 가치를 다문화주의라고 정의하기도 한다(김형인, 2006: 17). 하지만 다문화주의는 다인종 또는 다민족국가를 형성해온 북미를 중심으로 한 서구 국가들이 다인종·다언어·다종교 그리고 다문화의 사회로 발전되어가는 과정에 사회적·정치적 그리고 경제적 갈등을 해소하려는 목적에서 비롯되었다는 사실을 간과할 수 없다(구견서, 2003: 30).[2] 따라서 한국 사회에서 다문화주의 혹은 다문화적 현상을 이해하고자 할 때 상호 존중과 공존이라는 보편적 가치와 함께 다양한 인종과 문화가 공존하는 복합적인 현상을 설명하려는 해석학적 태도와 관련이 있다는 것을 인식해야 한다.[3] 구견서는 다문화주의의 목적을 다음과 같이 설명한다.

> 다문화주의의 목적은 다문화의 보장, 주류사회와 비주류사회 간의 상호 이해 촉진, 소수민족 집단 간의 교류, 사회평등보장, 구조적 불평과 차별 극복, 사회 통합 등의 다양한 목적을 갖고 실천되고 있다. 특히 다문화주의는 기회 평등과 결과 평등을 통해 소수민족 공동체와 다수민족 공동체의 고립화를 막고 사회적 소외를 방지하기 위한 이론으로 타당한 면이 있다.

---

[1] 다문화주의의 정의에 대한 다양한 논의와 해석이 존재하고 있지만 한국 사회를 위한 다문화주의의 정의와 논의가 필요하다.
[2] 구견서는 사회 공간에서의 복수의 문화를 인정하고, 문화적 격차나 이질성을 극복하려는 것과 동시에 경제적·정치적·사회적 갈등과 대립을 극복하려는 목적에서 출발하고 있다고 지적한다.
[3] 한국 사회에서 다문화주의를 논의하고자 할 때 서구에서 논의되고 있는 다문화주의를 그대로 적용하는 것은 바람직하지 않으며 한국 사회와 구성원들의 인식과 관점에 대한 광범위한 논의와 토론이 선행되어야 한다는 점을 인식할 필요가 있다.

그러나 다문화주의의 목적은 국가 수준, 사회 공동체의 수준, 개인 수준 등에서 광범위한 이해와 합의를 통해서 적절한 정책으로 구체화되어야 실현될 수 있다(구견서, 2003: 46~47).

다문화주의 논의를 통해서 소수민족, 인종, 문화에 대한 관심을 부각시킨 긍정적인 측면을 지적하는 것은 옳다. 또한 다문화사회로 진입하기 위해서는 바로 국가, 사회 공동체, 개인의 이해와 합의가 우선해야 한다는 것을 지적한 것은 적절하다.[4] 다문화주의와 관련된 논의를 무비판적으로 수용할 것이 아니라 한국 사회에 적절한 모델이나 이론의 연구를 선행해야 한다는 것을 지적할 필요가 있다. 왜냐하면 다문화주의의 논의의 상당수는 "유럽중심주의와 오리엔탈리즘"(김남국, 2006: 8~9)과 직·간접적으로 연관되어 있기 때문이다. 다인종이나 다민족에 대한 일반적 시각 또한 '유럽중심주의'나 '오리엔탈리즘'의 이데올로기적 영향에 의한 배타적 시각이나 우월적 관점이 잠재할 수 있다는 비판적 인식이 요청된다.[5] 다문화주의 혹은 다문화사회에 대한 비판적 인식은 한국 사회에 거류하는 이주민과 한국 사회구성원의 정체성 문제에 눈을 돌리게 한다. 김은중은 다문화주의와 정체성의 관계를 다음과 같이 설명한다.

다문화주의에 대한 논의는 이러한 세계화의 양면성을 인식하는 일로부터

---

4) 이용승은 다문화 정책의 성공은 노동력 유입과 관련된 이주민에 대한 국민의 지속적인 인정과 합의가 필수적이라고 말한다(이용승, 2004: 108).
5) 김정원은 다문화교육의 목적은 다양한 인종과 문화에 대한 내용·개념·패러다임에 대한 도전과 재해석의 과정이라고 주장하는데 이는 매우 중요한 지적이다(김정원, 2006: 38).

시작해서 실질적인 공존과 연대의 가능성을 모색하는 일이다. 다문화주의가 획일적인 보편주의나 절대주의에 대한 비판이라면 다문화주의의 또 다른 경계 대상은 절대적 상대주의이다. 문화적 다원주의가 상대주의에서 벗어나는 길은 '나(우리)는 누구인가?'라는 질문과 '나(우리)의 타자는 누구인가?'라는 질문을 동시에 던지는 일이다. 더 직접적으로는 '타자에 대한 인정', 즉 주체는 객체에 적극적으로 참여하고 있고, 객체도 주체의 개입을 본질적으로 요청하는 자기확장과 상호 교섭의 장이 바로 삶임을 인정하는 것이다(김은중, 2005: 167).

자아와 타자, 중심과 주변, 다수문화와 소수문화가 갈등하고 대립하는 것이 아니라 공존과 통합의 길을 모색하기 위해서 정체성 주제에 관심을 가져야만 한다. 다문화주의가 하나의 보편적 이론이나 사조가 아니라 유동적으로 발전하고 "끝없이 변형"(정상준, 2001: 91)되어 간다는 사실을 인식한다면 한 국가와 사회의 구성원이 갖는 정체성의 유동성과 변화 가능성을 발견하게 된다. 결국 다문화와 관련된 논의는 고정된 시각과 태도를 넘어선 패러다임의 전환과도 밀접한 연관을 갖는 것이다.[6]

다문화사회에서 다양한 인종 또는 민족의 공존을 상정하게 될 때 분명히 정체성은 매우 중요한 주제가 된다. '정체성'이란 용어를 고찰하고자 할 때 인식해야 할 것은 객관적이거나 보편타당한 정체성에 대한 정의는 없다는 사실이다. 다시 말해서 정체성이란 개념은 상황과 형편에 따라 언제든지 변할 수 있는 가변적 성격을 지닌 용어라는 것을 인식하면서 논의하는 것이 바람직하다. 스튜어트 홀(Stuart Hall)은 정체성의 가장 중요한 요소로 변화 가능성을 지적한다. 다시 말해서 정체성이란 언제든

---

[6] 김정원은 다문화교육은 결국 "관점 전환의 교육"이라고 주장하면서 다양한 관점의 중요성을 제안한다(김정원, 2006: 38~39).

지 변화할 수 있으며 시대와 상황에 따라 다른 정체성을 지닐 수 있다는 것을 제시하는 것이다.

> 정체성은 우리가 생각하는 것처럼 투명하거나 문제가 없는 것이 아니다. 우리는 정체성을 새로운 문화적 실천이 재현되는 이미 수행된 사실로 생각하기보다는, 결코 완성되지 않고 항상 진행 중이며 외부에서가 아닌 재현되는 순간에 구성되는 산물로 생각해야만 한다(Hall, 1994: 392).

홀은 정체성이 고정되거나 유일한 것이 아니라 가변적이며 계속해서 변화하는 개념이라는 사실에 주목하고 있다. 한 국가나 사회의 구성원이 갖고 있는 정체성은 고정되거나 보편적이지 않고 상황과 장소에 따라 변화하고 변형된다는 점을 인식하는 것은 무엇보다 중요하다.

정체성의 변화 가능성을 통해서 한국 사회의 이주민에 대해서 논의할 때 새로운 개념의 정체성이 형성될 가능성을 고려하게 된다. 새로운 정체성의 형성이란 한국 사회의 구성원과 새롭게 구성원으로 거주하기 시작한 이주민 사이의 접촉과 상호 침투를 통해 형성하게 될 대안적 개념이라고 할 수 있다. 다문화주의 혹은 다문화사회와 연관해서 정체성 주제에 주목하는 것은 다양한 인종·문화·피부색·종교를 지닌 사람들이 함께 공존하고 거주하는 것이 결국 새로운 정체성의 형성과 밀접하게 연관되기 때문이다. 한국 사회가 다문화사회로 진입하고 있는 시점에서 다문화주의 혹은 다문화사회에 대한 개념을 논의하고 정체성 주제에 대해서 살펴보는 것은 한국 사회의 구성원과 거주하는 이주민 사이의 상호 연관성을 고찰하는 매우 중요한 논의이기 때문이다.

3. 포스트콜로니얼 시각과 대안적 정체성

1) 포스트콜로니얼 시각과 정체성

한국 사회의 이주민과 관련하여 우선적으로 살펴볼 포스트콜로니얼 시각은 '정신의 탈식민화'에 관한 것이다.[7] 포스트콜로니얼 이론은 식민주의에 대한 반성에서 비롯된다. 식민주의와 식민지 이데올로기에 대한 반성과 비판을 통해 식민지적 잔재나 이데올로기를 청산하려는 읽기 태도나 담론 실천이라고 할 수 있다. 이처럼 식민지 이론에 대한 비판적 성찰과 반성은 결국 정체성 주제와 밀접하게 연관되어 있기 때문에 포스트콜로니얼 이론은 정체성 주제에 매우 중요한 시각을 제공한다. 남미, 아프리카 그리고 아시아를 포함하는 비서구에 대한 서구의 지배논리로 작용했던 식민주의나 식민지 이론은 "'서구'가 '비서구'의 문화적 가치와 차이를 체계적으로 폐기하거나 부정하려고 시도하는 역사적 과정의 시발"(Gandhi, 1998: 16)이었다는 점에서 다문화주의 논의와 관련된 정체성 주제와 밀접하게 관련되어 있다. 비서구 또는 타자에 대한 문화적 가치와 차이를 거부하거나 폐기하려는 식민지 이론은 결국 다양한 인종·민족·문화·종교를 인정하지 않는 유럽중심주의나 오리엔탈리즘과 상당한 연관성을 지닌다. 따라서 유럽중심주의와 오리엔탈리즘의 식민지 이론이나 태도를 비판적으로 고찰하면서 다양한 문화와 복합적 사회를 인정하고 모색하고자 시도하는 다문화주의 혹은 다문화 현상은 식민지 이론에 영향을 받은 사람들의 '정신의 탈식민화'를 추정하게 한다.

---

[7] 이 장은 포스트콜로니얼 이론이 전반적으로 정체성과 연관된 주제에 주목된다는 시각에서 다양한 포스트콜로니얼 담론 가운데 정체성 주제와 연관된 논의에만 주목하고 있다는 점을 밝혀둔다.

포스트콜로니얼 이론은 '해방과 탈식민화'라는 용어에 주목하고 있는데 이것은 식민 지배를 경험한 사람들의 마음의 해방과 정신의 탈식민화와 밀접한 연관이 있다. 케냐의 비평가인 응구기(Ngugi wa Thiong'o)는 "정신세계에 대한 지배 없이 정치·경제적 지배의 완성은 허구임을 알고 있기 때문"(Ngugi, 1986: 16)에 식민지 이론을 통한 지배는 언제나 피지배자의 정신을 지배하고 식민화시키는 것이었음을 지적한다. 결국 식민지 이론이나 지배로부터 진정한 해방을 실현하고자 한다면 정신과 마음의 탈식민화에서 출발한다. 결국 정신과 마음의 탈식민화를 통해서 진행되는 포스트콜로니얼 과정이란 "진실로 새로운 인간을 창조하는 과정"(Fanon, 1990: 28)이라고 말할 수 있다. 식민주의와 제국주의를 경험한 사람들의 정신의 탈식민화는 언어와 밀접하게 연관되어 있다. 두베(Musa W. Dube)는 다음과 같이 주장한다.

> 식민 지배자의 언어를 말하고, 읽고, 쓰는 피지배자들은 정복자들의 문화를 채용한다. 그들은 그들을 정복한 사람들의 시각으로 세계를 인식하기 시작한다. 이 방법으로 식민 지배자들은 피지배자들의 지리적인 공간과 정신을 소유한다. 따라서 식민 지배자의 언어를 사용하도록 강요하는 것은 정복당한 사람들의 정신을 식민지화하기 위한 효과적인 도구이다. 왜냐하면 그것이 그들의 문화로부터 그들을 소외시키기 때문이다(Dube, 1999: 34).

식민 지배의 가장 중요한 억압적 도구 가운데 하나가 언어이다. 식민 지배자의 언어를 사용하도록 강요함으로써 피지배자의 정신을 식민지화하는 동시에 정체성을 상실하게 만든다는 지적은 매우 중요한 시각을 제공한다. 정신과 마음의 식민지화 작업의 일환으로 인식되었던 제국의 언어의 사용은 경제적·정치적·문화적·종교적 억압과 착취보다도 더 강력하고 피지배자의 삶을 황폐하게 만들 수 있는 전략이었기 때문이다. 따라서 포스트콜로니얼 시각을 통해 정체성 이슈를 다룰 때, 다문화와 관련한 다양한 인종과 문화의 공존을 위해 하나의 언어 사용을 고집하거나 강요하는 것은 한국 사회의 소수자 또는 이주민에 대한 정신의 식민화로 연결될 수 있다는 것을 발견하게 된다.

포스트콜로니얼 이론은 식민지 이론에 대한 전복과 저항이라는 담론과 함께 상호 연관성에 주목하고 있다. 식민지 이론을 통한 통치로 인해서 식민 지배자가 피지배자를 일방적으로 지배하거나 영향을 준 것이 아니라 상호 접촉과 상호 침투로 인해서 서로 연관되어 있다는 것을 인식해야 하는 것이다. 포스트콜로니얼 비평가 가운데 하나인 바바(Homi K. Bhabha)는 심리학적 접근을 통해 식민지 담론의 양면성을 분석한다. 모든 사회·집단·문화 안에서 작용하는 힘의 역학은 일방적인 것이 아니라 양가적으로 이해되어야 한다는 것이다. 식민 지배자와 피지배자의 접촉은 상호 변형과 상호 침투의 가능성을 지니고 있는 것이다. 바바는 '모방'이라는 개념을 통해 상호 연관성을 설명하면서 "모방의 담론은 양면성의 주변에서 형성된다"(Bhabha, 1994: 86)고 주장하면서 식민 지배자와 피지배자의 상호 의존성을 강조하고 있다. 결국 주변과 중심, 자아와 타자, 식민 지배자와 피지배자 등 일방적으로 영향을 주거나 받는 것이 아니라 상호 침투하고 있다는 점을 지적하는 것이다. 이와 같은 모방과 양면성에 대한 지적은 다문화사회에서 함께 살아가는 다양한 배경의 인종과 문화 그리고 사람들을 설명하는 매우 중요한 시각을 제공한다. 정체성과 관련한 '상호 연관' 혹은 '상호 침투'라는 포스트콜로니얼 시각은 다문화사회로 진입하는 한국 사회에 매우 중요한 관점을 제시할 수 있다. 한국 사회의 다양한 인종·문화·피부색 그리고 종교의 공존은 한국 사회구성원과 이주민 사이의 다양한 접촉과 상호 침투를 통해 서로에게 영향을 끼치고 결국 정체성 형성에 매우 중요하게 작용하게 된다는 것을 지적할 필요가 있다.

2) 포스트콜로니얼 시각과 이주민의 정체성

한국 사회에 살고 있는 이주민은 문화적·경제적·사회적 차이로 인해서 정체성의 혼란을 경험하고 새로운 환경에 적응하는 어려움을 경험하게 된다는 것은 주지의 사실이다. 다른 문화와 환경을 가진 사람이나 집단은 상호 연관 혹은 상호 침투의 과정을 경험하게 된다는 포스트콜로니얼 시각을 인식하게 된다면 이주민에 대한 시각을 새롭게 할 수 있다. 한국 사회에 거류하고 또한 공존하는 이주민이 한국 사회의 구성원과 접촉하고 새롭게 형성하는 정체성을 포스트콜로니얼 시각과 관련해서 제시해볼 필요가 있다.

첫째로, 이주민의 정체성은 '이중적 존재' 또는 '영구적 타자'로 살아가는 존재와 밀접한 연관이 있다. 정체성 주제는 앞에서 살펴본 것처럼 획일적이거나 보편타당한 객관적 개념이 아니라 상황과 형편에 따라 변화 가능한 용어이기 때문에 한국 사회의 이주민의 정체성은 많은 변화가 일어나는 동시에 새로운 환경이나 여건에 맞는 정체성을 형성하기 위한 노력이 일어나게 된다. 에드워드 사이드(Edward W. Said)가 주장하는 것처럼 "어떤 정체성도 혼자서 존재하거나 대립·부정·반대의 배열 없이 존재할 수 없기 때문"(Said, 1993: 60)에 이전의 문화와 사고방식과 전혀 다른 새로운 환경에 놓였을 때 경험하는 정체성의 혼란은 새로운 대안적 정체성의 형성과 관련이 있게 된다. 한 사람이나 집단의 정체성은 갈등과 대립을 통해 존재하게 된다는 점을 인식하게 된다면 한국 사회의 이주민이 갖게 될 정체성은 이전의 자신들의 국가나 고향에서 가지고 있던 정체성과는 다른 새로운 형태의 정체성이라는 것은 추정할 수 있다. 정체성의 혼란과 위기를 경험하는 주된 이유는 바로 자신을 "이중적 존재"(Segovia, 1995: 62)로 발견하기 때문이다. '이중적 존재'란 둘 혹은 그 이상의 다른 사회와 문화에서 살아가면서 자신을 전적인 타자로 규정하는 사람들이 경험하는 정체성의 전형적인 유형이다.[8] 고향이나 고국을 떠나서 낯선 곳에 거류하는 이주민은 '이중적 존재' 혹은 '영구적 타자'로 그 자신의 정체성을 발견하는 것은 정체성 논의가 갖는 중요한 시각을 제공한다. 한국 사회의 이주민이 한국 사회의 구성원으로 살아가고자 할 때 한국 사회구성원이 가지고 있는 동일한 정체성을 강요받거나 강제할 수 없는 동시에 이주민의 고유한 정체성을 그대로 유지하면서 한국 사회에 적응하거나 정착하는 것 또한 어려운 일이라고 할 수 있다. 따라서 이주민의 정체성은 하나의 객관적이고 보편적인 정체성이 아니라 하나 이상의 "이중 또는 다중 정체성(hyphenated, double or multiple identities)"(Sugirtharajah, 1999: 5)을 유지하는 것이 타당하다고 말할 수 있다.

둘째로, 이주민의 정체성은 '대위법적' 관점에서 고찰해야 한다. 한국 사회에서 공존하는 이주민에게 과도하게 한국 사회의 문화와 언어를 강요하고 강제하는 것은 차별이나 우월성을 앞세우는 측면을 갖는 것이며 그들의 적응과 정착에도 도움이 되지 않는다. 과도하게 인종적이고 민족적 정체성을 강조하는 것은 억압적 민족주의의 측면으로 발전할

---

[8] 세고비아는 자신의 해석학적 방법을 "디아스포라 해석학"이라고 명명하고 영구적인 타자와 관련된 정체성을 설명하고 있다. 자신이 원래 살았던 곳을 떠나서 새로운 환경에 적응하며 살고 있는 사람들에 대한 설명으로 매우 유용한 주장이다(Segovia, 1995: 64).

가능성을 가지고 있으며 이것은 결국 '인종차별' 혹은 '인종적 우월성'이라는 부정적 측면을 생산해낼 우려가 있다. 다른 문화와 사회에서 살아왔던 이주민이 한국 사회에 공존하며 살아가고자 할 때 결국 새로운 정체성을 형성할 필요를 인식하게 된다. 왜냐하면 서로 다른 문화와 인종적 접촉은 갈등과 저항의 원인이지만 때로는 공존과 협상의 원인이 되기 때문이다. 다른 문화와 인종의 접촉은 정체성의 위기를 가져올 뿐만 아니라 새로운 정체성의 형성을 요청하기 때문이다. 이때 새로운 정체성이란 이전의 틀과 구조를 넘어설 뿐 아니라 하나의 사회에 국한되는 범주와 개념을 넘어서는 새로운 유형으로 거듭나는 것을 뜻한다(Sugirtharajah, 1998: 17). 새로운 정체성 형성을 위한 대안 가운데 하나는 사이드가 주창하는 "대위법적 조화물(contrapuntal ensembles)"(Said, 1993: 60)이란 용어로 설명할 수 있다. '대위법'이란 일정한 기법에 따라 2개 이상의 선율을 결합하는 음악 용어로 사이드는 이 용어를 통해서 서로 다른 2개의 집단이나 사회가 하나의 화음을 이루듯 공존할 수 있는 통합적 개념으로 사용하고 있다. 다시 말해서 하나의 유일하고 보편적 목소리를 강요하는 대신에 서로 다른 목소리가 조화하고 공존하는 가능성을 제안하는 용어로 '대위법적 시각'을 사용하고 있다. 서로 다른 문화와 사회에 살아왔고 서로 다른 사고방식과 가치체계에서 생활하던 이주민이 한국 사회의 구성원과 조화와 일치를 이루며 공존할 수 있는 대안 가운데 하나는 대위법을 통한 새로운 정체성의 형성으로 설명해낼 수 있다. 한국 사회는 더 이상 하나의 목소리나 유일하고 보편타당한 정체성이나 언어를 강제하는 것이 아니라 다양한 목소리를 인정하는 대위법적 시각이 존재하는 사회로 나아갈 때 새로운 대안적 정체성을 위한 중요한 기여를 할 수 있게 될 것이다.

   셋째로, 이주민의 정체성은 "혼종성(hybridity)"(Ashcroft·Griffiths·Tiffin,

1998: 118)9)이란 용어와 개념을 중심으로 전개해야 한다. 이때 염두에 두어야 할 것이 "상호 의존성"(Ashcroft·Griffiths·Tiffin, 1998: 118)이다. 서로 다른 문화·배경·역사 그리고 경험을 가지고 있는 사람과 집단의 접촉은 서로에게 영향을 끼친다는 인식이라고 할 수 있다. 한국 사회의 이주민에게 일방적으로 한국 사회의 문화적 관습이나 생활태도 그리고 사고방식을 강요하고 섣부른 '동화'를 강제하는 것은 다문화사회로 진입하는 시점에 옳지 않다. 오히려 서로 다른 문화·인종·피부색 그리고 종교를 가진 사람들이 서로 영향을 주고받는 상호 연관이나 상호 침투의 인식을 갖는 것이 무엇보다 중요하다. 바바가 주창한 '혼종성'이란 용어는 문화적·언어적·정치적 상호 의존과 상호 영향에 대한 주장을 통해서 우월적 사회와 열등한 사회, 지배적 국가와 피지배 국가, 식민지와 피식민지 사람들에 대한 상호 연관성에 초점을 두고 있는 개념이다. 서로 다른 두 문화와 사회에 살고 있는 사람들의 접촉은 새로운 형태의 정체성을 형성하게 만들고 상호 의존하며 상호 영향을 끼친다는 바바의 지적은 매우 유용한 해석학적 관점을 제공한다. 특별히 바바의 주장은 차별과 지배라는 억압적 상황과 구조에서 일어나는 "변형과 전치"(Bhabha, 1994: 112)를 상정하게 된다. 결국 '변형과 전치' 또는 '혼종성'이란 개념은 필수적인 것이며 단일하고 안정된 문화라는 것이 존재하지 않는다는 사실을 강조하는 것이다. 새로운 대안적 정체성을 제안하고 있는 혼종성이란 개념을 통해서 한국 사회 이주민의 정체성을 고찰할 때 한국 사회의 구성원과 이주민과 연관된 상호 접촉 혹은 상호 침투의 긍정적 효과가 있다고 할 수 있다. 다문화사회로 진입하는 한국 사회의 이주민은 그들

---

9) '혼종성'이란 용어는 본래 원예학에서 사용되는 말로, 제3의 종을 형성하기 위한 접목 또는 분갈이에 의한 두 가지의 종의 교배를 언급하는 것에서 유래한다 (Ashcroft·Griffiths·Tiffin, 1998: 118).

스스로 '혼종적 자기인식(hybrid self-recognition)'을 갖고 출발해야 한다. '혼종적 정체성'을 형성하게 되는 이주민에게 한국 사회의 구성원은 한국 사회의 문화·관습·사고방식 등을 강요하고 주입하는 태도를 버리고 동시에 쌍방 의사소통의 길을 마련하도록 노력해야 할 것이다.

4. 북한이탈주민의 현존, 정체성 그리고 성서 해석

1) 북한이탈주민의 현존

북한이탈주민의 현존은 "남한 입국의 사회적·문화적·정치경제적인 이유"(정종훈, 2006: 121)[10]를 점검하는 것으로부터 시작되어야 할 것이다. 북한이탈주민에 대한 구분은 대체로 경제적이고 정치적 이유로 구분해볼 수 있으며 북한의 식량난과 직접적으로 연관되어 있다고 할 수 있다(편집부, 2006: 59~60). 북한이탈주민의 남한 입국의 다양한 원인과 이유를 분석하는 동시에 그들이 남한 사회에 적응하고 공존할 수 있는 여건을 모색하는 것은 무엇보다도 중요한 일이다. 북한이탈주민의 현존은 결국 정체성 주제와 상당한 관계가 있다(윤인진, 2005: 7). 북한이탈주민의 현존은 남한 사회에 적응과 정착을 시도하는 그들 스스로의 정체성을 질문하는 동시에 한국 사회의 구성원과 특별히 한국 교회가 북한이탈주민을 어떤 시각으로 바라볼 것인가의 선교적 과제를 포함하고 있다. 북한이탈주민의 정체성과 성서 해석의 연관성은 다문화·다인종·다종교

---

10) 북한이탈주민이 한국 사회에 입국하는 이유에 대해서 경제적 절대빈곤으로부터의 해방, 정치적 억압으로부터의 자유, 북한 실정법을 어긴 범죄로부터 도피 등의 경제적·정치적·개인적이고 사회적인 측면 등으로 분석하고 있다.

사회에서 공존했던 신약성서의 구성원들이 갈등과 대립 그리고 통합이라는 과정을 거치면서 형성해왔던 정체성의 주제와 상당한 관련이 있다. 따라서 북한이탈주민 선교와 연관된 성서 해석은 '정체성'이라는 용어를 중심으로 고찰해나가는 것이 바람직하다.

북한이탈주민이 한국 사회에서 갖게 되는 새로운 정체성은 북한 사회와 남한 사회에서 체험하게 되는 문화적 간극과 차이를 통한 적응과 공존의 자리를 발견하는 것이다. 북한이탈주민의 정체성과 관련해서 사회적·정치경제적 측면에서 다각적인 시각과 관점으로 서술할 수 있다.[11] 북한이탈주민의 신분과 역할에 대한 논의는 거의 대부분 북한이탈주민 스스로 결정하거나 선택한 것이 아니라 한국 사회구성원에 의해서 주어진 신분과 역할이라는 것에 주목해야 한다. 다시 말해서 북한이탈주민의 신분과 역할과 관련한 정체성에 대한 논의는 학문적 접근과 종교적 열망이 투사된 한국 사회와 한국 교회의 시각이며 북한이탈주민 스스로의 자기진단과는 거리가 있어 보인다. 왜냐하면 북한이탈주민은 아직까지 한국 사회에 적응하고자 할 때 상당한 간극과 갈등을 내포하고 있기 때문이다. 북한이탈주민의 정체성의 혼돈과 갈등에 영향을 주는 요소가 경제적 요소나 정치이념이나 제도적 요소보다 문화와 사고방식의 차이와 같은 문화적 요인이라는 사실은 북한이탈주민이 한국 사회에서 경험하는 정체성의 혼란의 강도를 예측할 수 있는 것이다.[12] 북한이탈주민의

---

11) 윤인진은 북한이탈주민의 여러 가지 상이한 신분과 역할과 관련된 정체성에 대해서 "이주자, 소수자, 통일 후 남북한 주민간의 사회문화적 통합을 준비하는 선발대"라고 인식하는 동시에 사회적 신분과 함께 종교적 관점에서 북한선교를 감당한 "예비선교사"로서의 신분을 강조하기도 한다(윤인진, 2005: 7~8쪽). 정종훈은 이와 같은 북한이탈주민에 대한 정체성에 "남한 사회를 구성하고 함께 꾸려나가는 동반자"라는 신분을 추가하고 있다(정종훈, 2006: 137).
12) 윤인진은 전우택의 조사 결과를 토대로 북한이탈주민이 한국 사회에서 경험하는

정체성 형성과 관련해서 남한 사회와 북한 사회의 합류를 통한 새로운 정체성의 수립을 제안할 수 있게 된다. 다시 말해서 "남한의 거대 담론이 수정되지 않으면서 북한이탈주민들의 건전한 자아 정체성이 확립되기를 기대하는 것은 옳지 않다"(이대성, 2006: 229)는 이대성의 지적은 북한이탈주민의 정체성의 혼돈과 조정에 바람직한 방향을 모색할 수 있게 한다. 한국 사회와 한국 교회는 이제 과거의 획일적이고 편협한 시각과 관점을 넘어서 다문화·다인종 그리고 다언어 사회로 급속한 변화해야 할 기로에 서 있다. 이주노동자와 결혼 이민자, 북한이탈주민을 포함한 한국 사회의 이주민은 다문화사회와 다중 정체성이란 개념을 통해서 고찰해야 한다.

2) 북한이탈주민의 정체성과 성서 해석

첫째로, 한국 사회에 거류하는 북한이탈주민은 '이중 혹은 다중 정체성'을 지닌 새로운 신분으로 살아가는 사람들이라고 할 수 있다. 앞서 고찰했던 포스트콜로니얼 시각과 관련해서 북한이탈주민은 한국 사회의 이주민으로 한국 사회의 정체성을 강요받거나 강제할 수 없는 한편 북한 사회의 정체성을 그대로 유지할 수 없는 정체성의 위기와 혼돈을 경험한다고 추정할 수 있다. 이와 같은 정체성의 혼돈은 '이중 또는 다중 정체성'을 형성하도록 요청한다. 북한이탈주민의 정체성을 성서 해석과 연관해 볼 때 '외인과 나그네'(엡 2:19) 또는 '거류민과 나그네'(벧전 2:11)라는 용어로 기독교인의 신분을 설명하는 신약성서의 개념을 발견할 수 있다. '외인이나 나그네'로 자신의 정체성을 설명했던 신약성서의 기독교인의

어려움의 가장 중요한 요소가 문화 차이와 같은 문화적 측면임을 지적하고 있다. 통일 후에 예상하는 어려움으로 문화와 사고방식의 차이(28.3%), 경제적 생활수준의 차이(25%), 정치이념·사상·제도의 차이(10.9%) 등을 언급했다(윤인진, 2005: 12).

시각에서 볼 때 북한이탈주민 또한 고향이나 가족을 떠나 낯선 곳에 머물고 살아가는 이중 정체성을 지닌 존재로 설명할 수 있다. 다시 말해서 '나그네와 행인'이란 용어는 신약성서가 기독교인의 정체성을 나타내주는 개념으로 '이중 혹은 다중 정체성'을 지니고 살아가는 모습을 올바로 설명해준다고 할 수 있다. 기독교인이 '이중 정체성'을 지니고 살아가는 존재라면 한국 사회와 한국 교회는 북한이탈주민이 '이중 혹은 다중 정체성'을 지니고 살아가는 사람들이란 인식을 할 필요가 있다. 다시 말해서 기독교인은 "진정한 하늘의 집을 찾는 순례자로서 지금 낯선 곳에 거하고 있는 이방인들"(김경호, 1997: 155)이라는 인식을 갖고 있는 것처럼 한국 사회에 거주하고 공존하며 적응하려고 애쓰는 북한이탈주민을 이와 같은 시각으로 인식할 필요가 있다. 북한이탈주민의 정체성을 포스트콜로니얼 시각에서 고찰할 때 '이중 또는 다중 정체성'을 유지할 수 있는 자리를 마련해야 한다. 이것은 한국 사회의 정체성이나 문화를 일방적으로 강요하고 억제하는 것이 아니라 새로운 대안적 정체성을 형성하면서 한국 사회의 구성원으로 공존할 수 있는 기회를 제공하는 것이 더 바람직하다고 할 수 있다.

둘째로, 북한이탈주민은 새로운 가족으로서의 정체성으로 설명할 수 있다. 다양한 문화·인종·피부색을 갖고 살았던 신약성서 시대의 기독교인은 그들 자신을 "하나님의 권속"(엡 2:19)이라고 불렀다. '하나님의 권속'이란 하나님의 가족이 되었다는 것을 뜻하며 결국 인종이나 문화를 넘어서 새로운 가족 형성의 가능성을 제시하는 말씀이다. 낯선 자와 떠돌이 그리고 임시 거주자로 신분과 역할에 제한을 받았던 사람들이 이제는 새로운 가족이라는 새로운 신분을 가질 수 있다는 선언은 결국 한국 사회의 이주민에 대한 한국 교회의 시각 전환에 매우 중요한 도전을 제기한다. 초기 기독교인은 "그들의 족속이나 인종이나 계급이 어떠한 것이든 간에 모두가 '하나님의 권속', 즉 같은 가족"(폴크스, 1987: 113)이 되었음을 선언한다. 다양한 인종·문화·역사를 지닌 사람들이 함께 공존하면서 새로운 하나님의 가족을 구성하며 새로운 신분을 부여받고 산다는 신약성서의 메시지는 한국 사회와 한국 교회의 기독교 구성원에 매우 중요한 도전과 책임을 부여한다. 모든 사람들은 인종·계급·신분·성별과 관계없이 누구나 다 '하나님의 가족'이 될 수 있다. 하나님께서 모든 사람의 아버지가 되고 예수 그리스도를 '맏형'(롬 8:29)으로 하는 새로운 가족을 형성하고 있기 때문이다(Mitton, 1981: 110). 이와 같은 새로운 가족의 개념은 초기 기독교 공동체에게 적용되었고 이제는 한국 사회에 거주하는 이주민에게 동일하게 적용되어야 할 것이다. 한국 교회가 문화·인종·피부색·성별을 넘어 모든 인류를 하나님의 가족으로 인식한다는 신약성서의 메시지를 수용한다면 북한이탈주민을 새로운 가족 구성원으로 받아들일 수 있다. 다양한 문화·인종·성별을 넘어서서 새로운 가족을 형성하는 것은 결국 새로운 정체성을 형성하고 다양한 목소리를 나타내면서 동시에 다양성을 인정하는 다문화사회를 형성하는 일이라고 여겨진다.

셋째로, 북한이탈주민의 정체성은 차별이나 불평등의 폐지와 연관해서 고찰할 수 있다. 신약성서는 인종적·문화적·사회적 차별이나 불평등을 폐지하고 해소할 것을 제안하는 구절을 제시한다. 특별히 갈라디아서 3장 28절의 유대인과 헬라인의 구분이 사라졌다는 선언을 통해서 인종적·문화적·사회적 차이를 넘어선 차별과 불평등의 폐지를 강조하고 있다. 신약성서의 시각에서 볼 때 차별과 불평등의 모든 장벽은 그리스도 예수에 대한 믿음과 신앙 안에서 폐지되고 해소되어야만 한다. 인종적·경제적 혹은 사회문화적 차별과 장벽을 무너뜨리고 평등과 일치를 이루는 것이 기독교 복음의 본질이라는 지적을 인식한다면 유대인과 헬라인의 구분과 차이를 넘어서는 선언의 의미를 되새겨볼 수 있다. 문화적·인종적·경제적 차이와 차별의 폐지 선언은 가히 혁명적인 의미를 지닌다(Betz, 1974: 190). 인종적·문화적·신분적 차이와 차별을 폐지하는 사회나 집단을 형성하는 것은 놀라운 일이 아닐 수 없다. 갈라디아 기독교 공동체는 차별과 불평등을 폐지하고 새로운 공동체를 형성하는 기틀을 신앙 안에서 가질 수 있었다. 차별과 불평등을 폐지하는 것이 새로운 신앙적 공동체를 형성하려는 갈라디아 신앙 공동체의 중요한 가치였다면 한국 교회와 기독교인 또한 한국 사회의 이주민에게 동일한 태도를 취해야 하는 것은 당연하다. 차별이나 불평등은 결국 차이를 인정하지 않는 것에서 출발하며 정체성 주제와 밀접하게 연관되어 있다. 북한이탈주민의 정체성과 연관해서 차별과 불평등을 넘어설 수 있는 가능성은 "대위법적 읽기(contrapuntal reading)"(Said, 1993: 79)를 통한 상호 존중에 있다고 할 수 있다. 다문화사회를 구성하고 다양한 인종·문화·피부색·역사와 경험을 가진 사람이나 집단이 공존할 때 인종적·사회적·문화적 차별과 불평등을 해소하는 것은 매우 중요하다고 할 수 있다.

  북한이탈주민의 정체성을 성서 해석과 연관해서 고찰할 때 주목해야 하는 것은 포스트콜로니얼 이론에서 제시한 '이중 또는 다중 정체성', '대위법적 시각', 그리고 '혼종적 자기인식'이라는 관점을 고려하는 것이다. 다문화사회로의 진입을 앞둔 한국 사회와 한국 교회는 이주노동자, 결혼 이민자, 북한이탈주민을 포함한 이주민과 연관해서 다양한 사회과학적 이론뿐만 아니라 성서 해석학적 관점을 제시하여 한국 사회의 이주민에 대한 이해를 증진할 필요가 있다.

5. 결론

　한국 사회의 이주민의 현존은 한국 사회가 다문화사회 혹은 다문화주의라는 용어를 수용하도록 요청하고 있다. 이주노동자, 결혼 이민자, 북한이탈주민을 포함하는 이주민은 한국 사회의 다양성에 크게 기여하면서 한국 사회의 구성원의 정체성에 커다란 도전을 제기하고 있다. 한국 사회가 다문화사회로의 진입을 앞두고 있는 시점에 서구와 동남아시아에서 유행처럼 사용하는 다문화주의에 대한 올바른 이해와 적용이 필요하다. 또한 이주민에 대한 올바른 관점과 인식도 필요하다. 결국 한국 사회의 구성원과 이주민의 접촉과 상호 침투를 통한 새로운 정체성이 대안적으로 제시될 수 있으며 이처럼 형성되는 정체성은 획일적이거나 보편타당한 개념을 넘어서 다양하고 복합적인 개념으로 사용된다. 다문화사회 혹은 다문화주의와 연관해서 하나의 대안으로 제시되는 새로운 정체성은 한국 사회의 이주민을 위한 이해뿐만 아니라 한국 사회구성원을 위한 자기인식에도 커다란 기여를 할 수 있다. 서로 다른 문화·언어·인종·전통·관습을 가진 사람이나 집단이 공존하고 함께 살아가고자 할 때 다양한 목소리가 존재하는 동시에 다양한 정체성이 인정되는 사회가 형성되어야 할 것이다.

참고문헌

구견서. 2003. 「다문화주의의 이론적 체계」. ≪현상과 인식≫, 90호, 29~53쪽.
김경호. 1997. 「성서에 나타난 이방인들: 통일시대의 북한 유민들과 외국인노동자들을 위한 신학」. ≪시대와 민중신학≫, 4호, 142~155쪽.
김남국. 2006. 「유럽에서 다문화의 도전과 대응」. ≪국회도서관보≫, 325호, 4~15쪽.
김은중. 2005. 「세계화, 정체성, 다문화주의」. ≪라틴아메리카연구≫, 18호, 137~179쪽.
김정원. 2006. 「외국인 근로자 자녀 교육 문제와 다문화교육」. ≪국회도서관보≫, 325호, 29~39쪽.
김형인. 2006. 「미국의 다문화 정책과 교훈」. ≪국회도서관보≫, 325호, 16~28쪽.
박경미. 2001. 「신약성서에 나타나는 '외국인' 개념과 초대 기독교인의 자기인식의 표지로서의 '외국인'」. ≪신학사상≫, 113호, 122~148쪽.
박경태. 2001. 「노동력 송출국에서 본 이주노동자의 사회적 연결망: 필리핀의 가족과 공동체를 중심으로」. ≪신학사상≫, 113호, 26~48쪽.
윤인진. 2005. 「북한이탈주민에 대한 사회문화적 이해」. 대한예수교장로회 총회국내선교부 편, 『북한이탈주민선교와 생명살리기』. 북한이탈주민선교 워크숍 자료집(2005.5.3.), 5~22쪽.
이귀우. 1999. 「비판적 다문화주의와 문학연구」. ≪인문논총≫, 6호, 59~75쪽.
이대성. 2006. 「북한이탈주민의 자아 정체성의 재형성에 대한 연구: Ricoeur의 서술적 정체성을 중심으로」. 한민족평화선교연구소 엮음, 『홍성현 목사 고희 기념 논문집』. 도서출판 평화와 선교, 207~230쪽.
이용승. 2004. 「다문화주의 발전과 양질의 노동인력 수입: 호주」. ≪민족연구≫. 12호, 96~108쪽.
정상준. 2001. 「다문화주의를 넘어서」. ≪미국학≫, 24호, 77~93쪽.
정종훈. 2006. 「북한이탈주민 선교의 기독교윤리적인 반성과 방향모색」. 한민족평화선교연구소 엮음, 『홍성현 목사 고희 기념 논문집』. 도서출판 평화와 선교. 121~144쪽.
지인식. 1997. 「외국인노동자와의 화해」. ≪기독교사상≫, 461호, 39~47쪽.
편집부. 2006. 「북한이탈주민의 일반적 이해」. 한민족평화선교연구소 엮음. 『홍성현 목사 고희 기념 논문집』. 도서출판 평화와 선교. 55~70쪽.
폴크스, 프랜시스(Francis Foulkes). 1987. 『에베소서 주석』. 양용의 옮김. 기독교문서선교회.

Ashcroft, Bill, Gareth Griffiths and Helen Tiffin. 1998. *Key Concepts in Post-colonial Studies*. London: Routledge.

Betz, Hans Dieter. 1974. *Galatians. A Commentary on Paul's Letter to the Churches in Galatia*. Philadelphia: Fortress Press.

Bhabha, Homi K. 1994. *The Location of Culture*. London: Routledge.

Dube, Musa W. 1999. "Consuming a Colonial Cultural Bomb: Translating Badimo into 'Demons' in the Setswana Bible." *Journal for the Study of the New Testament*, Vol.73, pp.33~59.

Fanon, Frantz. 1990. *The Wretched of the Earth*. London: Penguin Books.

Gandhi, Leela. 1998. *Postcolonial Theory: A Critical Introduction*. Edinburgh: Edinburgh University Press.

Hall, Stuart. 1994. "Cultural Identity and Diaspora." in Patrick Williams and Laura Chrisman(eds.). *Colonial Discourse and Post-colonial Theory: A Reader*. London: Harvester Wheatsheaf, pp.392~40.

Mitton, C. Leslie. 1981. *Ephesians. New Century Bible Commentary*. Grand Rapids: WM. B. Eerdmans Publishing Company.

Ngugi wa Thiong'o. 1986. *Decolonising the Mind: The Politics of Language in African Literature*. London: James Curry.

Said, Edward W. 1993. *Culture and Imperialism*. London: Vintage.

Segovia, Fernando F. 1995. "Toward a Hermeneutics of the Diaspora: A Hermeneutics of Otherness and Engagement." in Fernando F. Segovia and Mary Ann Tolbert(eds.). *Reading from this Place: Social Location and Biblical Interpretation in the United States*, Vol.1. Minneapolis: Fortress Press, pp.57~73.

Sugirtharajah, R. S. 1999. "A Brief Memorandum on Postcolonialism and Biblical Studies." *Journal for the Study of the New Testament*, Vol.73, pp.3~5.

_____. 1998. *Asian Biblical Hermeneutics and Postcolonialism: Contesting the Interpretations*. Maryknoll: Orbis Books.

제5장

탈분단·다문화 시대, 마이너리티 민족지

새터민, '우리'를 낯설게 하다

정진헌
(한양대학교 문화인류학과 강사)

1. 들어가며: 탈분단의 문턱에서

  십여 년 전부터 북한 바로알기 캠페인이 진행되면서 "다름을 인정하고 이해하며 소통하자"는 문화상대주의적 관점과 태도가 남한 사회에 서서히 퍼지기 시작했다. 여기서의 '다름'은 그동안 "남과 북은 하나다. 우리는 한민족이다"라는 지난 분단 반세기 남한 사회를 지배했던 "동질성에 대한 신화(myth of homogeneity)"에 정면으로 도전장을 내민 화두였다. 비슷한 무렵 남한 사회로 입국하는 새터민의 수가 기하급수적으로 늘어나기 시작했다.[1] 2000년 6·15 남북정상회담 이후부터는 남북한 교류도 빈번해져 현재는 1년 동안 북한을 드나드는 남한 사람들이 2만 명을 훨씬 웃돈다. 어쩌면 지금의 한반도는 분단도 아니고 통일도 아닌 탈분단의 문턱 즈음이 아닌가 싶다.[2] 그런데 '다름'에 대한 이해와 소통의 정도는 어떻게 진행되고 있을까? 특히 새터민들의 '다름'에 대한 이해 정도는 현장에서 어떻게 실현되고 있을까? 이 장은 새터민과 남한 사람들의 만남과 상호 작용에 기반한 현장 중심의 민족지를 통해 한국식 문화 상대주의 실천의 현주소를 살피려는 시도이다. 이는 최근 화두로 등장한 남한 사회의 다문화 논의와 관련해서도 이론적·방법론적으로

---

[1] 이 장에서는 1990년대 중반 이후 현재까지 남한에 입국한 탈북자를 새터민이라 부르기로 한다. 물론 아직도 명칭에 대한 합의가 이뤄지지 않아 남한 내에서는 탈북자, 자유북한인, 탈북난민 등 개인과 단체의 이념적 지향성이나 편의에 따라 불린다. 새터민이란 명칭 역시 10년, 20년 후에도 계속 사용될지는 의문이다. 영문으로는 North Korean migrants로 표기할 수 있겠다.
[2] 탈분단이라는 용어는 분단이 물리적으로 끝난 이후를 의미하지 않는다. 분단의 잔재를 털어버리는 사회문화적 과정에 해당되며, 통일이라는 목적론적 환상과도 구별된다. 이러한 사회적 과도기에 대한 논의는 후기사회주의 연구물들(Berdahl, 1999; Bornemann, 1991; Hann, 2002; Verdery, 1996 등)을 참조하고, 탈분단 용어를 초기에 사용한 『탈분단 시대를 열며』(조한혜정·이우영, 2000)를 참조할 것.

시사하는 바가 있으리라 본다. 그 이유는 동질성의 신화이든 다문화이든 핵심 개념이 '문화'라는 것과 '다름과의 소통'이 실천적 과제로 등장하고 있기 때문이다.

'우리'가 일상생활에서 접하는 '문화'라는 단어는 근대화 과정에서 서열화되고 인종화된 경향이 있다. 예를 들어, '문화시민'이란 문구는 상상의 서구 문화, 그것도 백인 중심의 생활 문화를 정점에 두고 한국인의 상대적 열등성을 내면화했으며, 이러한 문화 간 서열이 비서구 문화를 대할 때 재생산되고 강화된다. 여기에 덧붙여, 분단 시대 국가정부의 강력한 제재로 생겨나고 내재화된 금기의 영역들로 인한 문화 개념 자체의 축소를 반드시 짚어야 한다. 문화는 사상, 종교, 예술, 정치, 제도, 법 등을 망라한 인간을 인간이게 하는 총체적인 영역이다(Tylor, 1958). 그러나 한국 사회에서 사상이나 예술적 표현, 정치 행위와 법 등 어느 것 하나 냉전의식과 분단 이데올로기에 의해 제한되지 않은 게 없었다. 문제는 이러한 문화 개념의 편향성이 추상적인 영역에 머물지 않고, 실제로 마녀사냥에 의한 희생자, 역사적 마이너리티를 만들어냈다는 점이다.[3]

근래 들어 분단 정치하에 저질러졌던 역사적 과오들이나 숨겨왔던 이야기들(hidden histories)이 영화나 출판물로 공개되고 재구성되면서 재평가되고 있다.[4] 바야흐로 분단 마이너리티들의 상처를 보듬어가는 탈

---

[3] 윤여상 북한인권정보센터 소장은 우리 사회에는 두 부류의 마이너리티가 있다고 주장한다. 하나는 어느 곳에나 존재하는 일반적인 마이너리티로서 사회적 약자들(빈민, 이주민, 여성, 장애자, 동성애자 등)이며, 다른 하나는 바로 분단 마이너리티(이산가족, 납북자 및 월북자, 그들의 가족, 탈북자, 비전향장기수, 국군포로, 북파공작원 등)라고 한다.
[4] 강제규 감독의 <태극기 휘날리며>, 박광현 감독의 <웰컴투동막골> 등 최근 한국전쟁을 다룬 영화들이나 황석영의 『손님』, 노근리 사건에 대한 규명 작업과

분단 과정의 한 단면이 아닐 수 없다. 그러나 분단의 피해자들이 서서히 사라져가는 시기에 또 하나의 마이너리티, 새터민이 한국 사회에 등장했다. 아무리 '우리는 한 민족'이라 해도 서로 다른 체제와 환경에서 살아왔고 이제는 쓰는 언어마저 많이 달라져 있으며 기근도 겪고 불법체류자 신분으로 제3국을 떠돌던 유민이었기에 심신이 모두 지쳐 있는데다, 1990년대에 출생한 청소년들은 부모 세대보다 덩치가 작으며, 남한 또래들과 비교해도 거의 인종적 차이가 날 정도로 신체적으로 구별된다. 한마디로 서로 다르다. 그런데 그 다름의 내용을 문화상대주의적 시각으로 이해하는 연습이 부족한 게 현실이었다. 결국 현장에서 새터민을 상대하는 남한 사람들은 자신의 직접적인 경험을 통해 그 다름의 내용들을 알아갈 수밖에 없었다. 한편으로 정부 차원뿐 아니라 민간 차원에서도 새터민을 맞이하는 도덕적 자세에 대해서는 그럴듯한 원칙과 담론이 마련되어 있다. 하지만 현장에서 그러한 철학들이 어떻게 구현되는지에 대해서는 검토가 부족했다. 예를 들어 문화 상대주의를 강조하지만 그것이 어떻게 실천되는지, 그 실천의 내용이 문화 상대주의적인지에 대한 고찰이 미진했다는 얘기다.

따라서 이 장은 새터민에 '대한' 내용이 중심이 아니다. 새터민과 남한 사람이 만나는 현장을 중심에 둔 민족지적 글쓰기의 일환으로서 대상이나 사건의 중층기술을 요구하는 기어츠 식 민족지와 더불어, 로잘도와 부르디외가 각각 제안한 성찰적 민족지를 추구하고자 한다. 즉, 연구자와 활동가로서의 '내'가 새터민 '개인'들을 만났던 이야기, 새터민과 남한 사람(문화)이 상호 작용하는 순간들, '내'가 직접 참여 관찰했던

월북자 및 북파공작원에 대한 이야기 등은 그동안 감히 꺼내기 어려웠던 잊힌 과거와 진실에 대해 환기시켜 준다.

새터민 관련 민간단체 사업 현장을 삽화로 제시하면서 새터민이 만나는 '우리' 문화와 '우리식' 실천 과정에 나타나는 '당연한' 관념과 상상들을 성찰하는 계기를 마련하고자 한다. 이 장에 등장하게 될 현장들은 지역적으로는 중국과 남한 두 곳이며, 주로 남한 기독교회가 주체가 된 사업들과 관련된다. 교회 사업을 주요하게 보는 이유는 교회가 새터민들의 이주와 정착 과정에 가장 큰 영향력을 미치는 기관 중의 하나이기 때문이며, 따라서 "문화 접점(contact zone)"(Pratt, 1993)으로서의 상징성과 역할이 두드러지기 때문임을 밝혀둔다.

2. 새터민, 그 존재의 상징성과 실재

새터민은 1990년대 중후반부터 급증하다가 2007년을 기해 1만 명에 이르렀다. 그러나 불법 체류 외국인노동자 20여만 명에 비하면 무척 적은 수에 불과하다. 세계 여러 나라에 존재하는 이주민 개인이 타국(host country)에서 영위하는 생활 유형은 유사점이 많다. 예컨대 본국(home country)에서보다 낮은 사회적 지위에 처하는 것을 감수하고(downward mobility), 단기간의 성공을 위해 열심히 일하고, 일터에서 차별을 겪고, 본국에 남은 가족에게 송금하고, 틈나는 대로 전화도 걸고, 명절이나 생일이면 유난히 더 외롭고, 브로커를 사서 가족들의 이주를 돕고, 간혹 알코올중독이나 가족 해체, 세대 간 갈등을 경험하는 것 등이다. 현재까지 새터민 관련 연구물들은 새터민 역시 이러한 이주민 개인과 집단이 겪는 일반적인 문제들과 여지없이 맞닥뜨리고 있음을 보여준다. 하지만 새터민의 존재가 이전부터 한국 사회에 등장한 이주민들(화교와 근래 조선족을 포함한 외국인노동자 등)과는 비교도 안 될 만큼 정부 정책적으로

나 사회문화적으로 집중받고 있는 이유는 무엇일까? 그러나 그 집중의 방향성과 성격들이 주체에 따라 그토록 상충되고 이질적인 이유는 무엇일까?

새터민의 존재 그 자체는 다양한 상징성을 내포하고 있다. 귀순용사, 탈북자, 북한이탈주민, 자유북한인, 새터민 등 그 부르는 명칭조차 시기와 지칭하는 사람의 이념적 지향에 따라 다양하고, 이들을 둘러싼 국내외 정부와 민간의 인식과 대응 역시 천차만별이다. 분단 이후 1990년대 초중반까지의 북한 출신 이주자들은 남한 체제의 우월성을 입증하는 국가영웅으로 대접받았다. 그러나 국제 사회주의 경제블록의 붕괴, 미국의 오랜 경제 제재, 그리고 몇 해에 걸친 극심한 자연재해로 북한의 기근이 심각해지자 중국을 경유해 남한에 입국하는 탈북자의 수가 급증했다(정병호, 2001).[5] 이에 남한 정부는 「북한이탈주민 보호 및 정착 지원에 관한 법률」을 만들고, 초기 적응 지원사무소인 하나원을 신설하는 등 새터민 지원 정책을 벌였으나 예전 귀순용사 시절에 비해 개인에 대한 정부의 지원 정도는 많이 축소되었다. 과거에는 남한 체제의 우월성을 입증하는 국가영웅으로 그에 상응하는 보상을 받았다면, 최근의 새터민들은 남한의 영세민 계층으로 편입되어 남한 노동시장에 필요한 인력이 될 것을 요구받고 있다. 입국 인원 때문이기도 하지만 정부의 대북 정책과 관점이 1980년 후반부터 포용적 민족주의로 흐른 이유도 있다.[6]

---

5) 한국전쟁 이후부터 1989년까지 남한에 들어온 북한이탈주민의 수는 607명이었다. 북한의 기근이 깊어지던 1994년부터 입국자 수가 두 자리로 되더니 하나원이 건립된 1999년에 마침내 한 해 148명이 입국했다. 그 뒤 매년 배수로 급증하더니 2007년 2월에는 총 1만 명을 넘었다. 입국자 현황에 대한 자료는 통일부(www.unikorea.go.kr)나 북한이탈주민후원회(www.dongposarang.or.kr) 홈페이지 참고 바람.
6) 제이거(Jager)는 용산 전쟁기념관 전시물들에 대해 분석하면서 노태우 정권 시절부터 반북한 정서 대신 북한을 포용하는 민족주의를 표방하기 시작했다고 지적한다

정부에 의한 새터민 정책이 탈정치화되고 제한적이게 되자 그 역할을 대신하기 시작한 남한 내 기관이 바로 교회이다. 한국 교회가 새터민 지원과 선교에 투입하는 자금과 인력은 종합적인 계산이 어려울 정도로 다양하고 많다. 중국 국경 지역과 내륙 지역, 베트남, 몽골, 태국, 캄보디아 등지에서 벌어지는 탈북자 지원 및 선교 활동, 남한 입국 새터민들을 위한 초기 물품 지원, 결연 맺기, 교육 프로그램, 장학 프로그램 등 실로 막대한 노력을 기울이고 있다. 현재 한국 정부의 인프라로는 한 해 2,000명 이상의 새터민을 수용할 수 없는 실정임에도, 지난 2007년 1월 교회와 관련된 단체 중의 하나로서 '자유북한인 1만 명 돌파 기념대회'를 주최한 탈북난민운동본부는 탈북자 1인 1가족·친구 데려오기 운동을 제안했다. 또 다른 교회의 지도자들은 새터민의 남한 사회 정착을 더욱 적극적으로 지원해나갈 것을 강조하고 추진하고 있다. 이러한 관심과 투자로 새터민들의 경우 그 수는 물론 대상과 입국 경로 면에서 빠른 변화를 보이고 있으며, 그들을 위한 남한 사회의 지원 프로그램 현장 또한 다양한 목적과 방법을 통해 질적·양적으로 발전하고 있다.

그렇다면 그런 현장에서 새터민들을 대하는 남한 사회의 입장들은 어떠한가? 우선, 통일부 같은 정부 차원이거나 탈북난민보호운동본부 같은 민간 차원이거나 모두 새터민에 대한 지원이 필요한 이유는 그것이 곧 향후 남북통일을 구체적으로 대비하기 위한 초석이라고 전제한다. 이미 새터민 개개인의 존재는 민족통일 사업의 "역사적 사명을 띤" 주체로 위치 지워진다. 다만 그 주체의 내용이 약간의 차이를 보인다. 예를 들어, 통일부의 입장이 추상적인 민족 사업에 있다면, 후자와 같은 기독교계의 시각에서 새터민은 곧 향후 통일시대 북한 사회를 기독교 정신과

(Jager, 2003).

자본주의 시장경제체제로 변화시키는 선지자 역할을 담당하게 된다.[7] 이와 달리, 새터민 아동 청소년을 위한 대안학교 프로그램이나 사회복지센터 같은 현장에서는 새터민 개개인이 집단적으로 낙인찍히지 않고, 외상후스트레스장애(PTSD)를 극복하여 온전한 개인으로 거듭날 수 있도록 맞춤형 프로그램 개발과 운영에 노력하고 있다. 남한 미디어에서 새터민은 동정의 대상이거나 문명화가 덜 된 시골뜨기, 때론 1960~1970년대 순수미를 간직한 과거에서 온 형제자매로 재현되기 일쑤이다. 결국 새터민의 위상은 그들을 표현하는 주체가 보고 싶은 대로, 적용하고 싶은 대로 나타나고 있다. 이러한 현상은 곧 한국 사회에 특수하게 내재된 지배 이데올로기와 가치관이 그 대안들과 충돌하는 역동성을 반영하며, 한국 사회가 탈분단 과정에서 겪는 과도기적 진통으로 해석할 수 있다. 이러한 사회문화적 환경과 역사적 맥락을 고려하면서 새터민과 만난 남한 사회, 남한 문화와 만난 새터민, 그 만남의 현장으로 들어가 본다.

3. 탈북자, 중국을 거쳐 남한에 오다

"이제는 친해질 정도로 친해져서 내 사람이다 싶은데도, 어느 한순간 갑자기 등을 돌리는 경우가 있어요. 섭섭한 생각이 들 때도 종종 있고, 그럴 때마다 의외로 서로의 차이가 크다는 걸 느껴요."[8]

---

7) 개신교와 자본주의 정신에 대한 연관성은 이미 막스 베버에 의해 제안된 바 있다 (Weber, 1956: 292 참조).
8) 2000년대 초반부터 성인 새터민들의 남한 사회 초기 정착 과정에 도움을 주었던 현장 활동가의 발언이다. 이런 표현들은 공적인 영향력을 가진 매스미디어나 연구 논문 등에서는 쉽게 나타나지 않는 경향이 있다. 자칫 새터민들에게 부정적 편견이

새터민을 위한 사업 현장에서 오랫동안 일해온 활동가들이 토로하는 말 중 하나는 '그들'이 고마움을 잘 모른다는 것이다. 남한 사람의 입장에서는 도움받는 걸 당연시하고 계속해서 의존적임에도 항상 당당하며 감사할 줄 모르는 상대방이 밉고 불편하기 그지없다. 그나마 민간 단체 현장 활동가들은 새터민 관련 종사자(통일부 관계자, 담당 형사, 동사무소 직원 등 포함) 사이에서 새터민들에 대해 가장 긍정적으로 평가하고, 심지어 부정적 이미지들 역시 재해석을 통해 긍정적인 것들로 이해하려는 노력이 상대적으로 높다고 한다.[9] 하지만 여전히 불편한 인간적 충돌들이 현장에서 벌어진다. 기존 연구의 내용과 방법들은 이러한 현장의 미묘한 갈등들을 섬세하면서도 폭넓게 다룰 여력이 없었다. 새터민의 남한 사회 적응에 필요한 정책이나 대안 프로그램을 마련하는 데 주력한 탓이다. 현장활동가들 역시 그들이 겪는 갈등들을 객관적으로 분석하기보다는 개인의 품성이나 신앙으로 극복해나가는 식의 개별적 대처에 의존해온 경향이 있다.

남한의 정부 직원이나 현장 활동가들은 새터민의 남한 사회 적응은 단지 그들만의 문제가 아니라는 것에 널리 공감하고 있다. 그렇다면 지난 10여 년간 새터민 수의 급격한 증가로 연구나 현장 활동이 정부 및 민간 차원의 대책 마련에 경주한 편향성을 되돌아볼 필요가 있다. 그런 편향성의 성과와 의의, 그리고 앞으로의 지속적인 작업은 아무리 강조해도 부족하지 않지만 이제는 현장 중심의 관점이 필요하지 않을까

더해질까 우려하기 때문으로 보인다. 몇 년째 지속적으로 현장에 남는 활동가들은 어느 청소년 담당 대안학교 교사가 말하듯 "섭섭한 경우를 당하면서 점점 포기하게 되고, 큰 기대 안 하면서 지내"며 자신의 가치관과 인간관계 패턴도 새터민에 적합하도록 변형함을 알 수 있다.

9) 2005년 6월, 「새터민 청소년을 위한 현장교사 워크숍」에서 전우택(연세대) 교수의 발언 내용 중에서.

한다. 그것은 곧 새터민과 남한 사람의 만남의 현장을 하나의 문화 접점으로 보고, 그 안에서 벌어지는 미시적 차원의 일상들을 묘사하면서, 그 일상들을 사회문화적인 거시적 맥락에서 해석하는 민족지 작업을 말한다. 어느 이주민 개인이나 집단이든 그들의 문화와 정체성은 체류국(host country)의 환경과 만나면서 변화되고 재구성되게 마련이다. 경우에 따라 본국(home country)의 전통 문화가 본국보다 훨씬 강하게 재현되는 경우도 있으며(영국 거주 인도인들의 문화, 유럽 거주 이슬람 문화 등), 체류국 문화와의 혼용으로 에스닉 정체성을 고민하게 되는 경우(미국 거주 캄보디아 난민 공동체. 대개는 세대 간의 갈등 양상에서 나타남)도 있다. 이와 같이 한 사회 내에서뿐 아니라, 이주민 사회의 정체성이나 문화는 고정되거나 균일적인 것이 아니라 체류국가 개인과 문화와의 관계(interaction) 속에서 가변적이고 혼합적이며 이질적인 것으로 복잡해진다. 이주민과 현지인과의 만남의 현장은 이런 역동성, 즉 새터민들이 남한 사회 정착 과정에서 문화적 정체성을 형성하는 과정은 물론, 그들을 접하는 남한 사람들에게도 자신들 속에 체화된 관념과 습관, 편견들을 재해석하고 재구성하는 계기를 제공한다.

새터민들의 문화 정체성 형성 과정에 대해서는 새터민 인구집단 안에서 나온 연구자가 수행해야 더욱 내부자적 관점과 통찰력을 보여줄 수 있으리라 기대하기 때문에,[10] 이 장에서는 남한 현장을 낯설게 보는

---

[10] 민족지 작업에서 내부자적 관점이 말 그대로 그 집단의 한 구성원일 필요는 반드시 없다. 수양이 부족한 내부 연구자일 경우 훈련이 잘된 외부 관찰자보다 자신의 문화를 왜곡할 가능성이 훨씬 높기 때문이다. 하지만 학자적 소양을 잘 갖춘 내부자는 뛰어난 통찰력으로 독자와 현장에게 감동을 준다. 이에 대한 예로서 미국 흑인 할렘가에 대한 민족지 중 하나인 Kelly, Robin D. G., "Looking for the 'Real' Nigga: Social Scientists Construct the Ghetto." in *Yo' Mama's DisFUNKtional: Fighting the Culture Wars in Urban America!*(Boston: Beacon Press, 1997)가 있다.

시도를 하고자 한다. 새터민을 만나면서 남한 사람들은 어떤 혼란을 겪게 되는가? 새터민과의 갈등과 화해는 '사람과 사람의 만남'이라는 일상의 영역에서 수십 년간 당연시해온 인간관계상의 예절까지 되돌아보게 한다. 또 이 갈등과 화해를 개별화하지 않고 종합하고 맥락화하면서 궁극적으로 '우리' 안에 내재된 관념, 가치관, 행위까지 근원적으로 성찰해야 한다. 더욱이 인종과 문화에 대한 위계 서열화, 특히 소위 '우리' 민족이라고 범주화하는 조선족, 새터민, 한국 디아스포라들에게 남한 사람들이 보이는 차별적 언행의 현주소를 드러낼 필요가 있다. 그리고 그 작업은 바로 '나'의 경험에서부터 출발해야 한다.

4. 중국 국경의 탈북자: 생존과 이데올로기

2000년 여름, 중국 조선족 자치주 지역에서 탈북 아동들의 건강 및 생활 상태를 조사하고 있었다. 1999년부터 본격적으로 탈북자를 만났지만, 그들을 위한 어떤 정책 제언이나 대안을 만들려는 목적이 아니라 북한 땅에서 기근을 겪고 있는 어린이를 위한 지원 방안을 마련하기 위한 것이었다. 남한에서 만난 탈북자는 북한 사회를 간접적으로 증언해 주는 정보 제공자였으며, 중국의 탈북 아동들 역시 북한에 남은 또래들을 대신하는 데이터 수집 대상이었던 것이다. 이렇게 적당한 '거리'를 유지한 것은 나 자신이 가진 탈북자에 대한 선입견적 거부감 때문이었는지도 모른다.[11] 냉전시대의 논리가 잔재해 있던 터라, 그들은 본인들의 의사

---

11) 6·15 남북정상회담의 성사와 정부와 민간이 함께 인도적 대북 지원 캠페인을 벌이면서, 남한 일반에서는 북한의 '빨갱이' 이미지를 빠르게 지우게 되었다. 또한 북한 정권을 공식적인 카운트파트너로 인정하는 분위기도 무르익어갔다. 반면에,

나 탈출 배경 등과 무관하게 이미 정치화되어 있었다(Chung, 2004). 그러나 다행히 나의 '거리 유지하기'는 탈북자들을 '귀순용사'이거나 '반역자'로 보게 되는 정치적 편견을 벗어버리는 데 도움이 되었다. 특히 중국에서의 조사 과정에서 나의 편견과 선입견은 남녀노소의 다양한 탈북자들을 만나면서 빠르게 사라졌다. 즉, 그들은 정치적 결사체이거나 문화적 집합체가 아니라 물리적 생존과 사회문화적 생명을 위해 고군분투하는 불법 체류자 '개인들'이었으며, 동북아 지역에서의 '한민족(또는 조선민족)' 공동체 내부가 탈냉전과 혼재한 시장경제 논리에 따라 계층화·인종화되고 있음을 보여주는 마이너리티였다.

"어떻게 종교가 없을 수 있어요? 한국은 자유민주주의 국가잖아요. 종교의 자유가 있는 나라에서 종교를 안 가진다는 것은 자유를 그냥 버린다는 거나 마찬가지 아닌가요? 선생님은 자유가 얼마나 소중한지 몰라서 그러는 거예요."

중국 옌지(延吉)의 어느 한산한 식당, 스물세 살의 탈북 여성 미선(가명) 씨가 나에게 교회를 다니느냐고 물었다. 내가 "현재로서는 종교를 가지고 있다고 말할 수 없다"고 대답하자, 그녀는 나의 무신론적 태도를 자유에 대한 사치와 불완전한 한국 시민상이라고 비판하며 전도하기 시작했다. 종교의 자유에 대한 그녀의 해석은 다소 논리적 허점을 가지고 있지만(그녀는 대화 과정에서 종교를 가지지 않는 것 또한 종교의 자유에 해당한다는 사실을 인정해야만 했다), 그녀의 기독교인 정체성은 약자 중의 약자인

북한과 북한 사람에 대한 일반적인 감정은 식량과 약품을 주어 구원해야 할 불쌍한 이웃, 잃어버린 과거의 순수함을 아직 간직한 땅, 문명화의 길로 인도해야 하는 시골 친척 등과 같이 다소 동정적이며 열등한 대상으로 그려지기 시작했다.

한 불법 체류자 여성 개인이 어떻게 현재 상황을 극복하고 있는지 보여주기에 충분했다. 한창 자랄 나이인 십대 중후반에 기근으로 고생하면서 신체는 허약하고 병들어 있었다. 독신 탈북 여성의 대부분이 생존을 위해 강제 결혼을 당하거나 유흥업에 종사해야 하는 중국 국경 지역에서, 미선은 그나마 큰언니뻘인 조선족 여 전도사를 만나 함께 기거하며 병도 고치고 건강도 회복할 수 있었다. 나아가 항상 단속의 위험을 느껴야 하는 불법 체류자의 불안감은 국가나 민족 범주를 준거로 한 공적인 정체성이 아닌 보편적 시민권, 즉 기독교적 소속감을 가짐으로써 어느 정도 극복하게 되었다. 심신의 안정, 이것이 하나님과 개별적 인간으로서의 미선이 신앙적으로 연결됨으로써 얻은 현세적 구원이라고 볼 수 있다.

그러나 미선과 같은 사례를 제대로 평가하기 위해서는 중국 국경 지역을 중심으로 퍼져 있는 남한 기독교회들의 복음주의 선교 방식과 내용을 더 살펴봐야 한다. 기독교 단체의 선교 현황 보고에서 잘 나타나듯, 탈북자를 위한 보호처나 성경 공부방 운영은 남한 선교사에 의해 교육받은 전도사가 관리하는 체제이다. 즉, 남한 목사와 선교사가 물적 지원과 더불어 조선족 전도사들에게 내용을 공급하면서 총괄 관리하며, 조선족 전도사들이 탈북자들을 성별, 세대별, 가족별로 직접 관리 지원하는 방식이 선호된다. 이러한 방식은 조선족들이 북한 사람들과 유사한 가치관과 사고방식, 생활수준을 가졌을 거라는 가정에서 비롯된다. 사회주의 체제를 경험했으며 지리적으로도 가까워 실제 친지 방문이나 소규모 무역, 학교 간의 자매결연 등 역사적으로 교류가 많았던 터라 남한보다는 '문화적 친밀감(cultural intimacy)'(Herzfeld, 1997)이 높다고 봐도 무방하다. 나아가 중국의 경제 개방 이후 남한 사람들의 진출과 함께 조선족 사회가 빠르게 시장경제를 도입함으로써, 같은 언어를 사용하는 조선족들의 경제문화적 수준이 남한 사람들과 유사하다는 민족적 정서 역시 작동했다. 결국 탈냉전 시대 민족주의의 한 형태가 선교 전략을 수립하는 데 작용한 것으로 볼 수 있다.

그렇다면 이러한 가정과 해석이 현장에서는 어떻게 나타나고 있는가? 2000년 당시 탈북자 보호와 지원을 가장 왕성하게 진행하고 있던 옌지시의 어느 한족교회의 조선족 전도사 K씨는 탈북자들과 접할수록 문화적 이질감을 경험한다고 호소했다.

"남쪽 교회가 자금을 대서 수련원을 짓는데 북조선 사람들을 고용해서 일을 시키고 있어요. 그런데 이 사람들이 일을 제대로 안 해요. 같은 공사장에서 일하는 한족 사람들은 주어진 시간 동안 꾸준히 일하는데, 북조선 사람들은 10분 일하고 50분 쉬는 식이에요. 몸이 허약해서 그런가보다 하고 이해하려 해도, 그게 아니더란 말이죠. 남쪽 사람들이 주는 돈을 우리가 중간에서 가로챈다고 쑥덕대기도 하고……."[12]

여기서 K전도사의 '일을 안 한다'는 표현은 나중에 '중국 사람처럼 일하지 않는다'로 정정해야 했다. 탈북자들이 그날 정해진 일감을 다 끝마치지 않은 경우는 별로 없었기 때문이다. 그의 불만은 일을 끝마치느냐 아니냐에 달려 있지 않았다. 문제는 탈북자들이 속도전식으로 짧고 빠르게 일하고 나머지 시간은 쉬어버리는 일의 방식에 있었다. 공사장 관리 감독을 맡은 그가 잠시 자리를 비웠다가 돌아오면, 한족 노동자들은 쉬지 않고 꾸준히 일하고 있는 반면에, 탈북자들은 그늘에 앉아 쉬고

---

12) 이 전도사와의 인터뷰는 그의 교회 주일예배에 몇 번 참석하던 중, 그가 먼저 하고 싶은 말이 있으니 만나자고 제안하여 이뤄졌다. 따라서 주어진 질문에 답하는 형식이 아닌 그의 이야기를 들으며 궁금하게 생각되는 점을 물어보며 확인하는 식의 담화(open-ended interview)였다.

있었을 때가 태반이었다고 한다. 이러한 것을 계속 목격하자, 그는 자신의 권위와 선의까지 무시당하고 있다는 배신감과 모멸감을 느낀다고 토로했다. 매일 밤마다 눈물의 기도를 올리며 탈북자들 집단에 대한 불신과 미움을 자신의 죄로 여기며 용서받기를 간구하지만, 마음속에 생긴 상처는 쉽게 사라지지 않는다고 덧붙였다.

그러나 불만은 K전도사만 갖는 게 아니다. 기존 연구에서 밝혔듯이(정병호 외, 2005), 남한 입국 후 하나원에 거주하는 기간 동안 새터민 청소년들의 심리 치유 차원에서 진행하는 연극캠프를 관찰해보면, 그들이 표출하는 조선족에 대한 극도의 증오와 분노에 놀라게 된다. 한편, K전도사(조선족)와 탈북자들과의 반목과 오해는 단순히 그 둘만의 관계에서 비롯된 것이 아니다. 위에서 거론한 문화적 유사성을 가정한 관계 설정이 현장에서는 권력의 서열관계로 해석되는 경향을 고려해야 한다. 이 서열관계는 물질적 지원의 출처가 어디인가가 기준임에 분명하다. 그렇지만 물질적 지원은 곧 경제문화적인 우위로 해석되고 있었다. 남한 선교사나 관광객의 옷차림, 언행, 살결, 돈 씀씀이는 물론, 연변 지역에 유행하는 남한의 문화 상품들, 그리고 일찌감치 코리안 드림을 좇으려는 조선족들의 남한행이 그것을 말해주고 있었다. 실제로 탈북자들의 보호처에는 남한에서 온 기독교 물품과 기자재, 학용품 등이 쉽게 눈에 띄었으며, 나 또한 그런 상품들을 기부했다. 나아가 연변 지역에 전파되는 남한 기독교는 마치 근본적 청교도 정신을 재현하는 양 근면하고 금욕적이며 헌신적인 생활 태도를 강조함으로써 그 순수성과 정통성을 과시하며,[13] 미션의 예에서 보듯 북한 정권의 종교 탄압을 비판하는 반김정일 정권

---

13) 유럽의 초기 기독교(Catholic) 선교사 때부터 미대륙과 아시아로의 선교 여행은 변질된 본국의 기독 정신을 대체할 순수한 공동체를 재건하려는 의지와 노력을 포함한다(Hefner, 1993; Sampson Vera Tudela, 2000).

정서를 내포한 북한 복음화를 추진하고 있었다. 이처럼 문화로서의 남한 기독교와의 접촉 과정은 탈북자들의 세계 국가들에 대한 이미지와 서열에 영향을 미치면서 북한에서 교육받았을 때와는 달리, 미국, 일본, 남한을 살 만한 곳으로 동경하게 된다(Chung, 2004).

한편, 남한 사람들과 관계하는 조선족들 사이에서는 국민 간 갈등의 원인 중 하나로 남쪽을 지목하는 경우가 많다. 어느 조선족 목사는 현지 사정에 걸맞지 않은 남한 선교사들의 중국 선교 방식을 비판한다. 그에 따르면, 남한 선교사들은 조선족 신자들을 대상으로 사역을 하면서 그들이 남한 중산층 수준의 문화 양식에 맛을 들이게 한다는 것이다. 그렇기 때문에 시골 지역과 도시 빈민층을 대상으로 전도 구원 사업을 펼쳐야 할 현지인들은 번번이 실패하는 경우가 생긴다며, 오히려 남한식 기독교가 참되지 못하다고 냉철한 비판을 내놓았다. 탈북자 지원 사업을 벌이던 조선족 중년 여성은 남한 정부와 민간단체의 간섭(탈북자 난민 지위 부여 운동 등)으로 국제사회에서 그들의 존재가 정치화되자 실질적 지원이 어려울 뿐만 아니라, 조선족과 탈북자와 북한 사회 사이에 균열을 만들어 놓았다며 눈물을 금치 못하기도 했다. 이러한 현장의 목소리는 단지 어느 쪽이든 책임을 물으려는 공방이 아니다. 오히려 1990년대부터 중국 전역의 시장경제체제로의 전환과 더불어 남한의 자본주의 문화(기독교 포함)가 도입되기 시작한 조선족 자치주에서 벌어지는 다양한 민족 이데올로기와 개인 정체성들의 충돌과 재편성 과정을 엿보게 하는 중요한 현장이다.

교회 현장을 중심에 놓고 본다면, 탈북자에 대한 인도적·선교적 지원을 하면서 동시에 조선족사회로부터 중국 국경 지역으로 교세를 확장하려는 남한 기독교회의 선교 전략은 한편으로는 중요한 성과를 내고 있지만, 다른 한편으로는 남한 사람 – 조선족 – 북한 사람들 사이를 일방향적 권력관계 또는 삼각관계로 재편하면서 '민족' 내부의 갈등을 목격할 수 있는 문화적 접경 지역을 양산했다고 할 수 있다. 그리고 그 접경은 국가의 경제력 서열과 유사하게 자리매김되고 있었다. 이는 오래도록 '상상의 공동체'(Anderson, 1983)로 군림하던 '한민족'의 범주가 탈냉전의 정치경제 지형과 만나면서 계급계층화, 심지어 인종화로까지 분화되고 있음을 시사하고 있었다. 이것은 '문제'상황이 아니라 '현실'이다. 이 현실은 서로 다른 현대사를 걸어온 민족 내부 그룹들이 새롭게 상호 작용하면서 경험하는 갈등과 이질감, 개인과 집단 문화의 '다름'이 충돌하는 과도기적 현장의 역동성을 보여준다. 여기서 주목할 점은 개인적 자아로서의 탈북자들, 즉 개인과 가족의 기본적 생존을 위해 국경을 넘고 불법 체류 노동자로 살아가거나 비밀 보호처에 의탁하는 그런 개별 탈북자들이 조선족과 남한 현장 활동가들과의 접촉 과정에서 국가 간 문화 서열화를 경험하고, 자신들의 국가·민족적 정체성까지 새로 고민해야 하는 집단적 자아로 대상화된다는 것이다. 그리고 이러한 대상화는 남한 입국 후에도 그들의 일상을 간섭한다.

5. 어느 새터민 교육 프로그램에 대한 교실 민족지: '다름'의 이질적 접근

미국의 여성 인류학자 아히와 옹(Aihwa Ong)은 『유연한 시민권(Flexible Citizenship)』이란 책에서 그녀가 어릴 때 접한 미국 대중문화에서부터 미국에 대한 동경과 환상을 품었고 그것이 미국 유학을 결행하게 된 계기였음을 그리고 얼마나 행복했었는지를 회상한다. 물론 그녀가 품었던 미몽은 미국의 베트남 전쟁으로 깨어졌고, 미국의 현실을 직시하게 되었다. 하지만 그녀가 이 책에서 얘기하려는 것 중에 하나가 바로 세계 자본주의 국가의 중상류층 지식인들의 초국가적 이주, 특히 영구 거주 목적만이 아닌 이윤 획득과 여가 생활을 위해 국가를 이동하는 사람들의 유연하고 혼재된 초국가적 정체성이다(Ong, 1999). 이후 그녀는 『부처의 부재(Buddha is Hiding: refugees, citizenship, the new America)』를 통해 캄보디아 난민 공동체가 미국 사회의 복지 시스템과 시민법, 교회의 선교 사업에 의해 어떻게 민족 정체성의 혼란을 경험하는지를 기술하면서 미국 사회에서는 사회문화적 마이너리티 집단이 자신들만의 문화적 시민권을 획득하기가 중층적으로 어렵다는 문제를 제기한다. 한편, 캄보디아 난민들의 미국 이주 동기는 생존욕구 외에도 난민 캠프에서 미국의 대중문화와 생활방식을 선교사로부터 접하기 시작하면서 갖게 된 생활 문화적 동경에서 비롯됨을 암시하고 있다(Ong, 2003).

대상이 서로 다르며 이주의 성격과 환경은 차이가 분명하지만, 국제 자본주의 체제의 주류계층인 중상층 부류들의 이주와 국제 경쟁 체제에서 가장 소외 계층인 난민의 이주는 모두 다 초국가적이라는 공통점을 지닌다. 가장 큰 차이는 이주의 결단을 실행할 수 있는 물적 토대의 어마어마한 차이, 바로 개인의 주체적 역량(agency)이 계급적으로 판이하게 규정된다는 점이다. 그렇다고 최소한의 물적 토대로 걷고 뛰거나 화물차에 몸을 실으면서 국경을 넘어 이주를 감행하는 빈곤 계층의 주체적 역량이 과소평가되어서는 안 된다. 새터민들의 남한 입국 경로를 들어보면, 웬만한 군사 훈련을 받아도 해내지 못할 어려운 난관과 고비들을 '죽을 각오로' 극복해왔음에 놀라곤 한다. 나는 이들의 이주 동기가 '더 나은 삶'을 향한 인간 기본욕구의 발로라는 데 동의한다.[14] 불법

---

14) 윤여상 박사 웹사이트(www.iloveminority.com)의 탈북자 관련 자료 참조.

체류자 신분에서 전해들은 남한 사회문화에 대한 기대감, 특히 남한 정부가 부여하는 공식적인 한국 시민권과 코리안 드림 등은 다시는 돌아가지 못할 고향땅과 맞바꾸게 했을 것이다. 따라서 새터민들이 남한 사회에서 성공하려는 열정은 대단히 높은 것으로 평가하고 있다. 나아가 최근에는 가족에 의한 초청 이민 형태의 새터민 남한 입국이 이어지고 있다. 북한의 남은 가족들은 조선족 브로커를 통해 보내온 큰돈을 만지게 되고, 브로커의 핸드폰으로 실시간 통화하면서 남한 소식을 전해 듣게 된다. 결국 개인의 성공, 가족의 재상봉을 위해 이주의 물결은 계속될 것이다.

하지만 남한 사회에서 새터민은 개인과 가족의 초국가적 욕망만을 추구할 수 없는 위치에 놓인다. 그들을 위한 각종 지원 프로그램들은 여전히 '개인으로서의 성공'과 통일 과정 및 그 이후를 위한 '민족적 자아' 사이를 끊임없이 줄타기하도록 유도하기 때문이다. 중국에서와 마찬가지로 새터민 지원에 가장 적극적인 남한 기독교회의 한 새터민 정착 지원 교육 프로그램을 들여다보자. 20대부터 50대까지 성인 새터민 남녀를 대상으로 수개월간 운영하는 이 프로그램은 창업과 취업에 필요한 각종 강좌들을 유명 강사들로 구성하여 매우 잘 꾸려가면서, 동시에 영성 회복 차원에서 다양한 수련회와 기도모임을 진행하고 있다. 전체적으로 기독교 정신을 바탕으로 한 새터민 개개인이 사회경제적 성공을 이루는 걸 목표로 한다. 창업이나 취업 교육은 다양하고 폭넓은 지식과 경험담, 그리고 인간관계의 예절(인사법, 어투, 표정 관리, 옷차림 등)까지 포함하면서 남한 사회에서의 성공은 남의 도움을 받든 안 받든 결국 개인의 노력에 달려 있다는 공통의 교훈을 던진다.

한편, 영성 회복을 위한 각종 의례는 그 방식이나 내용면에서 일관되면서도 동시에 모순되는 면을 보인다. 개인의 회개를 통한 하나님과의 관계 회복이 가장 강조되는데, 회개의 내용이 남한 사람들과는 다르게 요구되는 것과 더불어 그 방식들 역시 새터민들에게 생경하다. 첫째, 새터민들의 회개는 개인의 심리적·생활문화적 전환 이상의 그 무엇이다. 이를테면, 남한 사람들의 경우 종교의 자유가 보장된(미션의 예를 상기하기 바람) 사회에서 살았던 만큼 하나님을 믿지 않았던 자기 자신의 방종과 교만함을 뉘우치는 지극히 개인적 차원의 회개에서 출발한다. 하지만 새터민들은 일단 본인들이 싫어서 하나님을 믿지 않았던 게 아니었다. 그런데도 남한 사역자의 인도로 그들이 죄를 뉘우치는 집단 의례에서 새터민들은 북한 출신이라는 이유만으로 하나님을 멀리했다는 전제가 붙고, 그러한 과거의 삶과 모국에 대한 정체성을 송두리째 부정해야 하는 총체적 변형을 종종 요구받는다. 종국에 가서는 과거 자기 삶에서 하나님과의 결별은 자신의 잘못에 있는 것이 아니니, 결국 그러한 환경의 주적인 김정일 정권과 북한 체제에 대한 사탄화가 간증의 중요한 부분을 차지하게 된다. 둘째, 새터민 개개인은 극소수를 제외하고는 대개 탈출 과정에서 가족 해체를 경험했다. 북한에 두고 온 딸자식이 있는가 하면, 중국 남편한테 떼어놓고 온 어린 자식도 있다. 부인이나 남편과의 이별은 더 흔하고 남한에 와서 가족이 분열되기도 했다. 특히 전자들의 경우는 새터민들 개개인에게 매우 뼈아픈 과오로 담겨 있으며 하루하루 그 아픈 기억을 씻으며 남한 사회에 잘 정착하고 싶어 한다.

> "어찌 그리 아픈 기억들을 죄다 끄집어내라고 하는지 모르겠어요. 그것들 때문에 만날 술로 달래고 그러다가 이제야 잊을 만해서 남한 사회 정착 잘하려고 하는데, 그 남 아픈 것들을 또 떠올리라고 하니, 사람 미치겠어요"(위에 소개한 교회 프로그램에 참여한 40대 여성 새터민).

물론 새터민 개인마다 차이는 있겠지만, 대부분 그들의 아픈 기억들은 곧 기근과 불법 체류 과정에서 생존을 위해 어쩔 수 없이 택했던 최소한의 전략이었거나 그런 객관적 환란의 시기에 본인에게 찾아왔던 상실과 이별의 불행들이었다. 그래서 더 이상 들추지 않고 마음 한쪽에 묻은 채 새로운 삶을 살고자 작심하고 들어온 한국 땅이었다. 누군가에게 하소연함으로써 해소되는 응어리가 있는 반면, 들출 때마다 수치심과 아픔을 실제 상황만큼 겪게 되는 고통의 순간이 있다. 가족의 죽음, 공안에게 쫓기던 밤, 인신매매의 경험, 자식을 두고 온 죄책감 등은 대부분의 새터민이 중첩적으로 경험한 것들이다. 일일이 공개하기에는 그 아픔들이 되살아날까 봐 두려운 과거의 흔적, 그래서 개인이 삭히고 말 작정이었다. 새로운 사회에 정착하기 위해서 과거의 기억은 잠시 묻어두어야 한다는 것, 그것은 곧 생존을 위해 터득한 지혜인 셈이다. 하지만 새터민 개개인의 과거 극복 의지는 영성회복을 위한 회개 의식에서 민족적·국가적 의미로 치환된다. 개인이나 가족의 이주가 아닌, '저 어둠의 북녘 땅'에서 '하나님의 특별한 의미'를 안고 '복음의 빛을 따라 자유를 찾아 남한 땅'으로 오게 된 정치적·민족적·복음적 순례자(pilgrim)의 여정인 것이다. 이렇게 새터민 개인들과 남한의 사역자(봉사자)들이 갖는 이주에 대한 해석이 서로 차이가 남으로써 회개에 대한 태도와 내용이 다르게 나타나는 경우가 종종 발생한다.

더욱이 그 방식은 새터민들에게 낯설다. 통성기도와 방언, 치유 사역 등은 아직 새터민들에게는 익숙하지 않은 의례 형태이다. 의례를 인도하는 남한 사역자는 아직 신앙심이 부족하기 때문이라며 다독이거나 책망하지만, 종교 인류학에서는 기독교로의 개종은 단지 하나님과 개인의 일대일 관계 형성처럼 개인적 차원이 아니라 교회가 정한 특별한 문법에 맞춘 언어행위가 수반되어야 마침내 공인되는 문화적 범주라고 주장한다(Harding, 1987, 2000; Stromberg, 1993; Wiegele, 2005). 마지막으로 더욱 거대한 담론 하나는 바로 새터민들의 미래상과 관련된다. 이들은 단순히 개인별 성공으로 만족해서는 안 된다고 교육받는다. 회개할 때는 북한의 정체성을 부정해야 했지만, 하나님과의 관계 회복을 통해 하나님께서 '내'게 부여하신 존재의 의미를 민족적인 것으로 환원해야 한다. 즉, 머지않은 미래에 고향땅으로 되돌아가 새로운 통일한국을 건설하는 사역에 앞장설 선도자적 지위를 부여받고 있다.

이렇게 본다면, 새터민들을 위한 교육 프로그램은 일단 새터민들에게 다방면에 걸친 변화를 요구하는 셈이다. 개인적으로는 자본주의 인간관계에 필요한 매너도 남한식으로 갖춰야 하고, 집단적으로는 이후 통일한국 시대에 북녘 땅을 문명화하는 민족적 사명도 껴안아야 한다. 과거 서구열강의 팽창 과정에서 기독교(초기는 천주교)가 곧 문명화와 모던화를 재는 척도였다면(Asad, 1993; Burdick, 1996; Comaroff & Comaroff, 1991, 2003; Hefner, 1993; Martin, 2002; Meyer and Pels et al., 2003; Orta, 2004; Pels, 1997, 1999), 새터민들에게 기독교 영성 회복은 개인과 집단 정체성의 남한화를 상징하는 징표이며 자본주의 사회 적응에 필요한 조건으로 제시되고 있고, 경우에 따라서는 충분조건으로도 전파되고 있다.[15]

하지만 잠시 교육 프로그램이 진행되는 교실과 강단에 선 남한 강사(사역자)에 가 있던 관점을 책걸상에 앉아 있는 새터민들의 눈높이로 옮겨올 필요가 있다. 그들과 함께 의자에 앉아 강단을 바라보고 있으면, 그들을 둘러싼 담론과 과제들이 때론 희석되고 변형되거나 무시되고 걸러지면서 어떻게 그들만의 남한 사회 적응 전략들이 만들어지는지 어느 정도 감지

---

15) 막스 베버는 프로테스탄티즘이 자본주의 형성에 필요조건이었다고 주장했다. 그러나 충분조건은 아니다. 이런 점에서 보면 남한 사회는 베버의 관점을 재고할 만한 사회적 현장을 제공하고 있는 셈이다.

하게 된다. 교실은 남한 사회에서 새터민들이 어떤 대상화를 겪으면서 스스로 주체로 거듭나는지 보여주는 상징적 공간이자, 남한 사람들과 새터민의 상호 관계를 암시하는 메타포이다. 어느 교실이나 그렇듯 권력은 강단에서 행사되어 하달되게 마련이다. 하지만 어느 교실이나 그렇듯 앉아 있는 학생 모두가 강단에서 나오는 지시와 교훈과 명언들을 열중하는 경우는 드물다. 앞에서 취업에 필요한 이력서를 제대로 작성하는 방법, 직장 생활을 잘하는 방법, 성공하는 지름길 등 남한 사람 누구나 들어도 유익한 얘기를 하더라도 앉아 있는 새터민 학생들은 졸기도 하고, 문자 메시지를 보내기도 하고, 낙서도 하고, 눈치를 보며 옆 사람과 잡담을 하기도 하는 등 눈에 보이는 '딴 짓들'만 해도 다양하다. 그렇다면 조용히 앉아 있는 사람들이나 강사(사역자)에게 적극적인 반응을 보이는 사람들이라고 해서 강단의 목적이 완전히 파급되는 것은 아니라고 가정할 수 있다.

메타포로서의 교실은 쉬는 시간까지 포함할 때 더욱 풍부해진다.[16] 장난도 치고 커피를 마시거나 담배를 피우며 새터민들이 나누는 잡담이나 행위들은 그들의 출신국 공동체와 정체성 형성 과정을 이해하는 데 매우 중요하다. 화장실 입구이든 복도이든 교실 안이든, 쉬는 시간에는 그러한 물리적 공간들이 '그들만의 문화적 시공간'(Clifford, 1994; Cohen, 1997)으로 전유된다. 북한 어투와 육담, 일자리에 대한 정보 교환, 북한에 있는 가족들의 근황, 드라마 이야기, 새로 구입한 핸드폰이며 옷과 액세서리에 대한 품평, 피부와 건강관리 비법 등등 그들의 일상사에서 나온 관심과 흥밋거리들을 주고받으며 '고향 사람들'과 즐거운 시간을 갖는다. 평일에 육체노동을 열 몇 시간씩 하고도 주말에 한 시간을 넘게

---

[16] 인류학 현지조사 방법론에서는 어떤 특정한 그룹의 하위문화 형성 과정을 이해하기 위해서는 공적인 시공간 외에도 사적인 시공간에 대한 참여관찰을 강조한다 (Denzin and Lincoln, 2000).

달려와 아침부터 교실로 찾아드는 또 다른 이유는 바로 일주일 내내 남한 사람들 속에서 말도 제대로 못하고 지내던 스트레스를 '우리 사람들'과 만나서 풀 수 있기 때문이라고 한다.

이와 유사한 상황 중에 하나로, 이 교육 프로그램에서 조직 운영하는 평일 성경공부 또한 새터민의 이주민 공동체 형성 과정을 엿볼 수 있는 현장이다. 남한 인도자가 기도와 성경 봉독을 이끌고 해설을 덧붙이는 종교적 의례가 끝나면, '연변식' 음식들로 한 상 차려서 함께 저녁식사를 한다. 공식적으로 음주를 금했지만, 남한 인도자가 불참할 경우는 서로 잔을 권하며 간만에 오르는 취기에 낮 동안의 피로를 녹이기도 한다. 매주 집을 바꿔가며 하니까 (아파트 구조는 서로 비슷해도) 서로가 어떻게 꾸며놓고 사는지, 가족 관계는 어떤지 등을 확인하고 공유한다. 새터민 개인들의 일상생활 자체가 생존 경쟁의 복판에 서 있는 터라 일부러 서로 연락하며 어울려 다니는 것은 꺼리지만, 이러한 비일상적 모임을 통해 그들만의 문화적 공감대를 형성하면서 그들 내부의 유대관계를 만들어가고 있는 것이다.

그렇다면 정규 강의가 진행되는 교실, 그 안에서 관점을 달리해서 본 남한 강사(사역자)와 새터민 학생들의 행위들, 영성 수련회, 쉬는 시간과 구역모임까지 총체적으로 개관한다면, 이 교육 프로그램은 역설적 함의를 던져주는 셈이다. 먼저, 프로그램의 기본적인 목적은 남한 사람과 새터민의 '다름'을 희석화하고 '남한 사람화'를 지향하고 있다고 봐도 과언이 아니다. 남한에서 성공하기 위해서는 남한 사회의 기준에 맞춰 행동해야 하기 때문이다. 그러나 종교적 자아로서의 새터민들은 민족적 과업을 성취하는 반석이 될 것을 요구받는다. 물론 이러한 복음주의 민족주의가 결국 남한 기독교의 지향점이라 본다면 이 역시 남한화의 한 축이라고 봐도 과언이 아니다. 근본적인 역설은 새터민들의 주체적 변용에 있다. '다름'을 넘어 범기독교적 정체성을 추구하는 교육 프로그램을 통해 그들은 오히려 그들만의 혼용적 정체성을 재구성하는 과정을 겪고 있는 것이다. 아직까지는 이주의 역사도 짧고, 그 수도 많은 편이 아니며 입국 초기 임대 아파트를 배치받을 때 전국 각 지역으로 산재되는 등의 물리적 조건으로 인해, 이주 집단 차원에서의 새터민들은 자체 공동체 문화를 스스로 재구성하는 여력이 없는 실정임에 분명하다. 그러나 남한 사회의 다양한 정착 지원 서비스에 개별적으로 참여하는 계기를 통해 공동체적 네트워크가 만들어지기도 하고, 이처럼 대상화된 프로그램들을 자신들의 문화적 시공간으로 변용하고 전유함으로써 자신들의 에스닉 정체성과 남한 사회 내 문화적 소수자 정체성을 확인하고 공유하는 기회를 갖는다. 즉, '다름'의 내용과 경계를 재구성하는 과정을 경험한다.

  위에 소개한 프로그램은 현재 벌어지고 있는 다양한 새터민 관련 사업들의 현주소를 단적으로 보여주는 예에 해당한다. 그동안 다른 현장에서 개인적으로 활동한 경험까지 동원해서 비교해보면, 첫째, 현장에서 남한 사람들과 새터민들과의 미시적인 문화적 갈등은 잠시 차치하더라도, 새터민들이 남한 사회로 동화될 필요가 있다는 전제는 여전히 가장 지배적인 추세로 보인다. 기독교 단체의 현장에서는 인류에 대한 보편주의가 문화 상대주의적 접근을 제한하기 때문이기도 하지만, 활동가들 일반으로 확대 적용한다면 현장에서 경험하는 새터민과 '우리'와의 '다름'을 애써 무마해보려는 형제적 민족주의의 발로라고 볼 수 있다. 따라서, 둘째, 새터민 사업 현장의 남한 활동가들(정부 직원 포함) 중 새터민이 '우리'와 어떤 면에서 다를 것이라는 사전교육을 받고 그 사업에 뛰어드는 사람은 드문 실정이다. 현장 활동을 통해 '다름'을 경험하며 화들짝 놀라는 자신을 발견하지만, 그 '다름'의 내용들을 객관화하여 이해하고 소통하려는 노력들보다는 현재까지는 그저 개인적으로 '양보하고, 서운

한 마음을 털어버리고, 그러려니 하며 익숙해지는' 마음공부 수준에 다름 아닐 뿐이다. 반면에 셋째, 본인들이 의기투합해서 만들었거나 의견을 내서 만들어진 게 아니므로, 새터민들은 남한 사람들이 기획하고 운영하는 각종 서비스 프로그램들에 '동원'되거나 '선발'되어 모이는 계기들을 동창회 또는 향우회 수준 정도의 공동체 문화라도 경험하는 시공간으로 활용하게 된다.

마지막으로 지적할 점은 사업 진행 방식에 있다. 이렇게 하나의 프로그램에 참여하는 남한 주체 측과 새터민 참여 측의 목적과 내용이 다소 다른 면이 있다 보니 사업 방식도 한계를 지닌다. 이미 위에서 지적했지만, 새터민 관련 사업들을 하나의 무대 공연으로 본다면 남한 사람들이 기획, 연출, 사회, 연행까지 다 진행하는 셈이고, 새터민은 무대의 지시에 따라야 하는 동원 관객의 경우와 흡사하다. 무대와 관객이 사전에 이해 요구를 맞추지 못했기 때문에 중간에 자리를 뜨는 사람도 생기고, 서로 호흡을 맞추기까지 시간이 다소 걸리는 편이다. 그러나 분명한 건 새터민 관련 사업들이 현재로서는 남한 사람들 주도로 이뤄지면서 새터민들과의 서열이 이미 정해진다는 점이다. 또 하나는, 교육 대상자인 새터민의 이해와 요구는 사업 기획 단계에서 참고 내용으로 처리할 뿐이지, 사업 내용을 결정하는 데 궁극적 바탕이 되지 못하는 경향이 있다. 주체적인 면에서나 내용 구성 면에서나 새터민 사업에서 새터민의 존재는 여전히 타자이다.

6. 마치며: 무게를 덜고 관점을 전환하기 위해

지금까지 2000년 중국 국경 지역에서의 경험과 2006년 남한 교회의 새터민 지원 교육 프로그램에 대한 민족지적 접근을 통해 탈북자, 새터민 관련 남한 사회 서비스의 현주소를 들여다보고자 시도했다. 민족주의니 정체성이니 하는 무거운 주제와 담론들을, 현장 주체들인 조선족 전도사, 남한 활동가와 새터민들의 '뒷얘기'와 참여관찰 내용들을 통해 성찰해보려는 노력의 일환이었으며 주로 '관계' 형성 과정에 주안점을 둔 서사적 접근이었다. 현재까지 새터민 관련 사업에 대한 평가나 연구는 정부 차원의 정책 실행 단위에 초점을 두었고, 민간 차원의 각종 프로그램들에 대한 것들은 상대적으로 미미해 보인다. 아마 비판이나 평가를 전제로 어떤 제안을 내야 하는 글쓰기 습관의 부담 때문이거나 해당 단체나 기관과 불편한 관계가 될까 봐 주저한 면이 있겠다. 더욱이 대부분의 연구들은 주로 공적인 영역들, 예를 들어 정부의 정책과 현장 프로그램들의 정규 커리큘럼에 집중한 경향이 있다. 반면에, 이 장에서는 같은 대상과 현장이라 하더라도 부스러기 시간들과 틈새 공간, 비공식적인 행위들과 잡담들, 별 의미 없이 구현되는 몸짓과 순간적인 표정 변화들까지 포함한 미시적 영역으로의 관점 전환이 필요함을 주장했다.

  새터민과 남한 사람들의 만남의 현장을 문화 접점으로 볼 때, 두 집단 간의 권력 관계와 더불어 상호 작용의 과정을 엿보게 된다. 현재 남한 사회 정부의 새터민 지원 정책 방향이나 민간단체의 노력들은 새터민을 남한 사회에 잘 적응하도록 도와주기 위한 것들이지 새터민들이 자신들의 출신국 공동체 문화를 주장하고 형성하는 걸 의도하지는 않고 있다. 여기서 문화 공존, 다름과의 소통, 문화적 통합(integration) 등의 철학적 전제들은 자칫 현실을 호도하는 레토릭에 머물 확률이 높다. 현실적 장치들은 새터민들을 남한 사회로 동화시키는 데 목적이 있으며, 현재로서는 새터민 개개인 역시 동화 의지가 강하다고 봐도 과언이 아니다. 동화 정책이 폭력적인 현상이라 하여 그것을 지양하는 것은 양심 있는 학자와 활동가들의 몫인 것은 사실이지만, 그렇다고 문화 공존을 추구하는 것이 이주민의 이해와 요구에 부응하는 것만도 아닐 것이다. 공존의 전제가 되는 '다름'의 경계는 이미 설정되어 있는 게 아니라 설정되는 과정이다. 그리고 그 경계는 남한 사람들에 의해 규정되는 것이 아니라, 새터민 공동체 안에서 자신들의 특수성을 구성하고 보존하기 위한 요구에 의해 만들어지는 것이다. 바로 새터민들에 의한 문화적 시민권(cultural citizenship)의 주창과 획득 투쟁 과정에서 '다름'의 내용과 경계가 드러나는 것이며, 그렇게 형성된 '다름'의 내용도 상대 문화와의 상호 작용 과정에서 끊임없이 바뀌는 유동적인 과정으로 인식할 필요가 있다. 문화적 시민권이라는 용어가 한국 사회에서는 아직 익숙하지 않은 모양이다. 새터민을 포함한 이주민 세력들이 자기들만의 공동체 문화 영역을 구성하면서 생존권과 더불어 한국 문화와 변별적인 자기들만의 문화적 특수성을 인정받기 위한 투쟁이 아직 전개되지 않기 때문인지도 모른다. 이 장에서 문화적 시민권을 중심으로 하여 동화나 공존에 대한 이론적 논의를 심도 있게 다루기는 어렵고, 다만 이제부터 이러한 근원적 논의를 시작하자는 제안에 머무르기로 한다.

그 출발점으로 본다면 새터민 사업 현장의 경우, 현장 활동가들이 경험하는 '다름'의 구체적인 내용들을 수집하는 단계부터 시작해야 한다. 그리고 더 실천적인 차원까지 고려해본다면 권력관계상 엄연한 우위에 있는 남한 활동가들과 관계자들을 위한 문화 이해 교육 프로그램을 개발 운영해야 한다. 나아가 그들(정부 직원, 선교사, 복지사, 새터민 진학학교 교사, 민간단체 활동가 포함)에 대한 재교육 프로그램이 활성화되고, 슈퍼바이징과 모니터링 시스템을 갖춰 활동 현장이 수요자 중심으로 운영되도록 뒷받침해주어야 한다. 궁극적으로 새터민 관련 사업이 그동안 새터민을 주요 대상으로 놓고 구상되었다면, 이제는 새터민을 중심에 놓고 남한 사람들을 대상으로 한 시스템을 구축하는 단계로 나아가야 할 때라고 본다. 이미 오래전부터 새터민 남한 사회 정착 지원 교육은 남한 사람을 교육시키면 된다는 말이 있었다. 그러나 대국민 교육에 앞서 사업에 직접 참여하는 활동가들의 교육과 자기개발 시스템을 구축하는 게 우선일 것이다. 그 시스템 안에서는 실무 차원에서만이 아니라 직접적 만남을 통해 경험하는 이질감들을 드러내고, 그 원인에 대한 개인의 철학적 사색과 역사적 성찰까지 도모하는 계기들이 마련될 필요가 있겠다. 그 핵심 주제로 위계 서열화된 '문화'에 대한 성찰과, 분단 시대를 거치며 불균형적으로 형성된 '민족' 관념에 대한 냉철한 고찰이 진행되어야 함을 재차 강조한다.

참고문헌

정병호·전우택·정진경 엮음. 2005. 『웰컴투코리아: 북조선 사람들의 남한살이』. 한양대학교 출판부.
조한혜정·이우영 엮음. 2000. 『탈분단 시대를 열며: 남과 북, 문화공존을 위한 모색』. 삼인.

Anderson, Benedict. 1983. *Imagined Communities*. New York: Verso.
Asad, Talal. 1993. *Genealogies of religion:Discipline and Reasons of Power in Christianity and Islam*. The Johns Hopkins University Press.
Berdahl, Daphne. 1999. *Where the world ended: reunification and identity in the German Borderland*. University of California Press.
Borneman, John. 1991. *After the Wall: East meets West in the new Berlin*. New York, N.Y.: Basic Books.
Burdick, John. 1996. *Looking For God in Brazil: The Progressive Catholic Church in Urban Brazil's Religious Arena*. Berkeley: University of California Press.
Chung, Byung-Ho. 2004. "Depoliticizing the Politics of North Korean Refugees." Paper for the Annual Meeting of the American Anthropological Association.
Clifford, James. 1994. "Diasporas." *Cultural Anthropology*, Vol. 9: 3, pp.302~338.
Cohen, Robin. 1997. *Global diasporas: an introduction*. Seattle: University of Washington Press.
Comaroff, Jean & John Comaroff. 1991. *Of Revelation and Revolution: Christianity, Colonialism and Consciousness in South Africa* v. 1. of Chicago Press.
Comaroff, Jean and John Comaroff. 2003. "Second comings: neo-Protestant ethics and millennial capitalism in Africa, and elsewhere." In *2000 Years and Beyond*. Glifford, Paul with David Archard, Trevor A. Hart and Nigel Rapport(eds.). London & N.Y.: Routledge.
Cumings, Bruce. 1995. *Divided Korea: United Future?* Ithaca, New York: Foreign Policy Association.
Denzin, NK and Lincoln YS. 2000. *Handbook of qualitative research*. Thousand Oaks, Calif.: Sage Publications.
Hann, Chris ed. 2002. *Postsocialism: Ideals, Ideologies and Practices in Eurasia*. London: Routledge.

Harding, Susan Friend. 2000. *The Book of Jerry Falwell: Fundamentalist Language and Politics*. Princeton and Oxford: Princeton University Press.

_____. 1987. *Convicted by the Holy Spirit: The Rhetoric of Fundamental Baptist Conversion*. American Ethnologist 14. pp.167~181

Hefner, Robert W.(ed.). 1993. *Conversion to Christianity: Historical and Anthropological Perspectives on a Great Transformation*. Berkeley: University of California Press.

Herzfeld M. 1997. *Cultural intimacy : social poetics in the nation-state*. New York; London: Routledge.

Hobsbawn, Eric J. 1990. *Nations and Nationalism Since 1780: Programme, Myth, Reality*. Cambridge: Cambridge University Press.

Jager, Shielar Miyoshi. 2003. *Narratives of Nation Building in Korea: A Genealogy of Patriotism*. Armonk, New York and London: M.E. Sharpe.

Martin, David. 2002. *Pentecostalism: The World Their Parish*. Oxford, UK; Malden, Mass.: Blackwell Publishers.

Meyer, Birgit and Peter Pels. 2003. *Magic and modernity: interfaces of revelation and concealment*. Stanford, California: Stanford University Press.

Ong A. 2003. *Buddha Is Hiding: Refugees, Citizenship, the New America*. Berkeley, LA, London: University of California Press

_____. 1999. *Flexible citizenship : the cultural logics of transnationality*. Durham, NC ; London: Duke University Press. pp.ix, 322.

Orta, Andrew. 2004. *Catechizing Culture: Missionaries, Aymara, and the "New Evangelization."* New York: Columbia University Press.

Paik, Nak-Chung. 1995. "The Reunification Movements and Literature." In Kenneth M. Wells(ed.). *South Korea's Minjung Movement: the Culture and Politics of Dissidence*. Honolulu: University of Hawaii Press.

Pak, Chung-Shin. 2003. *Protestantism and Politics in Korea*. Seattle and London: University of Washington Press.

Pels, Peter. 1999. *A politics of presence: contacts between missionaries and Waluguru in late colonial Tanganyika*. Amsterdam, Netherlands: Harwood Adademic Publishers.

_____. 1997. "The Anthropology of Colonialism: Culture, History, and the Emergence of Western Governmentality." *Annual Review of Anthropology*. 26, pp.163~183.

Pratt, Mary Lousie. 1993. *Imperial Eyes: Travel Writing and Transculturation*. New

York and London: Routledge.
Rosaldo, Renato. 1989. *Culture and Truth: The Remaking of Social Analysis*. Boston: Beacon Press.
Sampson Vera Tudela, Elisa. 2000. *Colonial angels: narratives of gender and spirituality in Mexico, 1580-1750*. Austin, TX: University of Texas press.
Stromberg, Peter G. 1993. *Language and Self-Transformation: a study of the Christian conversion narrative*. Cambridge; New York, N.Y.: Cambridge University Press.
Tylor, E. B. 1958. *Primitive Culture*. New York: Harper.
van der Veer, Peter ed. 1996. *Conversion to Modernities: The Globalization of Christianity*. New York & London: Routledge.
Verdery Katherine. 1996. *What Was Socialism? And What Comes Next?* Princeton, N.J.: Princeton Univ. Press.
Weber, Marx. 1956. *The Protestant Ethic and the Spirit of Capitalism*. New York.
Wiegele, Katharine L. 2005. *Investing in Miracles: El Shaddai and the transformation of popular Catholicism in the Philippines*. Honolulu: University of Hawaii Press.

웹자료
윤여상 박사의 홈페이지. "I love minority." http://www.iloveminority.com.

제6장

파키스탄 이주노동자와 결혼한 여성들의 이야기
파키스탄 커플모임을 중심으로

정혜실
(다문화가족협회 공동대표)

1990년대 한국 사회에서 3D업종의 노동력 부족은 이주노동자들이 유입되는 원인이 되었고, 이주노동자 유입의 증가와 체류기간의 장기화에 따라 이주노동자와 결혼하는 한국 여성들이 늘어났다. 이렇게 이주노동자와 결혼한 한국 여성들은 자신들이 원하는 사랑을 자유롭게 선택했다고 생각했고, 이 땅에서 함께 거주하고자 할 때 그 선택 또한 자유롭다고 생각했다. 그러나 한국 사회에서 이주노동자와 사랑할 자유 그리고 함께 거주할 자유는 그리 쉽게 얻어지는 것이 아니었다.

그래서 여성들은 모이기 시작했다. 파키스탄 이주노동자와 만나고 결혼하고 아이를 낳는 과정들이 결코 쉬운 일이 아님을 알게 된 여성들이 말이다. 자신이 사랑한 남자가 서남아시아 빈국에서 온 이슬람국가 출신의 남성이라는 이유로 국가와 사회 그리고 사람들로부터 차별받고 있다고 생각하고 느끼는 여성들, 사랑하는 자녀를 낳아 이 땅에서 키우는데 자꾸 다른 시선을 받아야 하는 것에 불편함을 느낀 여성들, 그러한 여성들이 모여서 자신들의 이야기를 쏟아내고 함께 고민하고 해결하기 위해서 모임을 만들었다. 이 장에서는 이 여성들의 이야기를 하고자 한다. 단지 이주노동자와 결혼했다는 이유로 부부로 살아가는 일과 부모로 살아가는 일을 힘들게 하는 국가의 가부장제와 사회의 불편한 시선들로부터 느끼는 편견에 대해 때로는 저항하며 때로는 타협하며 살아온 여성들의 이야기를 말이다.

1. 여자인 내가 호주라고?

국제결혼을 한 한국 여성들은 결혼을 통해서 혼인신고를 마치는 순간 한 가계(家繼)의 호주(戶主)가 된다. 즉, 혼인신고라는 법적 절차를 통해 아버지의 호적으로부터 분리됨과 동시에 일가창립을 하게 되어 호적의 주인으로 등재가 되는 것이다. 한국 사회의 가족제도로서 남성의 대표성을 상징하는 호주제, 아버지의 대를 잇게 하기 위해 어린 아들이 가족의 주인이 되는 제도였던 호주제에서 여성이 호주가 되는 예외적인 상황이 바로 한국 여성들이 외국인 남성과 결혼한 경우이다.

왜냐하면 국제결혼에서 혼인한 사실을 증명하기 위한 유일한 문서로서 호적등본은 여성을 호주로 만들지 않고는 외국인인 남성 배우자를 인정할 법적 근거가 없기 때문이다. 또한 이러한 법적 근거가 없이는 외국인 배우자에게 체류 자격을 인정하는 비자를 줄 수도 없다.

그러나 국제결혼을 통해 호주가 된 여성들은 호주가 의미하는 가족의 대표성이나 권리를 한국 사회의 남성 호주와 동등하게 가졌을까?

1990년대 초반 국제결혼과 관련한 법(섭외사법)은 부계혈통을 중심으로 움직이는 완전한 가부장제였다. 분명히 한국인으로서 외국인과 결혼한 상황은 남성이든 여성이든 국제결혼이라고 불렀음에도 법은 차별적으로 적용되었다. 한국인 남성과 결혼한 외국인 여성은 결혼으로 호적에 등재됨과 동시에 주민등록등본에 기재됨으로써 국가의 시민권자임을 상징하는 주민등록증을 바로 발급받았다.

하지만 한국인 여성과 결혼한 외국인 남성들은 여성 호주의 배우자가 되었다고 해서 시민권자가 될 수 없음은 물론 그 체류 자격(비자)조차 인정받기 힘들었다. 또한 그 자녀를 출산했을 경우 한국인 남성과 결혼한 외국인 여성들이 출산한 자녀들은 당연히 한국 국적을 가지고 국민의 자녀로서 대우받았지만, 외국인 남성과 결혼한 한국 여성들이 출산한 자녀들은 출생지가 한국이고 부모 중 한쪽이 한국인임에도 불구하고 국적 취득이 불가한 외국인으로서 살아야 했다. 따라서 이혼과 재산 분할 문제 등과 관련한 법적 문제에서도 한국 남성과 외국인 여성이 결혼한 경우는 한국법의 적용을 받고, 한국인 여성이 외국인 남성이 결혼한 경우에는 외국인 남성이 속한 국가의 법의 적용을 받게 함으로써 법적 소송에서 불평등과 불이익이 많았다. 이러한 법제도가 가능했던 요인 중 하나는 뿌리 깊은 부계혈통주의와 출가외인의 관념으로 이것이 섭외사법에도 그대로 반영되어 왔기 때문이다.

그래서 파키스탄 이주노동자는 한국 여성과 결혼해도 합법적 체류조차 인정받기 힘든 상황에서 생존과 관련한 노동권을 보장받지 못하여, 불법취업을 통해 살아가려 했고 설사 그렇게 살아간다 해도 3개월에 한 번꼴로 외국에 나가서 재입국해야 하는 체류 자격으로 인해 경제적 빈곤에서 헤어나기 힘들었다. 더구나 불법체류자인 이주노동자 남성과 동거라는 형태로 사실상의 혼인관계를 유지했던 한국 여성들의 가정일 경우 더욱 힘든 상황이 되는데, 자녀를 출산했음에도 불구하고 불법체류를 합법적 신분으로 만드는 과정에서 지불해야 하는 400~500만 원이나 하는 미등록 벌칙금을 낼 수가 없어서 혼인신고조차 하지 못하고 지내는 경우가 많았다. 그럴 경우 자녀는 남편의 나라에도 한국에도 출생신고를 하지 못하여 무국적자가 되기도 했고, 궁여지책으로 미혼모로서 자신의 호적에 올리기도 했다.

이러한 어려움에 직면한 국제결혼 가정들은 NGO 단체들의 도움으로 공동체를 결성하기 시작했다. 파키스탄 커플모임의 전신과도 같은 지구촌 사랑 나눔터도 꽤 알려진 모임이었는데, 이 모임의 소속이었던 백미숙 씨는 불법체류자였던 파키스탄 이주노동자인 남편이 강제 출국을 당하자 「국적법」 위헌제청 소송을 통해 가부장적인 법적 권력에 도전했다. 자신의 부당한 차별적 상황에 대해 당당히 맞선 그녀는 법적 소송으로 「국적법」을 개정하는 데 큰 역할을 했다. 이는 국제결혼을 한 여성과 그 자녀의 문제를 정면으로 제기한 첫 소송이었다(≪한국일보≫, 1997). 이와 같이 한국 여성들은 남편의 거주권과 자녀의 시민권을 위해 싸우기 시작했는데 국회의원과의 접촉이나 방송국이나 언론에 알리기, 또는 법무부에 탄원서 보내기 등을 통해 개인적인 문제를 정치적인 문제로 파악함으로써 개인적 주체 여성에서 집단적 주체 여성으로 거듭났다. 그뿐만 아니라 여성들을 주변적 존재로 소외된 상태로 만드는 법을 바꾸어내려는 저항적 주체로 거듭난 행위주체(Agency)들이 되었다. 현재 파키스탄 커플모임의 회장을 맡고 있는 류진희(가명, 35세) 씨는 다음과 같이 말한다.

> 그때 비자를 연장해달라, 취업하게 해달라 하는 시위를 명동에서 피켓 들고 침묵시위를 했었고, 여러 명이 불법체류로 있다가 혼인신고 되는 줄 모르고 강제 출국당하고, 아기 있는 집들에게 그러니까 비자를 안 주는 거예요. 그래서 그런 집들하고 우리가 요구하는 게 있으니까 침묵시위하고, 유네스코에서 인터뷰 같은 거 하고, 발표회도 같은 것도 가졌고 …… 시위엔 한 30명 정도 참가했을 거예요. 지금은 개개의 문제로 넘어가잖아요. 그때는 그럴 수가 없는 상황이었어요. 책자도 만들고 여기저기 돌아다니면서 후원하시는 분들에게 보내기도 하고, 우리끼리 모여서 이야기들도 하고 막 그랬죠.

이러한 노력들은 결국 1997년 「국적법」 개정을 이뤄내는 데 일조했다. 이로써 여성은 명목상 호주만이 아니라 자신의 자녀도 호적에 입적할 권리를 갖게 되었다. 또한 자녀들은 입적 과정에서 호주의 성을 따라야 하므로 한국 여성인 호주의 성(姓)을 따르게 되었다. 이로써 부계혈통 중심의 국제결혼 관련법은 양계혈통으로 바뀌게 되었다. 호주제 폐지운동이 활발하던 그때 다른 한쪽에선 국제결혼을 한 여성들로 인해 여성 호주가 존재했고, 남성의 가계로만 대물림되는 성(姓)에 대한 반발로

양성쓰기 운동이 활발했던 그때, 한쪽에선 국제결혼을 한 여성들로 인해 한국 여성의 성이 그 자녀의 입적과 더불어 대물림되는 변화가 이뤄졌다.

불합리한 남성 중심의 가부장제적인 가족제도 때문에 자신이 사랑하고 선택한 남성과 자유롭게 살 수 없었던 여성들이 저항하고 도전해 변화시켜온 법의 변화는 한국 사회 호주제 존속의 불필요함에 대한 역설이었으며, 그 성도 남성 중심으로 움직일 필요가 없음을 보여주는 전복적인 효과도 분명히 있다.

2. 남편은 비자(VISA)가 있어야 하는 이방인!

여성 호주의 인정 그리고 그 자녀의 입적과 성의 대물림이 해결된다고 해서 이 땅에서 한국 여성이 가족과 함께 자유롭게 거주할 수 없다. 파키스탄 이주노동자 남편은 여전히 외국인이었고 한국에서 합법적 체류를 하기 위해서는 비자라는 체류 자격이 있어야만 하기 때문이다. 9·11테러 전까지 한국과 파키스탄은 90일간의 체류가 허용되는 비자면제협정체결국이었다. 따라서 굳이 비자가 없어도 3개월에 한 번씩 외국으로 출국했다가 재입국을 하면 한국에서 거주할 수 있었다. 그러나 이것은 안정적인 체류 방법이 될 수 없었다. 왜냐하면 재입국 시 출입국 직원의 자유재량에 따라 얼마든지 입국이 불허될 여지가 많았기 때문이다. 그래서 이처럼 매번 3개월마다 치러내야 하는 절차의 번거로움과 들어올 때마다 느껴야 하는 불안감을 해소하기 위해 홍콩이나 방콕대사관에서 아예 비자를 받고 들어오는 경우도 많았다. 이때 주어지는 비자는 C-3라는 단수 비자로서 친지방문이라는 자격에 해당하는 것이었다. 이는 단순방문비자로서 노동권이 보장되지 않는 비자였다. 3개월마다 어쩔 수 없이 외국으로 출입하면서 드는 40만~50만 원의 비용은 저임금 이주노동자로서 가정을 이루며 살아가야 하는 국제결혼을 한 한국 여성들의 가정들을 경제적 어려움에 처하게 만들었으며 결국 그 비용을 감당할 수 없는 가정들은 혼인신고를 미룬 채 불법체류자 신분으로 장기간 머무는 방법을 택하여 살기도 했다. 1990년대 초반에 결혼한 정미경(가명, 40세) 씨는 다음과 같이 말한다.

어, 우린 홍콩으로 많이 갔다 왔지. 아니 방콕으로 많이 갔는가? 아, 그때 대사관들도 어디는 비자를 잘 주는데, 어디는 어렵고 그랬어. 그래서 아마 방콕으로 갔다 오는 사람이 많았을 거야. 그리고 아저씨는 영국도 갔다 오고 그랬지. 가족이 거기 있으니까. 카라치[1]도 갔다 오고. 그때 거시기 비자가 C-3이었어. 돈도 많이 들었어. 쓸데없는 돈이 나가니까 힘들었지. 그보다는 스트레스가 많았지. 출입국에 가면…….

1990년대 중반에 결혼한 류진희 씨도 같은 경험을 이야기하고 있다.

그런데 실질적으로 사람들이 결혼해서 여기 와서 정주하면서 살고자 하는 건데, 사실은 우리나라 남자들도 남자 혼자서 벌어먹고 살기 힘든 판에, 거꾸로 똑같은 능력 가져도 크게 대우 못 받고 사는데, 여자 혼자 벌어서 식구가 다 먹고산다는 게 사실 쉬운 게 아니죠. 나갔다 오면 한 명이지만 비행깃삯 50만 원씩, 70만 원씩 깨지니까.

노동권의 보장은커녕 함께 거주할 권리조차 구조적으로 박탈하고 있었던 한국이지만 외국인 여성들에게는 달랐다. 외국인 여성들은 한국인

---

1) 파키스탄 남부, 아라비아 해에 접해 있는 무역항으로 신드 주의 주도(州都)이다.

남성과 결혼함과 동시에 국적 취득과 주민등록증 발급이 자동으로 되었던 것이다. 한국 남성들이 가진 가부장적 권력은 자기가 선택한 외국인 여성들과 자유롭게 살 수 있게 했다.

나중에 외국인 여성들의 위장결혼문제가 사회문제화되자 1997년 「국적법」 개정을 통해 외국인 여성들의 자동국적취득조항을 삭제하면서 F-1이라는 비자로 체류 자격을 제한하기도 했지만, 그 F-1조차도 외국인 남성들에게는 요원한 것이었다. 이러한 체류 자격 부여는 성별위계에서 한국 여성의 위치가 한국 남성보다 하위에 있음을 의미했고, 이주노동자 출신의 외국인 남성은 외국인 여성보다도 하위에 있음을 의미했다.

이미 자본주의 경제구조에서 남성을 생계부양자로 상정하고 취업에서 여성에게 성차별적 관행을 일삼아온 이 사회가 한국인 여성과 결혼한 이주노동자 남성의 거주권을 제한하고 노동권을 부인함으로써 기본적인 생계유지를 불가능하게 한 것이다. 이는 국가가 이주노동자 남성의 정주화를 방지하고자 하는 목적에서 국제결혼을 하는 이주노동자 남성을 사회적으로 배제시키고자 하는 의도로 유지해온 제도적 성차별이면서 동시에 인종차별적이고 계급차별적인 것이다. 다음은 류진희 씨의 말이다.

> 음, 많이 좀 부당하다 그렇게 해서 많이들 모였죠. 국내에서 연장조차 안 되니까. F-1 자체가 3개월 주면서 홍콩까지 나갔다 와야 되고, 연장 자체가 안 되는 거죠. 그래서 연장을 해달라는 이야기를 많이 했고, 국내에서 연장을 해달라고……. 그리고 나서 3개월씩 연장해주면서 각서 같은 것을 많이 받았거든요. 3개월을 연장해주면서 꼭 나가서 비자를 받겠다. 안 그럴 시에는 강제 출국 조치하겠다. 그래서 각서까지 쓰시면서 연장받으신 사람도 있었어요. 애기들 출산 같은 것 앞두고 그랬는데도 연장 안 된다고 그런 분도 많고, 참 심했어요.

이는 제도적 성차별에 대한 저항을 불러왔으며, 여성들은 지속적으로 사회단체와의 연대를 통해 이 문제를 가시화시킴으로 해서 F-1 비자를 동등하게 줄 것을 요구했고, 그 후엔 2000년 출입국법 시행령의 개정으로 F-2라는 비자를 얻어내었다. 다시 류진희 씨의 말이다.

> 그래서 F-1 비자가 가능해졌죠. 3개월씩 연장하다가 2000년도 지나면서 1년으로 가능해졌죠. 취업이 안 되는 거로요. 그래서 또 취업을 하게 해달라. 여기서 뿌리를 내리고 살고 있는데, 실질적으로 우리나라에서 여자 혼자 벌어서 먹고산다는 게 힘이 드니까. 불법적으로 취업을 해서 산다고 해도 심리적으로 너무 부담이 크니까. 그냥 일반적으로 우리나라 사람들과 똑같이 생활할 수 있도록 해달라고 했으나 안 되었죠. 그러다가 인권단체들과 함께 F-2에 대한 요구를 많이 했지요.

그녀의 이야기처럼 한국 여성들은 인권단체와의 연대를 통해 자신의 자유로운 사랑과 거주를 위해 저항했고, 결국 F-2라는 비자를 통해 한국 여성들과 결혼한 이주남성들은 노동권과 거주권을 확보했다. 이러한 성차별적인 제도의 개선은 이주노동자 배우자가 착취당하는 인종차별적인 사회적 배제의 상태를 개선하는 효과를 가져왔으며 경제적인 안정을 추구할 수 있는 가능성을 확보하는 길을 열어놓았다.

3. 남편의 귀화: 여성 호주의 자리를 잃다!

노동권과 거주권을 보장하는 F-2비자를 통해 함께 사랑하며 살아가는 일이 어느 정도 쉬워졌다. 그러나 여전히 살아가는 일이 쉽지 않았다.

왜냐하면 비자란 언제든지 강제 출국의 대상이 될 수 있는 신분적 불안함을 내포하고 있으며, 사실상 한시적 거주를 연장해준다는 의미에서 여전히 시민권을 완전히 누릴 수 없는 국외자이기 때문이다. 취업의 자유를 보장함으로써 노동권을 보장하고 있지만 그것이 노동자로만 살 것을 보장하는 것이어서, 상업에 종사할 통로를 막아 경제적 도약을 꿈꾸지 못하게 하기 때문이다. 그러한 경제적 제약 외에 체류기간의 연장을 위해 출입국관리소에 가야 하고, 그 과정에서 행정적 절차의 번거로움을 지나 출입국관리소 직원과 대면하면서 느끼는 심리적 부담감은 국제결혼 가정들에게 스트레스가 되었다. 특히 한국 여성들은 그들의 보증인으로서 매번 동행하면서 한국 여성이 이주노동자 남성을 선택했다는 이유로 무시와 냉대를 당했고, 자신의 남편이 당하는 인종차별과 모욕감들을 함께 겪어야만 했다. 파키스탄 커플모임의 온라인상에 올라온 2002년 L회원의 글이다.

> 처음 갔을 때가 생각납니다. 앞서 들어가 로비에서 기웃대던 신랑에게 던진 "넌 뭐야! 뭔데 서성거려?" 안내인의 말에 뚜껑 열려 아주 우아하게 대응하느라 인내했던……. 결국 어떤 나이 든 사람이 나와 조용히 이야기 좀 하자고 해서, 결국 죄송하단 말에 담당자에게 서류 내밀고 몇 분도 채 안 되어 일주일 후 등록증 찾으러 오라고…….

단지 남편이 서구 백인이 아니라는 이유로 매번 반말을 들어야 했던 상황에서 그녀는 움츠러들지 않고 대응해서 오히려 사과를 받아내기까지 했다. 아니 아시아계라도 일본인이었다면, 아니 외국인 여성이 한국 남성과 온 상황이었더라도 이런 상황은 연출되지 않았을 것이다. 2003년 올라온 K회원의 글이 이를 증명하고 있다.

F-2비자로 갱신하기 위해 사무실도 조퇴까지 하면서 갔는데, 그 직원 말이 왜 쓸데없이 이렇게까지 하냐고 묻더라구요. 그래서 나중에 5년 뒤에 F-5로 바꿔서 살려고 한다니까 그것도 말처럼 쉽지 않고…… "행복하게 살고 있으세요?"라고 물으면 헛바닥에 가시가 돋나 봐요. 많은 일본인들도 있는데 그런 말은 우리 부부에게만 하더라고요. 기분 나쁘게시리……. 후진국 사람은 사람으로 안 보이고 좀 서로가 잘살려고 하면 배가 아프고 몸에 종기 나나 보다! 하여튼 아직도 인종차별하는 것은 여전한 우리의 현실…….

경제력으로 구분되는 소위 선진국과 후진국이라는 국가 간의 위계에서 국력이 약한 제3세계 출신의 남성은 인종차별 이전에 계급차별을 먼저 당하고, 또한 인종차별이 중첩되어 나타나는데 한국 여성들은 이러한 일들을 고스란히 함께 느끼면서 분노를 쌓아간다. 따라서 신분의 불안정에서 오는 불안감 해소와 국가 공무원과 대면하면서 받아야 하는 차별들을 해결할 수 있는 방법을 모색하게 되면서 결국 국제결혼 가정들은 귀화를 선택하게 된다. 외국인으로서 한국 국내법의 일정한 자격요건을 갖춰 자신의 출신국의 국적을 포기하고 한국 국적을 얻는 것인 귀화 말이다. 한국을 사랑하고 한국에 살고 싶다는 희망적인 의미에서 택한 자발적 국민이라기보다는 더 이상의 어떤 차별도 받고 싶지 않다는 어쩔 수 없는 선택이라는 의미에서 국민이 되어야만 했고 지금도 그런 이유로 귀화하고 있다.

그런데 귀화는 한국 여성들을 호주의 자리에서 밀어내는 작업이었다. 남편이 국민이 되자 그는 한국 남성으로서 가부장의 권위를 보장받듯 호주가 되었기 때문이다. 그래서 여성은 이번엔 남편이 호주가 된 자리에 들어갔고 아이들도 같이 따라 들어갔다. 뒤바뀐 호주 그것은 한국 사회의 바뀌지 않은 가부장제 틀 속에서 국민이 아니어서 누릴 수 없었던 한국 남성의 가부장적 권위가 국민으로 포섭되는 순간 그에게 주어진 것이었다.
　그러나 여성들에게 있어서 호주라는 의미보다 중요한 것은 남편의 체류 안정과 차별받지 않아도 되는 삶이었다. 그래서 한국 여성들은 이 땅의 가부장제와 타협하면서 살아가는 것이다. 하지만 또한 아이러니한 상황을 연출하기도 한다. 귀화란 국민이 되는 일임과 동시에 자신의 성과 이름을 한국식으로 바꿀 수 있는 기회이기도 하다. 따라서 남편들은 한국 성을 갖기로 하는데, 이미 자녀들이 엄마의 성을 따라 살면서 익숙해져 왔다는 이유로 부인의 성을 따르기로 한 경우가 많은 것이다. 파키스탄 커플모임의 남편들도 귀화한 경우에 특히 자녀를 이미 출산한 후라면 대부분이 부인의 성과 같은 성으로 정씨나 유씨, 이씨 등으로 성을 바꾸게 했다. 이는 호주의 핵심인 성의 대물림이 사실상 의미가 없어지는 것으로 볼 수 있다. 2003년 남편이 귀화한 이씨 성을 가진 L회원의 글이다.

> 귀화 후, 창성 창본, 개명 신청……. 드디어 어제로 모든 것을 마감했습니다. 바쁘게 하루하루를 보내다 보니 그동안 많은 일들이 있었지만 수다로 풀지를 못했네요. 함께할 소식들이 쌓여만 가는군요. 울 신랑 이(李)가입니다. 앞으로 각종 서류들을 바꾸는 일이 남았는데, 잘되기를 바라면서…….

　이렇듯 남편들의 안정적 체류를 위해 시도한 귀화로 인해 여성들은 여성 호주로서의 법적 지위는 잃었지만, 자신의 성을 남편에게 따르도록 함으로써 남성 중심의 가부장적 질서로 회귀가 아닌 일종의 타협을 하고 있다고 볼 수밖에 없다.
　따라서 이러한 사실들로 볼 때 호주제 폐지 없이는 진정한 가부장제의 폐지는 불가능하다고 볼 수 있으며, 호주제 존속의 이유가 남성 가계의 승계를 목적으로 하는 것이라면 그것이 외국인 남성일 경우 아예 배제의 대상이 되고 있다는 점에서 호주제가 가지고 있는 '뿌리'의 의미를 남성 중심에 두고 있음도 허구적일 뿐이다. 그런 의미에서 호주제 폐지의 실행은 환영할 만한 일이다. 여성 호주가 가능하다고 해서 양성평등일 수 없는 것이 누가 누구의 주인이 된다는 발상 자체가 부조리한 것이기 때문이다.

4. 내 아이는 혼혈아?

이주노동자로 온 남편은 다른 나라 사람이다. 다른 나라 사람이라는 것은 국적이 다름만을 의미하는 것이 아니라 인종이 다름을 의미하고 그것은 생김새나 피부색이 다름을 의미하기도 한다. 그 다름으로 인해 민족적 순혈주의에 대한 반대 의미에서 그 사이에서 태어난 아이들을 혼혈아로 부른다. 한국인과 한국인이 아닌 사람 사이에서 태어난 아이들을 부르는 호칭으로써 말이다.

혼혈아라는 호명이 가능하려면 그 반대에 피의 순수성이 전제되어야 한다. 그러한 피의 순수성이 주장되어올 수 있었던 것은 단일민족 신화가 그 배경이었다. 국가 국민으로 동원하는 과정에서 단결의 필요성이 대두될 때마다 불러낸 것이 단일민족으로서의 국민이었다(박경태, 2001). 그런데 단결이란 늘 어떤 타자에 대한 배제를 의미하는 것이다. '우리'가 단결한다는 것은 두말할 것도 없이 '남'을 배제할 능력을 더 키운다는 것을 뜻하는 것이다(박노자, 2003). 결국 '단일'을 강조함으로써 피의 순수성을 주장하고, '민족'을 강조함으로써 타 민족에 대한 배타적인 감정을 가지게 만든 것이다.

따라서 이러한 민족적 감정으로 살아온 한국인들에게 타 민족과 타

인종 사이에서 태어난 아이는 혼혈이므로 민족의 피를 불순하게 하는 부정한 것이었다. 그러나 이제 단일민족 신화가 신화일 뿐임을 안다. 더 이상 국정교과서에서도 볼 수 없다고 한다. 하지만 여전히 우리 의식을 지배해온 신화는 쉽게 끝나지 않을 것이다. 그래서 국제결혼 당사자로서 『나는 튀기가 좋다』(금토 펴냄)라는 책을 펴낸 강신주는 그녀의 책에서 혼혈에 대해 이렇게 이야기한다.

> 혼혈이란 단어는 어떤가? 여러 사람들이 쓰라고 권하는 혼혈이라는 단어, 이게 나에게는 받아들이기 어려운 단어이다. 혼혈이란 말에서 한국의 순수 혈통주의가 피 냄새처럼 섬뜩하게 느껴지기 때문이다. 아이는 정자와 난자의 만남을 통해서 태어나는 것이지, 피가 섞이는 것이 아니다. 한국 사람들 사이에서 태어난 아이나 외국인과 한국인 사이에서 나온 아이가 피가 섞인 것이 아니란 소리다. 그런데 왜 피를 섞는다는 소리가 나오는 것일까? 혼혈이란 단어는 한국인과 외국인 배우자의 피가 '다르다'는 생각을 내포하고 있다. 틀린 소리는 아니다. 남편과 나의 피가 같은 것은 아니니까. 그러나 그런 식으로 따지자면 한국 사람끼리도 다르다. 나를 낳아주신 한국 엄마와 한국 아버지의 피도, 나와 나를 낳아준 엄마의 피도 다르다. 내가 한국 남자랑 결혼하더라도 내 아이는 '혼혈'이라 불러야 할 것이다.

그녀의 이야기처럼 혼혈의 의미는 실상 허구적 상상일 뿐이다. 그 허구적 상상에 매여 더 이상 국제결혼 가정의 자녀를 혼혈이라 부를 근거는 없는 것이다.

그런데 현재의 문제는 혼혈이 자꾸 새로운 의미를 얻어가는 과정에서 생기는 지나친 우상화나 낙인화가 더 우려스러운 것으로 대두되고 있다. 그것은 백인 혼혈과 흑인 혼혈의 차별이 생기는 과정이나 혼혈 아동에 대해 가지는 사회적 편견들 중 학업의 능력과 언어발달을 문제 삼는 방식들이다. 다음은 파키스탄 커플모임 온라인에 올라온 회원들의 글이다.

> 물론 방송매체에서 떠드는 외국인 엄마의 아이들은 한국말이 늦어서 문제이다? 울 나라 아이들도 늦게 말 떼는 아이들이 얼마나 많은지 어울리다 보면 아이들이 얼마나 금방 말이 느는지 엄마 나라 말을 먼저 배우면 무슨 큰일이라도 생기나요? 외국인 아빠들은 못사는 나라에서 와서 너무 살기가 힘들다? 한국인 가정에서도 서민들이 차지하는 비율이 더 높지 않던가요? 맞벌이들도 대부분이지요(Y회원, 2006).

외국인 엄마의 언어적인 문제로 인해 자녀 양육에 문제가 있는 것으로 보도되면서 마치 그것이 아이 교육에 있어서 치명적인 장애라도 되듯이 떠드는 사회적 분위기가 만연하다. 이러한 언어문제의 대두로 학업 성취도의 문제까지 삼으면서 혼혈 아동의 교육문제를 걱정한다. 하지만 Y회원의 지적처럼 왜 엄마가 자신의 언어로 양육하면 안 되는가에 대해 의문을 제기할 수밖에 없다. 영어에 대한 조기교육 열풍으로 어려서부터 이중언어를 가르치려는 이 사회가 자신의 모국어로 양육할 권리를 영어가 아니라는 이유로 박탈하고 있는 것은 아닌가 하는 우려를 갖게 한다. 학업과 관련한 문제에 대해서도 어머니가 외국인인 것이 문제가 아니라 여전히 양육의 책임을 모두 여성에게 전가하는 사회가 문제이며, 한국인 아버지가 있는데도 한국말 교육이 제대로 되지 않는다면 오히려 아버지의 양육 참여가 독려되어야 할 것이다. 수많은 한국 아이들이 유학을 가고 있는 이 시대에 한국인 부모들이 영어를 잘하지 못한다고 해서 유학을 포기하는 부모는 없다. 그러므로 이 땅에서 어디를 가도 한국말을 들으며 자라는 아이들이 한국말 때문에 학업 성취도가 떨어진다는 것은 말도 안 된다. 오히려 다른 아이들과 마찬가지로 그 아이가 처한 개별적 환경 조건이나 부모의 학력 수준 그리고 경제적 수준에 따라 다른 양상으로 나타난다고 봐야 할 것이다.

더욱이 혼혈 아동을 걱정한다면서 부각시키는 문제가 학교 적응의 문제를 다루면서 이야기하는 왕따의 문제이다. 학교에서 잘 생활하면서 살아가는 아이들의 모습보다는 학교에서 적응하지 못하여 왕따를 당하는 등의 모습만을 매체를 통해 내보냄으로써 오히려 부정적 인식만을 강화한다는 것이 문제이다.

어제 남 일 같지가 않아서 <PD수첩>을 유심히 보았답니다. 제가 생각했던 것보다 상황이 좀 심하다는 생각이 들었습니다. 아무런 사회적 보호장치 없이 여린 아이들만 그 아픔을 고스란히 겪고 있는 것은 아닌지 너무 안타깝더군요. 저도 J님의 말씀처럼 어둡고 힘들게 사는 혼혈인들만을 보여줘서 혼혈인의 새로운 고정관념을 만드는 것이 아닌가 조금 걱정스러웠습니다. 밝고 건강하게 자라는 아이들의 모습과 그들 부모들의 인터뷰도 함께 보여주었으면 했다는 생각을 해봅니다. 오히려 편견이 심하지 않을 것 같은 또래 아이들의 냉담한 반응에 정말 귀를 의심하게 되더군요. 그게 과연 현실일까? 현실이라면 정말 여기 부모님들은 그런 문제들을 어떻게 조율하고 계시는지 궁금해지더군요(G회원, 2006).

매체로 인한 부정적인 인식의 확산은 더욱 크다. 과연 G회원의 말처럼 왕따의 현실만이 전부일까?

설상가상으로 어제는 아이들과 함께 놀다가…… 제가 은근히 걱정하던 부분이 결국 사실화되고 말았습니다. 외국인 아빠이기에 생김새가 달라 혹시나 하는 마음에 그래도 그동안 아무 일도 없었기에 별로 마음에 두지 않았는데…… 친구 중 한 명이 외국인이라면서 아이와 놀아주지 않는다면서 놀렸던 모양입니다. 우연히 아이를 찾으러 밖으로 나가봤더니, 울 아이가 바닥에 앉아서 울고 있더라고요. 그 상황을 목격하는 순간 '아차' 하는 생각에 마음이 상하더군요(K회원, 2004).

현실적으로 아이들은 비슷한 또래 집단과의 관계에서 가끔 이러한 일을 겪으며 상처를 받는다. 자신과 다르다는 것이 놀림의 이유가 되지 못한다는 사실을 배우지 못한 아이들에 의해 왕따를 당하거나 놀림을 받기도 한다. 그렇다고 해서 그러한 일이 모든 아이들에게 일어나는 것도 아니고 그 아이가 자라는 과정에서 일어나는 문제의 전부도 아니다.

며칠 전 TV에서 혼혈아들의 문제에 대해 다루었나 보던데…… 저도 아이들 부모로서 걱정이 되더군요 저 밑에 M언니 글을 보니 큰 아이가 반장이 되었다고요. 잘되었네요. 요즘은 공부만 잘한다고 뽑아주는 것도 아닌가 봐요. 아이들과 융화가 잘되는 아이, 한마디로 인기가 있을 만큼 성격도 좋아야 하죠. 제가 아는 40대의 인도 커플이 있는데요. 그분들 자녀도 이제 초등학교 2학년인데 반장이 되었다고 기뻐하시더군요. 어떤 분들은 자녀들을 본국에 보내는 분들도 있던데, 전 자식이 많은 것도 아니고 이 땅에서 잘 키우고 싶거든요. 이렇게 잘 적응하는 우리 커플 자녀들을 보면 울 아이 미래가 밝아 보여요(Y회원, 2003).

이처럼 아이가 학교에서 잘 적응하고, 친구들과 잘 지내고 있음을 반장이 된 것으로 보여주었다면 이를 대단한 일로 받아들일 수밖에 없다. 개인적인 만족을 넘어 함께 기뻐할 수밖에 없는 일이 된 것이다. 결국 아이들이 자라는 현실이란 그 어느 하나로 이야기할 수가 없다. 오히려 지나친 관심이나 부각이 더 부담스러울 뿐이라고 말한다.

그런데 요즈음 다들 알다시피 하인스 워드 열풍으로 인해 혼혈인에 대한 관심이 부쩍 늘었습니다. 어제만 해도 <PD수첩>에서 방영되었고, 신문지상에는 혼혈인에 대한 칼럼 내지 기사들이 속속 올라오고 있죠. 하지만 신문방송매체를 통해 본 혼혈인에 대한 취재 내용이나 기획 의도 등이 저를 불편하게 만드네요. 문제, 문제, 문제…… 어째 자꾸 뭔가 문제가 많은 또 하나의 집단으로 구성되는 느낌이 드는 것이……(J회원, 2006년).

미식축구에서 MVP를 받은 하인스 워드는 한국에서 혼혈인에 대한 관심을 집중시키는 효과를 가져왔다. 그로 인해 방송이나 언론매체 그리고 정부와 국회의원들까지 혼혈인에 대한 관심을 급증하게 만들었다. 하지만 그 접근 방식에 대해 혼혈인 자녀를 둔 당사자인 한국 여성들은 불편했다. 왜냐하면 그 접근방식이 긍정적이기보다는 뭔가 문제 중심의 접근이었기 때문이다. 더구나 하인스 워드가 한국에서 자라 성공한 것이 아니라 미국인으로서 미국에서 성공한 것이 한국의 혼혈인과 무슨 상관이 있는 것인지에 대해 오히려 반문하고 있는 회원도 있었다.

왜? 평소에는 관심조차, 아니 미국에서 사는지조차 모르다가 뭔가 좀 잘했다 하면 한국 사람입네 찾아가서 한국적인 것을 찾으려고 애쓰는지 참으로 한심스럽다는 것입니다. 한국 내에서 혼혈이라는 이름으로 아니 '튀기'라는 이름으로 불리던 아이들이 83년도인가 미국에서 한시적으로 받아들일 때 건너간 사람들이 얼마나 많은지. 그러나 그 역시 미국에서 그렇게 환영받지 못하고 살아가는 형편이었다는 것은 다 어디로 갔는지……(Y회원, 2006).

한국에서 혼혈이라는 이름으로 차별받다가 미국으로 건너갔지만 역시 환영받지 못한 존재였다는 사실은 그의 성공으로 가려지고, 다시 한국의 반쪽 핏줄이라는 이유로 그를 호명하는 모습이 한심스러울 뿐이라는 것이다. 물론 그의 성공은 혼혈 아동들에게 성공모델의 역할은 해줄 수 있을 것이다. 하지만 이 사회가 한 혼혈인의 성공사례를 통해 많은 혼혈 아동들에 대해 긍정적인 인식을 하는 계기를 갖게 되었을까?

오히려 우리는 차이를 부각시키는 언어인 '혼혈'이라는 말부터 거부해야 하는 것은 아닐까? 혼혈의 의미가 부정적이라는 이유로 다른 이름으로 불리기도 원치 않는다. 그 이름이 '코시안'[2]이 되었든, '온누리안'[3]이 되었든 그것이 차이를 강조하는 말이라면 어떠한 명명도 원하지 않는다. 혼혈의 의미 자체가 무의미한 것이 되기를 바란다. 단지 두 사람이 사랑해서 낳은 아이들을 향해 어떠한 규정도 필요치 않다고 본다. 아이들은 그냥 아이들일 뿐이다.

5. 다문화가족이라고 불리는 우리 가족

국가라는 경계와 인종이라는 경계를 넘어 선택한 결혼으로 인해 국제결혼이라고 불렸던 과거와 달리 이제 국제결혼 가정을 부르는 명칭은 다문화가족이라는 이름으로 불린다. 이러한 명칭의 변화는 그동안 국제

---

2) 코시안은 KOREAN+ASIAN의 합성어로서 현재 안산이주민센터의 부설기관은 아동양육기관으로 '코시안의 집'이라는 이름을 사용하고 있다. 원래는 한국인과 아시아인의 국제결혼 가정의 아이들을 지칭하는 말이었으나 이주노동자 자녀까지도 포함해서 그 의미를 확대하고 있다. 그러나 언론의 유포 과정에서 국제결혼 가정의 혼혈아를 지칭하는 언어로 더 많이 사용되고 있다.
3) 온누리안은 온 세상을 뜻하는 순우리말로 '온누리'와 사람을 뜻하는 어미 '-ian'이 합쳐진 합성어이다. 아시아 국제결혼 가정뿐 아니라 세계 각국을 어우르면서 한글의 아름다움을 느낄 수 있는데다가 외국인 누구나 쉽게 발음할 수 있는 명칭이라는 점이 전북교육청의 공모 당선의 이유이다(≪경향신문≫, 2006.3.20.).

결혼의 의미가 가지고 있던 부정적 의미를 해소하고 좀 더 긍정적 의미를 끌어내기 위함이라고 할 수 있다.

한국 사회에는 이미 과거 미군정 시대부터 시작된 기지촌 여성과 미군의 결혼으로 의미화되면서 그 여성들을 양공주라 불렀던 아픈 기억이 있다. 그리고 농어촌 총각의 배우자 부족을 해결할 목적으로 시작된 외국인 여성과의 결혼이 관주도형에서 결혼중매시장으로 확대되면서 상업화되어 인신매매적 요소를 띠면서 팔려온 여성들이 있다. 이들이 가난한 국가 출신의 여성이라는 이미지, 그리고 이주노동자 출신의 남성과 결혼했다는 이유로 비자 목적의 대상이 된 여성으로 취급되었던 한국 여성들의 이미지들이 모여 국제결혼을 부정적으로 인식하게 만들었다. 더욱이 그 사이에서 태어난 자녀들을 혼혈아로 명명하면서 끊임없이 그 차이를 드러내 차별적 시선을 거침없이 보내왔다.

그래서 그러한 사회적 인식에 대한 변화를 추동하고자 하는 욕구들이 국제결혼 당사자뿐만 아니라 그들과 함께하는 시민사회단체, 그리고 지방자치단체와 정부 등을 중심으로 있어왔다. 이주노동자의 유입으로 다양한 국적과 인종의 사람들이 한국 사회의 인구구성에서 일정 부분을 차지하고, 이제 10쌍에 1쌍은 국제결혼이라는 시대가 된 이상 더 이상 단일민족을 이야기할 수 없게 되었고, 계속해서 인종차별의 논란이 불거지고 있는 지금, 한국 사회는 다문화(Multiculture)에 대한 논의가 시작되었고 국제결혼 가정에 대해서도 부정적 인식을 일소하기 위해 '다문화가족'이라고 부르기 시작했다.

그러나 다문화가 그 다양성을 인정한다는 의미에서 multiculture인지, 아니면 문화가 경계를 넘어 서로서로 흡수되고 포용되는 cross-culture인지에 대한 충분한 논의가 이뤄지기도 전에 쉽게 다문화가족이라는 명명을 사용한 것이 아닌가 하는 생각이 든다.

그것은 최근 여성가족부가 국제결혼 가정들을 정책적으로 지원하기 위한 법률 제정을 위해 학술용역을 통해 2006년 10월에 만든 「다문화가족지원법」 초안의 목적과 다문화가족의 범주에 대한 논의에서 알 수 있다. 먼저 그 목적을 보면 다음과 같다.

> 다문화가족 구성원이 인간으로서의 존엄이 유지되는 건강한 가정생활을 영위할 수 있도록 하는 지원정책을 강화함으로써 다문화가족 구성원이 우리 사회에 조기 적응하고 대한민국의 발전과 사회통합에 이바지하게 함을 목적으로 한다.

「건강가족지원법」에서 건강가족의 개념에 대한 비판이 여성학계와 여성운동진영 사이에서 여전히 논란의 대상이 되고 있고, 그 개념에 대한 사회적 합의가 없는 상황에서 건강한 가정생활이 무엇을 의미하는지를 알 수 없다. 더구나 뒤에 따라오는 문구에서 드러나듯이 우리 사회의 조기 적응이라는 부분이 건강한 가정생활과 어떻게 함께 갈 수 있는지가 의문이라는 것이다. 다문화가족이라는 것은 결국 국제결혼 가정의 부부관계에서 이미 문화 차이를 인정한다는 의미일 텐데, 우리 사회의 조기 적응과 관련된 지금까지의 프로그램과 정책들은 주로 여성 결혼이민자가 그 중심 대상이 되면서, 한국어 배우기, 전통예절 배우기, 김치 담그기, 제사상 잘 차리기 등과 같은 한국어와 한국 문화 배우기에 지나치게 초점을 맞추어 한국 문화를 일방적으로 강요해온 측면이 더 강하기 때문이다. 그러나 그 반대편에 있는 이주노동자 남성에 대해서는 그 어떤 프로그램도 실질적인 지원이라고 할 만한 정책을 시행한 적이 없다. 이는 여전히 가부장적 가족구조가 해체되지 않은 상황에서 결혼 이민자 여성은 한국 남성가계의 구성원으로 흡수되어야 할 대상이지만, 이주노동자 남성은 그렇지 못하다는 것이 그 이유일 것이다.

특히 그 뒤의 목적 부분에서 사회통합에서 이주노동자 남성은 과연 통합의 대상이 될 수 있는가가 의문인 것이다. 지금까지 이주노동자와 결혼한 여성들, 특히 이슬람 국가 출신의 남성과 결혼한 여성이라면 오히려 통합의 대상이 아니라 감시의 대상이라고 느끼고 살아왔을 것이다. 9·11테러 이후 국정원이나 경찰의 방문을 받아본 가정이라면 「다문화가족지원법」이 생긴다고 해서 법무부나 그 어떤 정부기관이 자신의 가정들을 통합의 대상으로 바라보고 있다고 여기지 않을 것이다. 그뿐만 아니라 귀화를 통해 국민의 지위를 부여하고 나서도 그 국민이 된 이주노동자가 가족을 보고 싶어도 이 땅에 자유롭게 불러들일 수도 없는 상황이라면 어떻게 가족이라고 할 수 있고, 다문화가족이라고 할 수 있는가? 최근 4월 정기모임에서 있었던 이수진(가명, 30세) 씨의 이야기를 통해 그 현실을 알 수 있을 것이다.

> 왜 시동생이 방문비자를 받을 수 없는지 도저히 이해할 수 없어요. 준비하라는 서류 다 준비했고 통장 잔고도 있어야 한다고 해서 오천불도 통장에 넣어주었는데, 왜 비자를 안 주냐고요. 그래서 대사관에 전화했죠. 그 사람들이 말하더군요. 불법체류의 소지가 있다고요. 그래서 그렇게 안 할 것이고 내가 보증을 서는 것이니 보내달라고 해도 안 된다고 하네요. 시어머니나 여동생은 와서 취업을 하지 못할 것이니 괜찮고, 시동생은 남자라는 이유로 불법취업의 소지가 많다고 아예 초청조차 할 수 없다면, 도대체 왜 국적은 주어서 국민이라고 하는 거죠? 자신의 가족도 마음대로 만날 수 없는데 말이죠. 전 가만 있지 않겠어요. 그래서 외무부에도 올리고 국가인권위원회에도 올렸어요.

특별한 기준도 없이 미래에 일어날지도 모르는 불확실한 상황으로 인해 아예 초청조차 못하게 한다면 국민으로서 권리가 귀화한 이주노동자에게 있기나 한 것인지 의문스럽다. 그러면서 한편에선 같은 민족이라는 이유로 법무부는 방문취업제(H-2 비자) 시행으로 입국이 허용되는 2007년 무연고 동포 연간 허용-인원(쿼터) 3만 명에 대해 거주국별 동포 수, 경제적 수준, 외교 관계 등을 고려한 국적별 세부 할당 결과를 발표했다. 중국이 2만여 명으로 최대 규모이며, 우즈베키스탄 4,000여 명, 러시아 2,500명, 카자흐스탄 1,300여 명 등으로 5년 동안 유효하며 1회 최장 3년의 체류기간 보장과 취업 허가를 허용하도록 정책의 방향을 정했다. 불법체류자 단속으로 이주노동자들을 추방하는 정책을 여전히 고수하고 있는 지금, 국적이 없어도 동포라는 이름으로 호적의 회복이나 친지방문초청비자 등을 통해 거주권과 노동권을 보장받아왔던 동포들을 민족의 이름으로 다시 불러들이고 있는 것이다. 이러한 정부 정책을 지켜봐야 하는 국제결혼 가정들은 이러한 가족면접권의 박탈을 더욱 수긍할 수 없을 것이다.

특히 문제가 되는 것은 최근 다문화논의와 관련한 학술토론회[4]에서 이뤄졌던 정혁인의 비판처럼 다문화가족의 범주가 내국인과 혼인한 '합법적' 체류자로 한정하고 있기 때문이다. 그러한 범주로 인해 「다문화가족지원법」은 이 땅에 존재하는 합법이든 불법이든 한국인과 혼인관계가 없는 이주노동자 가정을 배제하고, 난민으로 들어온 아프리카계 가정들을 배제하고, 이 땅에서 오랜 세월 살아온 화교가정들을 다시금 배제하게 하는 것이다.

결국 지금까지 살펴본 것처럼 다문화가족이라는 용어가 국제결혼 가정

---

[4] 2007년 2월 28일 (사)국경없는마을의 주최로 다문화주의 대한 학술 토론회가 "한국에서의 다문화주의: 현실과 쟁점"이라는 주제로 있었다.

들에게 일방적 한국 문화 적응을 요구한다면, 이주남성이 국민의 권리를 실질적으로 누릴 수 없는 상황을 은폐한다면, 그리고 다른 국가 출신의 가정들을 불법체류자이거나 난민 또는 화교라는 이유로 배제한다면 다문화가족이란 그저 그럴싸한 용어 포장에 지나지 않는다고 봐야 할 것이다.

6. 지금도 사랑은 경계를 넘는다

어느덧 9월의 마지막 주가 되었어요.
우리 남편들의 큰 행사(?) 라마단이 시작되는 날이기도 하구요.
배려 깊은 울 남편 어젯밤에 물어봅니다.

낭군: "나 내일 4시 반에 일어나서 밥 먹어야 돼요. 마눌님이 괜찮아?"
마눌: "응, 괜찮지. 그럼. 내가 일어나서 로띠 만들어줄게요."

4시 30분에 알람을 맞춰놓고, 어젯밤 11시 즈음 잠들도록 무지 뒤척였답니다. 드디어 알람이 울고, 일어나 세수하고 손 깨끗이 씻고 어제 준비해놓은 양고기와 당근 요리 데우고, 빵 만들고…….
어제 양고기의 살들을 얇게 저며서 우리나라 돼지갈비처럼 양념에 재워놨었거든요.
라마단 잘(?)하라고, ㅎㅎ 특별식을 만든 거죠.
아침에 그걸 얼른 구웠어요.
우리 남편 세수하고 나오더니…… 킁킁!! 이게 무슨 냄새야?? 인상부터 쓰고 주방으로 옵니다.

마눌: 응, 맛있는 거야. 한번 먹어봐. 양고기로 만들어봤어.

남편: 갈비 냄새 같아!
마눌: 자기가 먹어봤어?
남편: 아니, 냄새만 알아. 회사에 사람들이 많이 먹어.

이것저것 준비해서 10분 안에 상차림 끝!!!
우리 남편 좋아하는 오돌오돌 천사채 샐러드와 빵, 양고기크라이, 양불고기, 새콤한 피클…….
거하게 새벽밥을 먹었습니다. 4시 56분 안에 먹어야 한다고, 15분 동안 말이죠. 인터넷으로 라마단의 의미를 다시 한 번 읽어보고, 남편이 자신의 신앙의 표현을 잘해내길 바라면서, 난 누워 있다가 잠도 안 오고 해서, 기도하고 컴 앞에 앉았네요.
오늘도 출근해야 한다고 지금 코골면서 자고 있는 울 남편.
이제 서울을 향해, 교회 갈 준비해야죠.

위의 글은 결혼 1년차 신혼의 단꿈에 젖어 있는 S회원이 작년 가을 온라인 모임 수다방에 올린 글이다. S회원은 기독교인이고 남편은 무슬림이다. 그녀는 단지 평범한 신앙인이 아니라 전도사이다. 매주 교회에 나가서 성가대를 지휘하고 아이들을 가르친다. 남편은 철저한 무슬림이라고 한다. 그래서 무슬림의 금식기간인 라마단이 돌아오면 그것을 지키기 위해서 새벽에 밥을 먹고 나서 종일 물도 마시지 않고 공장에서 일을 하다가 돌아온다고 한다. 그런 그를 위해 그녀는 새벽부터 밥을 짓는다. 남편이 신앙의 표현을 잘해내기를 바라면서 말이다. 양고기크라이는 파키스탄식, 양불고기는 한국식, 로띠는 파키스탄식 빵, 천사채 샐러드는 한국식 샐러드, 그리곤 미국식 피클이 어우러진 밥상을 차린다. 서로 다른 음식문화 속에 길들여져 살아온 시간들의 간극을 메우기 위해 식단은 퓨전이 된다. 한국음식도 파키스탄 음식도 아닌 것이 된다. 하지만 정성이 듬뿍 들어간 밥상이다. 그렇게 한상에 차려낸 음식처럼 각자가 살아온 세월 동안 몸에 배어버린 문화라는 차이들이 부부간에 존재할 것이다. 하지만 그 새벽에 차린 밥상처럼 서로의 것을 꺼내놓고 함께 어색한 수저질을 하겠지만 서로가 함께 살아가는 방법을 배워갈 것이다.

그녀에게서 소식이 들려왔다. 그녀가 아이를 가졌다고 한다. 아주 행복하다고 한다. 입덧이 심해서 잠시 음식 먹기가 힘들긴 했지만 지금은 나아졌다고 한다. 지난 두 달 동안 파키스탄에 있는 가족을 방문해서 즐겁게 보내던 기간 중에 아이가 생겼다고 한다. 그래서 더 행복하단다. 남편의 가족들이 너무 많은 축복을 해주었고, 공항에서 헤어질 땐 정이 많이 들어서 펑펑 울었다고 한다.

이처럼 파키스탄 커플모임엔 오늘도 여자들이 글을 올린다. 사랑에 빠졌노라고, 결혼을 할 거라고, 아이를 낳을 거라며 그렇게 글을 올린다. 그리고 함께 살아가는 일이 쉽지는 않다고, 아이를 키워내는 일도 만만치 않다고 그렇게 글을 올린다. 또한 국가와 인종의 경계를 넘어 선택한 결혼으로 인해 파키스탄 커플모임의 여성들은 그동안 투사로 살아온 것 같다고 이야기한다. 소위 드센 여자로 변했다고 한다. 아니 드세지 않으면 살아갈 수 없던 세월이었고, 많은 변화가 이뤄졌지만 여전히 드세야 할 이유가 많이 남아 있다고 한다. 그러나 그녀들은 외부의 변화뿐만 아니라 부부관계에 대해서도 고민이 많은 여성들이다. 그래서 영화 심리치료도 받아보았던 여성들이다. 부부갈등이 문화 차이인지 부부간 권력관계의 문제인지를 알려고 말이다. 그리고 왜곡된 이슬람 문화에 대한 인식을 바꾸고자 스스로 노력하는 여성들이다. 자신이 가지고 있던 편견으로 인해 자신의 남편을 잘못 이해하고 있는 건 아닌지 늘 자기검열을 할 수밖에 없는 여성들이다.

이 땅에서 사랑하는 남자를 만난 건 이 사회구조 때문이든, 운명 때문이든 그녀들은 그러한 사랑을 자유롭게 하고 싶어 한다. 그와 나의 다름이 피부색과 국적이란 이유로 평범한 일상을 살아가는 일이 힘들지 않기를 바라면서 말이다. 그래서 지금도 파키스탄 커플모임의 여성들은 그러한 삶이 자유롭게 되는 날을 바라며 함께 모임을 만들어간다.

참고문헌

강신주. 2004. 『나는 튀기가 좋다』. 금토.
김현미. 2005. 『글로벌시대의 문화번역』. 또하나의문화.
러너, 거다(Gerda Lerner). 2004. 『가부장제의 창조』. 강세영 옮김. 당대.
모한티, 찬드라(Chandra T. Mohanty). 2005. 『경계 없는 페미니즘』. 문현아 옮김. 여이연.
박경태. 2001. 「한국에서 소수자 차별의 사회적 원인: 민족·인종적 소수자를 중심으로」. 『외국인노동자와 시민권』. 안산외국인노동자센터 7주년 기념예배 및 심포지엄.
박노자. 2003. 『나를 배반한 역사』. 인물과 사상사.
사이드, 에드워드(Edward W. Said). 1991. 『오리엔탈리즘』. 박홍규 옮김. 교보문고.
스토커, 피터(Peter Stalker). 2004. 『국제이주』. 김보영 옮김. 이소출판사.
이희수·이원삼 외. 2001. 『이슬람: 이슬람문명 올바로 이해하기』. 청아출판사.
정혜실. 2007. 『파키스탄 이주노동자와 결혼한 한국 여성의 주체성에 관한 연구』. 성신여자대학교 석사학위 청구논문.
파농, 프란츠(Frantz Omar Fanon). 1998. 『검은피부 하얀가면』. 이석호 옮김. 인간사랑.

Carens, Joseph H. 2000. *Culture, Citizenship and Community*. Oxford.
Hanagan, Michael and Tilly, Charles. 1999. *Extending citizenship, reconfiguring state*. Rowman & Littlefield.

신문자료
≪한국일보≫(1997.12.29.), (생활/여성)기획, 연재 22면.
≪경향신문≫(2006.3.20.), 박용운 기자 작성 기사.

웹자료
파키스탄커플모임. http://home.freechal.com/pakistan.
안산이주민센터. http://www.migrant.or.kr.
출입국관리국. http://www.immigration.go.kr.

제3부

다문화교육의 현황과 문제점

제7장
한국의 다문화교육 현황과 과제

양영자*
(이화여자대학교 대학원 교육학 박사)

* curriculum@hanmail.net

1. 서론

단일민족이라는 통념을 지니고 있던 한국 사회는 이주자가 증가함에 따라 인구학적 측면에서 다문화사회로 전환되고 있다. 한국 이주자의 이주(immigration) 원인은 주로 노동, 결혼, 탈북 등이며 이들은 이주 원인과 목적에 따라 외국인근로자, 국제결혼자, 새터민 등으로 불리고 있다.[1] 이들 이주자의 수는 최근 크게 증가하고 있으며 이에 따라 이주자와 관련된 여러 이슈들에 대한 사회적 관심이 점차 높아지고 있다. '다문화교육'은 주로 이들 이주자를 대상으로 하는 교육활동을 통칭하는 것으로 특히 이주자의 2세 문제와 관련된 중요한 사회적 이슈라고 하겠다. 한국에서는 2006년도부터 다양한 유형의 '다문화교육' 활동이 급격하게 증가하고 있는데, 이는 다문화사회로의 전환에 따른 교육분야의 대응의 결과로 이해할 수 있다.

2006년 이후 다문화교육을 지원하기 위한 법률 제정 노력도 활발하게 이루어지고 있다. 국회에서는 2006~2007년도에 걸쳐 다문화교육을

---

[1] 이주자를 지칭하는 용어는 이주의 원인과 목적을 드러낸다. 그러나 이 용어들은 이주의 중첩적인 원인을 간과하거나 이주자의 정체성을 극히 제한적인 의미로 규정하기 때문에 각 용어마다 이주자의 거부감이 크다. '외국인노동자', '여성결혼자', '이주여성결혼자', '코시안', '온누리안', '탈북자', '북한이탈주민' 등의 유사 명칭도 연구맥락이나 연구자의 선호에 따라 뒤섞여 사용된다. 이들의 정체성을 '이주'의 관점에서만 파악한 이러한 명칭은 종국에 사라져야 할 용어들이지만, 이 장에서는 대상별로 실시되는 다문화교육의 전체 현황 파악을 위해서 정부에서 공식적으로 사용하는 명칭인, '외국인근로자'와 '새터민'으로 부르기로 한다. 또 이 장에서 사용하는 '국제결혼자'라는 명칭은 이에 해당되는 대부분이 여성이며 흔히 여성가족부 주도의 정책에서는 '여성 결혼 이민자'로 불린다. 그러나 여기서는 국제결혼으로 인한 이주자를 '여성'에 국한시키지 않는다는 의미에서 '국제결혼자'로 명명하며, 여성이 강조되는 맥락에서만 '여성결혼이민자'로 부르기로 한다.

의무적으로 시행하도록 하는 관련 법안들을 마련했다. 결혼 이민자 가정을 위한 다문화교육 의무화 등을 골자로 한「이주민가족의 보호 및 지원 법안」, 혼혈인 가족에 대한 정부차원의 복지프로그램이나 교육 프로그램 마련과 각급 학교에서의 차별배제와 편견예방 교육을 강조하는「혼혈인 가족 지원에 관한 법률안」, 다문화가족 구성원들에게 국어교육이나 사회 적응 교육을 실시하도록 하는「다문화가족 지원법 제정안」등이 발의되어 있다(고경화 의원실, 2006, 2007; 김충환 의원실, 2006; 장향숙 의원실, 2007). 교육인적자원부에서는 2006년도와 2007년도에 '다문화가정 자녀 교육지원 계획'을 발표하고 그 실행을 독려했으며, '2007 개정 교육과정'에서는 범교과 주제의 하나로 '다문화교육'을 도입하기에 이르렀다.

  이 장에서는 이처럼 현재 이루어지고 있는 한국의 다문화교육이 '누구를 대상으로 하는가'에 초점이 맞추어져 있다는 점에 착안하여 대상별로 실시되는 다문화교육 상황과 국가 교육과정상에 다문화교육이 도입된 경위를 고찰해본 후 그 특징을 분석해보고자 한다.

2. 교육대상에 따른 한국 다문화교육 현황

  한국에서는 이주자와 그 자녀들의 유형을 외국인근로자, 국제결혼자, 새터민 등으로 구분하고 있으며(조영달 외, 2006) 대상별로 교육을 시행하고 있다. 현재 한국 사회가 다문화교육의 대상으로 관심을 기울이는 주된 대상은 국제결혼자와 외국인근로자이다(교육인적자원부, 2006b). 그러나 이 장에서는 새터민과 한국계 중국인(조선족)을 비롯한 입국재외동포들도 범주로 구분되어야 한다고 보았다. 새터민은 외국인근로자와 국제결혼의 증가 시기와 맞물려 한국 사회에 급속히 증가했으며 통일

이후를 염두할 때 북한동포들과의 공존을 시험할 수 있는 매개자 역할을 해줄 수 있다. 입국재외동포는 한국의 독특한 역사적 배경 때문에 외국인근로자와 국제결혼 이민자의 대부분이 재입국 동포라는 점에서 한국 다문화교육의 특성을 설명해줄 수 있는 대상으로 구분할 필요가 있다.

1) 이주자 증가에 따른 교육대상의 확대

한국 사회가 다문화사회로 전환되고 있다는 가장 분명한 대답은 사회적으로는 이주로 인한 인구학적 변화이며, 교육 영역에서 다문화교육의 필요성이 제기되고 있는 이유는 이러한 인구학적 변화에 따라 교육대상의 다문화적 특성이 부각되고 있기 때문이다. 한국에서는 1990년대 이후로 이주자들이 꾸준히 증가해왔으며 2000년대 이르러 그 증가세가 계속되고 있다. 따라서 2010년 무렵에는 이주자들의 학령기 아동의 수가 급격히 증가될 것으로 예상되자 교육영역에서도 관심을 기울이게 되었다.

한국에서 이주자 범주로 가장 먼저 주목을 받은 이들은 '코리안 드림'을 꿈꾸며 이주해온 외국인근로자이며, 2006년 기준으로 등록 외국인은 63만 627명을 헤아린다. 외국인근로자의 증가에 따라 외국인근로자 자녀들은 교육적 관심의 대상으로 부각되었다. 외국인근로자 자녀란 외국인근로자 부부 사이에서 출생한 자녀로, 한국에서 결혼하여 태어난 자녀가 있는가 하면, 국내에 이주한 가정의 자녀도 있다(조영달 외, 2006). 따라서 외국인근로자 자녀들은 태어난 곳에 따라 문화적 특성이 다르며, 부모의 신분에 따라 불법입국 자녀와 합법입국 자녀로 나뉜다.

외국인근로자 자녀에 대한 교육적 관심은 문화적 다양성의 측면에서 제기되기보다는 실질적인 교육기회가 보장되고 있지 않다는 측면에서 제기되고 있다. 학령기 인구와 취학률을 살펴볼 때, 국내 학교에 다니고 있는 학생은 1,209명에(2007년 기준) 불과한 것으로 나타났다(교육인적자원부, 2007a). 2006년도 기준으로 법무부 등록 외국인(불법체류자 포함) 중, 5세 이상 19세 이하는 2만 5,488명으로 전체 외국인 인구의 4%에 해당된다(교육인적자원부, 2007a). 이 중에서 8,341명은 외국인 학교에 다니므로, 외국인근로자 자녀의 취학은 매우 저조한 것으로 추정된다(교육인적자원부, 2007a).

둘째, 이주자와 관련하여 최근 5~6년간 한국의 저출산율이 지속되는 가운데 중요한 정책 대상으로 부각된 범주는 국제결혼자이며, 그중에서도 여성 결혼 이민자이다. 국제결혼은 한국전쟁 때문에 한국에 들어온 주한미군이나 코리안 드림을 꿈꾸며 온 외국인근로자와의 관계에서 이뤄지기도 했으나, 최근의 정책 대상이 되고 있는 국제결혼자는 1990년대 중반에 지자체가 한국 남성과 동남아 여성의 결혼을 주선한 '농촌총각 장가보내기' 운동의 영향과 최근 수많은 국제결혼중개업이 성행하면서 증가한 국제결혼자로서 이들은 도시빈민계층에 집중되어 있다(김혜순, 2006).

국제결혼자에게 관심이 집중된 이유는 수치로 볼 때 1990년도에 전체 결혼의 1.2%를 차지하던 국제결혼이 2005년에는 전체의 13.6%에 이를 만큼 크게 증가하고 있기 때문이다(여성가족부, 2006). 특히 2003년 이후 국제결혼이 급증한 결과(여성가족부, 2006) 이들 가정의 학령기 학생 수가 2010년 무렵부터는 더욱 크게 증가할 것으로 예상되고 있다(양승주, 2006). 따라서 교육 영역에서도 국제결혼자의 자녀가 교육적 관심의 대상으로 부각되었다.

국제결혼자 자녀로 초·중·고에 재학 중인 인구는 2007년도 4월 기준 1만 3,445명이다(교육인적자원부, 2007a). 이 중 초등학생이 1만 1,444명, 중학생은 1,588명, 고등학생은 413명을 차지하고 있다(교육인적자원부, 2007a). 2003년 이후 국제결혼 급증으로 2010년부터는 학령기 아동이 급격히 증가할 것으로 예상된다.

셋째, 남한 사회의 새터민 증가는 북한의 경제 수준과 사회통제 수준의 변화에 따라 다소의 변동은 있으나, 대체로 1995년 대홍수로 북한의 식량난이 극도로 악화된 이후 '고난의 행군기' 동안 꾸준히 증가해왔다. 1991년에는 9명이던 입국자가 2005년에는 1,387명에 달하고 있으며, 어느덧 새터민 1만 명 시대에 접어들었다(통계청 DB, '북한 이탈주민 입국자 수' 참조). 이에 교육에서도 새터민 자녀에 대한 관심이 부각되었다. 이들은 북한에서 태어나 한국에 입국한 아동·청소년과 새터민이 한국에서 낳은 자녀로서 1990년대 중반 이후 학령기 청소년의 비중도 꾸준히 증가하고 있다.

2006년도 기준으로 학령기(6~20세)에 해당하는 인원은 997명인 것으로 파악된다. 그러나 이들 중 69.8%만이 취학하고 있으며, 일반학교 재학자는 432명으로 43.3%에 불과하다. 나머지는 15개 민간단체에서 운영하는 비정규학교에서 교육받거나(264명, 26.5%), 독학 또는 사회진출(301명, 30.2%) 중인 것으로 추정된다(교육인적자원부, 2006d). 공식적인 새터민 자녀의 숫자는 외국인근로자나 국제결혼자 자녀의 숫자에 비해 적지만, 관련 인권단체들은 비공식적으로 파악되는 재중 새터민 청소년이 수만 명에 달한다고 주장하고 있다.

넷째, 한국의 이주자 유형으로 입국재외동포를 새로운 범주로 고려해 볼 필요가 있다. 국적별 등록 외국인과 국제결혼자 국적별 체류현황을 살펴볼 때 중국 국적을 가진 조선족 동포(한국계 중국인)가 절대다수를 차지하고 있다거나, 여성 결혼 이민자 중 한국계 중국인이 48.4%에 달하고 있다(2006년 12월 기준). 이러한 사실로 인해 재입국한 재외동포들을 한국의 다문화 현상을 설명해줄 수 있는 새로운 범주로 구분해볼 수 있는 것이다(통계청 DB '성 및 연령별 생산 가능 인구' 참조).

중국이나 러시아와의 외교관계를 고려해서 1999년 이전까지 「재외동포법」에는 "1948년 대한민국 정부수립 후, 외국으로 이주한 사람과 그 직계비속"만 외국동포 대상에 포함시킴으로써 구한말이나 일제강점기 때 중국이나 러시아로 이주했거나 일본으로 끌려간 동포들이 외국인 처우를 받아야 했다. 그 후 「재외동포법」 개정을 통해 제정 당시 배제시켰던 동포 중 "대한민국 정부수립 이전에 국외로 이주한 동포"도 포함시켜 재CIS지역 동포와 중국 동포도 법적용 대상이 되었다(「헌재판례 인용 개정법 2조」, 2004). 그러나 「재외동포법」상 중국 동포와 재CIS지역 동포가 혜택대상이 되었음에도 불구하고 여전히 시행령과 하위법령이 정비되지 않고 있으며 재외동포체류비자 조건도 엄격하다. 결과적으로 대부분 재외동포는 불법체류자 형태로 들어오고 있어 개정법의 실질적인 혜택을 누리기가 어렵다. 재외동포는 사실상 외국인도 아니고 내국인도 아닌 존재로 취급되고 있으며, 대부분 경제적 이유로 부모들만 한국에 들어오고 있기 때문에 가정이 이산되는 결과를 낳는다(권태환 외, 2003).

2) 이주자 대상별로 실시되는 한국의 다문화교육 상황

이주자의 증가에 따라 다양한 인종, 종족 등 교육대상자의 다문화적 특성이 부각되었기 때문에 한국에서 다문화교육이라고 불리는 활동들은 이주자별로 실시되는 경향이 있다.

(1) 외국인근로자와 자녀 대상

외국인근로자의 교육은 지역 NGO에서 주로 담당해왔으며, 외국인근로자 자녀 대상의 교육도 지금까지 각 지역의 외국인 근로자 센터에서 주로 담당해왔다. 서울시 성동구의 외국인근로자센터의 경우 한국에 거주하고 있는 외국인근로자 자녀들의 한국 생활 및 한국 학교 적응을 돕기 위한 방과 후 학교로 '지구촌학교'[2]를 운영하고 있으며, 경기도 안산시 이주민센터에서도 '코시안의 집'[3]을 운영하며 외국인근로자 자녀들의 생활과 교육에 관심을 기울이고 있다.

최근에는 시도교육청에서도 외국인근로자 자녀의 교육에 관심을 기울이고 있다. 불법체류자 학생 수가 가장 많은 지역의 현실을 반영하여, 경기도교육청의 경우 2006년에 처음으로 안산 원일초등학교와 시흥 시화초등학교에 '외국인근로자 자녀 특별학급'을 설치하여 1차년도 연구를 진행했고, 2007년도에도 2차년도 연구가 계속되고 있다.

외국인근로자 자녀 교육 문제에 대한 공적 관심도 증가하여 참여정부 교육복지 5개년 계획에 '외국인근로자 자녀의 교육기회 확대'가 포함되었으며, 이에 따라 각 시도교육청에서는 '외국인 근로자 자녀 교육기획 확대'를 업무분장에 포함시키고 있다(전국 시도교육청 업무분장). 서울, 부산, 대구, 인천, 울산, 전남, 경남 지역 등 시도 교육청에서는 외국인근로자 자녀 입학상담센터도 운영되고 있다(김정원 외, 2005).

(2) 국제결혼자와 자녀 대상

국제결혼자와 그 자녀 대상 교육은 대부분 국제결혼자의 학령기 자녀보다 미취학자녀와 어머니에게 초점을 맞추고 있다. 2003년도부터 국제결혼 건수가 급증했고, 어머니가 외국인인 경우가 전체의 88.0%(1만 1,825명)를 차지하고 있기 때문이다(교육인적자원부, 2007a). 자녀 교육을 대부분 어머니가 담당하고 있는 한국 사회에서 한국말을 구사하기 어려

---

2) http://www.smwc.or.kr/business/business_6.php.
3) http://kosian.urm.or.kr/.

운 어머니의 증가로 인해 자녀 교육문제와 이들 어머니의 교육문제가 동시에 제기되고 있다. 따라서 국제결혼자 자녀의 교육문제란 곧 결혼이민자인 어머니의 교육문제라는 자각 속에 실제 교육은 국제결혼자 중 '여성'에게 집중되어 있다. 이는 여성가족부, 보건복지부, 법무부, 교육인적자원부, 노동부, 중앙인사위원회, 문화관광부, 정보통신부 등의 상위기관에서 제안된 정책이 부처마다 결혼 이민자가족 지원 사업에 집중된 경향을 반영한 결과이다.[4]

시도 교육청에서도 국제결혼자에 대해 적극적인 관심을 기울이고 있다. 전북교육청은 2005년도 11월에 '국제결혼 가정 도움계획(온누리안 플랜)'을 추진하기 위해 일본어, 영어, 중국어, 베트남어를 구사할 수 있는 국제결혼 가정 교육전담팀을 구성하여 도내 교원과 전문직을 중심으로 한 국제이해교육연구회를 만들었다. 이는 2006년도 정부 상반기 다문화교육 정책과 담론에서 바람직한 실천사례로 언급되며 장려되었다. '국제결혼 가정 도움계획'에 따라, 전라북도 전역의 초등학교마다 다문화 가정 자녀를 위한 '온누리안 교실'을 개설하고, 다문화가정 학부모 사랑방과 그 자녀들의 사랑방을 운영하여 그들의 한글교육을 돕고 있다(전북교육청, 2006). 광주광역시교육청도 2006년 8월부터 12월까지

---

[4] 지금까지 부처별 결혼 이민자 가족 지원은 '국제결혼 당사자 보호, 언어 문화 이해 교육, 가족의 생활정착 지원, 가정폭력 피해자 지원, 사회적 인식 개선, 결혼이민자지원센터 구축'(여성가족부), '국제결혼 중개업체 관리 감독'(보건복지부, 법무부), '생계·의료 지원 및 생활정보 제공'(보건복지부), '인신매매 성격의 국제결혼 방지, 체류자격 불안정 해소'(법무부), '자녀의 학교생활 적응 지원'(교육인적자원부), '일자리 알선 및 훈련 지원'(노동부), '불법행위 단속'(법무부, 경찰청), '업무관계자 교육'(중앙인사위원회) 등이 진행되었다(빈부격차차별시정위원회 국정과제 회의자료, 2006). 또한 농림부도 '국제결혼가정 이주농촌여성 정착 지원방안' 정책연구 용역을 입찰하는 등(농림부 공고, 2006.2.28.) 결혼 이민자 가족 사업에 참여하고 있다.

4개월 동안, 교육전문직, 시관계자, NGO단체, 경찰관, 자원봉사자로 구성된 20여 명의 전담팀을 만들어, 다문화가정 교육지원을 위한 연구, 홍보, 사업을 추진할 지역 차원의 인프라를 구축했다(광주광역시교육청, 2006). 이러한 노력은 광주광역시와 광주전남발전연구원으로부터 지역인적자원개발(RHRD) 사업인 '다문화가정 사회정착 지원사업' 위탁기관으로 선정되어, 다문화가정 교육 지원 사업비를 지원받아 시작된 것이다. 이처럼 교육청과 지역인적자원개발센터가 연계하거나, 지자체, 교육기관, 대학, 산업체, 연구기관, 시민단체, 언론 등이 연계하여 지역사회의 다문화문제에 접근하는 방식을 보여주는 사례는 2006년도에 전국 12개 지역의 51개 세부 프로그램으로 시행되었다(교육인적자원부, 2007a).

또한 교육청 수준에서 다문화가정 학부모 연수와 자녀 지도자료 개발을 보급하거나(2006년도에 6개 교육청 9개 프로그램), 한국 문화 이해 체험 활동을 운영하고, 한국어 학습 프로그램을 개발·보급하는 등의 활발한 움직임이 있었다(교육인적자원부, 2007a). 서울시교육청에서는 다문화가정 자녀에 대한 차별을 해결하고 예방하기 위해 『함께하는 우리, 아름다운 우리 세상』, 『즐거운 학교, 함께 배우는 한국어』 등 2권의 책자를 발간해 시내 568개 초등학교에 배포하는가 하면, 다문화가정 자녀에 대한 이해를 돕기 위해 이태원동의 보광초등학교를 '다문화교육 시범학교'로 지정했다.

교육인적자원부에서는 대구 구지초등학교와 경북 고령 우곡초등학교를 2006년 6월부터 '다문화 이해 교육 프로그램' 시범 실시학교로 지정했는데, 이 다문화교육의 내용은 대구경북연구원 지역인적자원개발지원센터와 경북대 장수생활과학연구소가 제공한 '기초학습 능력 증진 및 정체성 형성 프로그램'을 2개월간 운영해본 것이었다. 2007년도에는 그 수와 주제를 대폭 확대하여 서울, 인천, 대전, 경기, 충남, 전북, 전남,

경북, 경남, 부산, 광주 지역 10여 개 초·중·고등학교에 '다문화교육' 영역의 연구학교를 지정 운영하고 있다(교육인적자원부, 2007a).

이 외에도 유네스코한국위원회는 충북교육청과 '외국인과 함께하는 문화교실 지방협력기관 인증 및 활동에 관한 협약'을 체결(2007.5.11.)하는 등 충북교육청을 비롯한 전국 네트워크를 총괄하면서 지방협력기관 실무자 교육과 오리엔테이션을 지원하며 '외국인과 함께하는 문화교실(cross-cultural awareness programme: CCAP)'을 운영하고 있다.

(3) 새터민과 아동 청소년 대상

남한 학교에서의 부적응과 일탈이 심각했던 새터민 교육은 그동안 이들의 특수성을 이해하고 그 내용을 프로그램에 반영한 대안학교들에 의해서 이뤄졌다. 셋넷학교(서울), 여명학교(서울), 한꿈학교(남양주), 하늘꿈학교(천안), 한누리학교(서울) 등의 대안학교 외에도 다리공동체, 꿈사리공동체, 아힘나평화학교 등의 다양한 생활공동체들에서 새터민 아동과 청소년교육을 담당하고 있으며, 새터민 거주 밀집지역의 사회복지기관들이 방과 후 학교 형태로 새터민 교육을 지원하고 있다. 또한 이들 현장을 지원하는 단체로 국가 청소년 산하의 무지개청소년센터, (사)남북문화통합교육원 등이 있다.

학교교육 제도 내에서는 하나원(북한이탈정착지원사무소) 인근에 위치한 삼죽초등학교와 2006년 3월에 개교한 한겨레중고등학교에서 이뤄지고 있다. 삼죽초등학교는 하나원에 머무는 3개월 동안 새터민 자녀들이 남한 사회에 적응하도록 돕고 있다. 전인학원이 인수한 경기도 안성의 한겨레중고등학교는 새터민 청소년을 대상으로 한 특성화학교이자 자율학교로서 학력이 인정되고 정부의 지원을 받고 있어 학비가 무료이다. 학교 설립 이후 중고등학교 단계에 있는 다수의 새터민 청소년들이 한겨레중고등학교를 선택하고 있다. 이 학교는 새터민 청소년에게 필요한 정서 안정과 기초기본학력 신장에 중점을 두고 있다(한겨레중고등학교, 2006).

(4) 입국재외동포와 자녀 대상

입국재외동포 대상의 다문화교육은 별도로 존재하지 않는다. 이들은 외국인근로자자녀나 국제결혼가정 자녀와 범주가 중첩되기 때문이다. 그러나 입국재외동포들은 내국인도 외국인도 아닌 경계인으로서 취급된다는 점에서 이들에 대한 배려와 고민이 필요하다. 또한 한국의 다문화교육이 재외동포의 교육경험과 고민을 반면교사로 삼을 필요가 있다는 점에서도 이들의 존재는 한국의 다문화교육 문제에서 시사하는 바가 크다. 특히 재일한인, 재중한인, 재CIS지역 한인의 교육문제는 이들의 존재를 매개로 한국의 다문화교육과 관련하여 연계가 필요하다.

3. 국가 교육과정상의 '다문화교육' 도입 과정

국가 수준에서 기획된 다문화교육 관련 사항은 이주자 증가에 따른 다문화교육의 필요성을 자각하고 이를 대비하기 위한 노력의 결과였다. 그러나 결정적으로는 하인스 워드의 방한이 계기가 되어 혼혈인과 그들의 가정을 보호하기 위한 정책의 일환으로 제기되었다고 볼 수 있다. 교육인적자원부에서 다문화가정 자녀로 외국인근로자 자녀와 국제결혼자 자녀(교육부에서는 '국제결혼가정 자녀'라고 부른다)를 주로 지칭한다는 사실은 이러한 사정을 잘 보여준다.

교육인적자원부에서는 2006년 5월 1일 '다문화가정 자녀 교육지원 대책'을 기점으로 다문화교육에 관심을 기울이기 시작한다. 주로 외국인근로자 자녀와 국제결혼자 자녀의 학습결손 방지와 학교적응 지원에 초점이 맞춰졌다. 그 구체적 내용으로 '방과 후 학교' 프로그램을 개설·지원하고, 대학생 멘토링 대상자로 다문화가정 자녀를 우선적으로 선정하며, 교사, 또래집단과의 1 대 1 결연을 통한 자녀의 정서적 안정을 도모하도록 하는가 하면, 소수자 배려 교육·한국어(KSL) 교육·한국 문화 교육 측면에서의 교원연수 강화, 지역인적자원개발 사업을 통한 지역단위 지원 프로그램 활성화, 불법체류자 자녀의 교육권 보호를 위한 부처 협의 추진 등의 종합적인 대책을 마련했다(교육인적자원부, 2006b).

이 지원대책의 후속조치로 2006년 5월 26일에는 법무부, 행정자치부, 보건복지부, 여성가족부와 공동으로 '다문화가정 지원 실천사례 나눔 대회'를 개최하기도 했다(교육인적자원부, 2006c; 윤희원 외, 2006). 이 대회를 통해 전국에서 참가한 200여 명의 지방자치단체, 교육청 공무원, 초등학교 교장을 대상으로 지역의 정책결정자들에게 다문화가정 지원의 필요성을 알리고, 지자체 공무원과 교원들에게 다민족·다문화주의 패러다임을 전파하며, 정책 아이디어를 발굴하는 등 지자체-교육청-학교 간 네트워크 형성을 도모했다(윤희원 외, 2006).

그러나 '다문화가정 자녀 교육지원 대책'에서 교육과정의 중요한 변화로 주목할 수 있는 내용은 교사의 '다문화 이해'를 증진시키기 위해 2006년 하반기에『교과서 보완 지도자료』발간·배포한다는 것과 차기 교육과정 개정 시 중학교 3학년『도덕』교과서에 '타 문화 편견 극복' 단원을 포함하는 등 '교육과정과 교과서상의 단일민족주의를 재검토하겠다'는 방침이었다.

이에 따라 2006년도 11월에는 교사의 '다문화 이해'를 돕기 위해『교과서 보완 지도자료』를 발간·배포했다. 이 자료는 현행 교과서에 담겨 있지 않은 다양한 국가·사회적 변화와 요구를 보완한 것으로서

'다문화 이해'는 저출산·고령화, 에너지 절약, 국제 이해, 갈등 해결, 법률 구조 제도 등을 포함한 6개 주제 내용의 하나로 다뤄졌다(교육인적자원부, 2006d). 특히 이 자료에는 다문화가정 자녀 교육지원 대책에서 외국인근로자와 국제결혼자에 초점을 맞추느라 부각되지 않았던 새터민들도 한국 사회의 다양성을 강화시키는 구성원으로 주목했다. 이 『교과서 보완 지도자료』의 내용은 향후 주 5일제 수업 대비 교육과정과 새 교과서 집필 때에도 반영될 것이라고 발표되었다(교육인적자원부, 2006d).

이후 '2007 개정 교육과정'을 준비하면서, 총론 부분에서는 '다문화교육'을 국제이해교육, 인권교육, 통일교육과 함께 범교과 주제의 하나로 다루었다. '재량활동'을 통하여 관련 내용을 지도하도록 장려하는 방향으로 도입된 것이다(교육인적자원부, 2007c).

각론 부분에서는 도덕과 사회과 등 관련 교과에서 단일민족, 한 핏줄, 한 민족이라는 용어를 삭제하고, 순혈주의 전통, 단일민족 등의 개념들을 삭제한다는 내용이 검토되었다. 이와 함께 국제결혼가정 자녀에 대한 올바른 이해를 도모하도록 하며, 하인스 워드 등의 예를 삽입하여 혼혈인의 삶 등을 내용으로 다루거나, 한국거주외국인과 인권문제, 외국인근로자들에 대한 편견을 제거하고 타 문화에 대한 올바른 이해를 도모하는 문제, 다원주의와 관용의 강조, 새터민이 남한 사회에 적응하도록 돕는 방법 등 관련 내용이 추가 검토되었다(한국교육과정평가원, 2006b).

이 내용을 반영한 국가 교육과정 개정안이 2007년 2월 28일자로 고시된 '2007 개정 교육과정'이었다. 곧 한국의 국가 교육과정에서 '다문화교육'이라는 주제가 초·중등학교 교육과정 총론에서 35개의 범교과 학습 주제 중 하나로 포함된 것이다(교육인적자원부, 2007b). 각론 부분에서도 2009년도부터 연차적으로 시행될 '2007 개정 교육과정'의 교과서에 반영될 예정이다. 그 전초적인 사례로서 2007년 3월 발행한 5, 6학년

도덕 교과서에 혼혈아와 입양아 문제를 예제를 통해 다루고 있다.

　이처럼 '다문화교육'이 국가 교육과정에 반영된 직접적 계기는 교육인적자원부가 2006년도에 '다문화가정 자녀 교육 지원'에 대한 계획의 일환으로 종래 단일민족주의 기존의 교과서와 교육과정을 재검토하겠다는 선언 때문이다. 결국 이주자의 증가에 따라 한국사회가 다문화시대로 이행하고 있다는 인식하에 정부 차원에서 다양한 관련 정책들을 수립해가는 가운데 다문화교육이 '범교과 차원의 수용'이라는 형태로 교육과정상에 유입된 것이다.

　이러한 일련의 변화와 노력들을 종합하여 교육인적자원부는 2007년 6월 6일자로 다시 '2007 다문화가정 자녀 교육지원 계획'을 발표했다. 이는 다문화가정 자녀 교육지원을 국가적 의제로 자각함으로써 지금까지 이루어져왔던 불연속적이고 산발적인 행사 위주의 기획에서 벗어나 중앙 다문화교육센터와 시도 다문화교육센터를 중심으로 지속적이고 체계적인 교육지원이 일어날 수 있도록 하기 위한 밑그림이라고 볼 수 있다.

　이상에서 살펴본 것처럼 현재 이뤄지고 있는 다문화교육은 교육대상별로 실시되고 있다. 이는 이주자의 증가에 따라 교육의 대상이 확대되면서 이에 대처하기 위한 정책적 의지와 하인스 워드의 효과가 반영된 결과라고 볼 수 있다. 나아가 다문화교육이 국가 교육과정상에 도입되고 전국적인 인프라 구축에 들어가기에 이르렀다고 조망해볼 수 있다.

4. 한국 다문화교육의 특징

　현재 실시되고 있는 한국의 다문화교육은 이주자의 급격한 증가에 대처하기에만 급급한 나머지 종합적이고 체계적인 교육적 대응은 부족한 실정이다. 좀 더 장기적인 안목에서 다문화교육의 방향을 모색하기 위해서는 현재 실시되고 있는 다양한 정책과 교육 실제에 대한 체계적인 진단과 분석이 요구된다. 따라서 이하에서는 현재 이뤄지고 있는 한국 다문화교육의 특징을 교육과정 개발의 주요 구성요소인 교육목적, 내용, 방법 측면에서 분석하고자 한다.

1) 교육목적 측면

다문화사회에서 이뤄지는 교육의 딜레마 중 가장 중요한 것은 궁극적으로 문화적 단일성을 강조할 것인가 아니면 문화적 다양성을 강조할 것인가 하는 교육목적상의 갈등이다. 단일성과 다양성 사이에서 어떤 지향점을 취하느냐 하는 문제는 사회적 응집력을 유지하는 것과 다원주의를 기리는 것 사이에 존재하는 중요한 쟁점이라고 할 수 있기 때문이다(Bullivant, 1981; Lynch, 1983에서 재인용). 교육목적 측면에서 볼 때 현재 이주자 대상별로 이뤄지고 있는 다문화교육은 소수자들이 한국 사회와 문화에 적응하도록 돕는 단일성 추구에 목적이 있다. 반면, 개정된 국가 교육과정상에서는 다문화교육을 도입하면서 다양성 추구의 다문화주의 이념을 강조하는 방향으로 적극적인 변화를 보이고 있다. 이 때문에 한국의 다문화교육이 지향해야 할 바에 대해 교육목적 수준에서 혼란을 겪고 있다고 볼 수 있다. 한국의 다문화환경을 고려할 때는 단일성과 다양성의 지향점 사이에서 어떠한 형태의 균형을 추구해야 하는지에 대해 세밀한 분석과 진단이 요구된다.

또한 현재 '2007 개정 교육과정'을 통해 국가 교육과정상에 드러난 다문화교육의 방향성이 정당하게 제시되고 있는지에 대해서도 세밀한 검토가 필요하다. '2007 개정 교육과정'에서는 이주자들, 그중에서도 인종과 종족 측면에서 다름을 인정받고 있는 외국인근로자와 국제결혼자 자녀에 대한 지원 대책을 강조했다. 또 그 결과로서 종래 단일민족주의 기조의 교과서와 교육과정의 재검토를 공표하고 이를 반영한 교과서를 발간하고자 한다.

이 과정에서 다양성을 강조하는 '다문화주의'와 단일성을 강조하는 '민족주의'를 대립적 지향점을 지니는 것으로 파악하고 이 중 민족주의를 재검토되거나 삭제되어야 할 이념으로 받아들이고 있다. 그러나 교육 목적과 이념의 측면에서 과연 다문화교육의 요구 증대가 반드시 기존 교육에서 강조되었던 단일민족주의 교육의 재검토를 요구하는가 하는 문제에 대해서는 한국 사회의 특수한 다문화 환경을 준거로 세밀한 논의가 필요하다.

한국 사회에서 다문화교육의 필요성을 야기한 인구학적 구성의 변화 양상은 크게 두 가지로 나뉜다. 한편으로는 다인종·다국적 출신의 국제결혼자나 외국인근로자의 증가로 나타나고 있으나, 다른 한편으로는 새터민의 급증과 상당수의 한국계 중국인(조선족) 국제결혼자나 외국인근로자의 증가로 나타나고 있다. 이러한 상황에서 한편으로 피부색, 인종, 언어 등이 다른 외국인근로자나 국제결혼자의 학령기 자녀들이 우리 사회에서 살아가기 위해서는 그동안 우리 교육에서 강조되었던 단일민족주의 이념을 약화시킬 필요가 있다는 인식이 널리 받아들여지고 있다. 그러나 다른 한편으로, 새터민이나 재외동포 자녀를 대상으로 하는 교육에서는 민족정체성의 개념이 중요한 교육이념으로 부각되는 경향이 있다. 한국 사회에서 민족정체성 강조는 분단의 극복과 통일이라는 역사적 과업을 위한 당위적 과제이므로 민족정체성 이념을 '극복의 대상'으로만 보기에는 어려움이 많다.

따라서 한국 사회의 특수한 다문화 환경에서는 분단 상황과 다문화 상황을 동시에 인식하여 단일성과 다양성 간의 긴장을 조율하고 극복할 수 있는 교육목적 설정이 요구된다.

2) 교육내용 측면

다문화교육의 주요 내용은 소수자의 적응 교육, 소수자의 정체성 함양 교육, 다수자 대상의 소수자 이해 증진 교육 등으로 구분해볼 수 있다. 현재 사회에서 실시되는 다문화교육의 내용은 대부분 한국 문화, 한국어 교육 등 소수자의 적응을 중시하는 내용으로 구성되어 있으며 소수자의 정체성 문제에 관심을 기울이는 교육이다. 소수자 공동체 내에서의 관용 증진과 편견 제거에 대한 내용은 부분적으로 다뤄지고 있다.

최근에는 '2007 개정 교육과정'을 통해 다수자 대상의 소수자 이해 증진을 위한 교육내용이 교육과정과 교과서에 도입될 수 있는 계기가 마련되기도 했다. 이하에서는 현재 이뤄지고 있는 다문화교육을 교육내용 측면에서 '소수자 적응 교육', '소수자 정체성 교육', '소수자 공동체를 위한 교육', '다수자 대상의 소수자 이해 증진 교육' 등으로 구분하여 구체적인 교육내용에 초점을 맞춰 그 실제를 분석하고자 한다.

(1) 소수자 적응 교육

한국의 다문화교육에서 가장 주된 내용은 문화적 소수자 대상의 한글 교육과 한국문화교육(혹은 남한문화교육) 등의 적응 교육과 관련되어 있다. 현재 한국에서 다문화교육이라는 이름으로 이뤄지는 활동들은 대부분 소수자들이 한국 사회와 문화에 적응하도록 도와주어 문화적 단일성 유지나 사회적 응집력을 유지시키고자 한다. 물론 문화적 단일성을 지향한다고 해서 한국 사회가 이주자들이 진정으로 한국인이 되기를 원한다고 단정할 수는 없으나, 적어도 현재 이주자들을 대상으로 하는 대부분의 다문화교육에서는 이들이 한국말로 의사소통하는 데 어려움이 없고 한국 문화를 이해하여 한국에서 살아가는 데 불편함이 없도록 돕는 것을 최선의 당면과제로 설정하고 있다.

정부 각 부처에서 추진하는 다문화교육은 대부분 다문화가정 자녀와 그 부모들에 대한 한국어, 한국 문화 이해 교육이나 학교생활 적응에 초점이 맞춰져 있는 적응 교육이다(교육인적자원부, 문화관광부, 여성가족부, 농림부 등). 전국 38개소(2007년 기준) '결혼이민자가족지원센터'에서는 한국어교육, 요리, 예절, 컴퓨터 등을 가르치는가 하면, 각 지역의 인적자원개발지원 센터, 여성정책연구원, 각 지역 발전연구원, 지역평생교육기관 등에서는 여성 결혼 이민자를 대상으로 대부분 한국 문화 적응 프로그램이나 역사문화유적지 탐방, 요리강습과 예절 등의 생활교육을 병행한 한글교육을 추진하고 있다.

또 각 시도교육청에서는 다문화가정 자녀들을 대상으로 방학 중 캠프를 열어 지역 문화유적지를 탐방하거나, 전통예절이나 한국의 '효'사상 등 한국의 문화와 정신을 가르치기도 한다. 이러한 '한국화교육'이 다문화가정 자녀들에게 다문화교육이라는 이름으로 시행되고 있다. 다문화교육 환경조성의 일환으로 이뤄지는 지원의 대부분은 외국인근로자나 국제결혼자 자녀들에게 취학 전 학교생활 안내 자료를 발간·보급하는 데 머물러 있는 실정이다.

학교 수준에서도 2006년도에 '외국인근로자 자녀 특별학급'의 가능성을 처음 실험해본 원일초등학교와 시화초등학교의 연구 주제의 경우 학교생활 적응력이나 의사소통 능력 신장 등의 '적응'에 초점이 맞춰져 있으며, '새터민 아동을 대상으로 한 특별학급'에서도 새터민 학생의 '적응' 교육기반을 조성하고 '조기적응' 프로그램을 개발·적용하며 사후

지도 프로그램을 개발·보급하는 데 목적을 두고 있다.

이처럼 적응 교육은 소수자의 수준과 대상에 대한 특수한 고려 없이 가장 활발하게 전개되고 있으나, 그 적응 교육의 내용이 구체적으로 무엇이어야 하는지에 대한 성찰은 별도로 제기되지 않는 편이다. 그만큼 문화적 소수자의 한국 사회(남한 사회) 적응이나, 한국화(남한화)는 당연한 것으로 받아들여지고 있다. 하지만 한국인 혹은 남한인의 입장에서 당연하게 여기는 것이 소수자들에게는 당연한 것이 아닐 수 있다. 소수자들이 '소외와 차별 속에서 자라지 않고, 한국의 교육 체제에 성공적으로 편입할 수 있도록 도와주려는'(삼죽초등학교, 2006) 관점은 절실한 과제이기는 하지만, 무엇을 위해 그렇게 해야 하는지, 혹은 그러한 과정에서 이들의 문화적 고유성이나 이들과의 문화적 소통의 중요성 등이 간과되는 것은 아닌지 검토가 필요하다. 한 방향의 '한국인화' 혹은 '남한화'를 주된 내용으로 삼는 다문화교육은 역설적이게도 다문화교육의 정신에 역행하는 것이기도 하다.

(2) 소수자 정체성 교육

소수자 적응 교육을 넘어서서 일부에서는 소수자의 정체성 교육에 관심을 기울이기도 한다. 정체성(identity)문제는 다문화교육의 중요한 과제이다.

소수자에게만 다수자 사회에 적응할 것을 강조한다면 결과적으로 소수자의 고유한 정체성을 무시하거나, 그들만이 지닐 수 있는 또 다른 문화적 가능성을 부정하는 결과를 초래할 수 있다. 또한 소수자의 정체성 재형성 과정에서 자신의 존재 근거를 상실하게 하는 결과를 초래할 수 있다는 점에서 문제가 된다. 그들이 한국에 이주하기 이전에 받았던 교육, 경험, 관계 등을 부정하게 하거나, 부정적인 것으로 교육하는 결과를 초래하기 때문이다. 나아가 이주자 부모의 정체성이 무시당하므로 부모가 낮은 자존감을 지니게 되면 이것이 그 자녀의 정체성에 혼란을 가중시킬 수 있다. 이처럼 소수자의 정체성 교육은 세밀한 역지사지의 지혜가 필요하며, 그런 점에서 한국의 다문화교육은 해외 거주 한인, 특히 재일한인(Ethnic Koreans in Japan 또는 Jainichi Kankokujin), 재중한인, 재CIS지역의 한인들의 존재를 상기할 필요가 있는 것이다.

소수자의 정체성 문제를 제기하는 것은 최근에 소수자를 대상으로 하여 설립되었거나 설립 예정인 대안학교들이었다〔아시아공동체학교, 2006; 새날학교, 2006; (가칭) 다문화 국제학교, 2006〕.5) 소수자 중심의 대안학교들에서는 소수자의 자긍심을 고취시키는 적극적 접근을 취하고 있다. 이러한 학교들의 교육과정상의 공통적인 특징은 소수자들을 새로운 가능성을 지닌 존재로 평가하며 이중언어교육을 장려한다는 점이다.

이 새로운 시도를 하고 있는 교육 공동체들은 이주자 자녀들이 두 나라 이상의 문화에 접근이 용이하며 언어를 쉽게 익힐 수 있다는 점에서 이들을 사회적 자원으로 보고 있다. 기존 학생들도 이들과의 접촉을 통해 외국에 가지 않고도 각 나라의 문화를 배울 수 있게 된다는 점 등을 강조한다(박효섭, 2006). 미국 다문화교육에서도 소수자들을 위한 이중언어, 다중언어교육이 세계화 시대에 미국인들에게도 필수적인 제2외국어 교육으로 전환되고 있다. 따라서 한국의 다문화가정 자녀의 다중언어와 문화 능력은 장기적으로 한국의 이웃들에게 중요한 도움이 될 수 있다. 물론 이러한 교육내용의 정당화 방식이 다문화교육의 이념적

---

5) 2007년도 들어 교육부 지정 연구학교들에서는 다문화교육 연구주제가 다양화되면서 공동체 의식 함양(3개교), 글로벌 인재육성 혹은 시민자질 향상(2개교) 등으로 전년도의 '적응' 중심의 연구주제들에서 벗어나 좀 더 적극적으로 변모하고 있으며, 특히 다문화가정 자녀의 정체성 강화(4개교)에 큰 관심을 기울이고 있다.

지향에 타당한지는 세밀히 검토해보아야 할 문제이지만, 결과적으로 이주자 자녀들에게 자긍심을 고취시키는 한 방향이라는 점에서 주목해 볼 필요가 있다.

특히 새터민 등의 경우에 중국 등 제3국 체류 경험에서 얻은 언어능력을 장려하거나, 남북한의 체제를 동시에 경험한 이들이라는 사실을 강조함으로써, 이들을 단지 불쌍하고 문제 있는 소수자로 여기는 것이 아니라 남북한 체제를 모두 경험한 통일의 매개자이자 통일의 과정에 주도적 역할을 할 수 있는 존재로 격려하는 접근을 취하고 있다.

이처럼 소수자의 자긍심을 고취하는 적극적 접근은 이주자 자녀와 학부모를 사회문제를 일으킬 수 있는 존재라든가 교화와 적응이 필요한 존재가 아닌 새로운 가능성을 지닌 존재로 인식하게 한다.

(3) 소수자 공동체를 위한 교육

이주자들이 증가하면서 이들만의 소수자 공동체도 형성되고 있다. 소수자 공동체에서도 다수자와 소수자 관계에서만 존재할 것 같은 반목과 갈등이 존재한다.

교육영역에서 소수자 공동체의 존재는 소수자들을 대상으로 하는 특별학급의 사례에서 찾아볼 수 있다. 다국적 출신의 외국인근로자 자녀 특별학급을 운영한 교사에 의하면, 다문화교육은 특별학급 어린이들에게 더욱 필요하다는 것을 경험했다고 한다. 국적이 다양한 11명의 어린이들이 모인 2006년도 원일초등학교 특별학급의 경우, 한국에 입국한 시기와 기간이 모두 다르고 각 나라에서 각기 다른 교과서를 가지고 공부한 까닭에 서로를 바라보는 관점이 다르며, 왜곡되어 있는 경우도 있다고 한다. 이를테면 "몽골 어린이들은 중국이라는 말만 들어도 적대적인 감정을 표출하고, 초기에는 중국 국적의 어린이와 한자리에 있는 것조차 싫어한다. 또한 중국 국적의 어린이는 일본 국적의 어린이를, 인도 국적의 어린이는 스리랑카 국적의 어린이를 무시하는 태도를 가지고 있다"(원일초등학교, 2006)는 것이다.

이러한 현상은 다문화교육이 소수자와 다수자 사이의 관계에서만이 아니라, 다양한 배경의 문화적 소수자들이 한국이라는 공간에서 더불어 살아가야 할 때에도 요청된다는 점을 깨닫게 해준다. 그러나 만일 우리가 다문화교육이 소수자 공동체에 요구된다는 경험적 자각을 단지 소수자 공동체에 국한한다면 우리에게 암시하는 중요한 원리를 놓치는 것이다.

소수자 공동체에서 발생하는 이 같은 현상은 다름이 적극적으로 노출되는 환경에서 인간이 어떻게 반응하는가를 드러내주는 것일 뿐이다. 소수자 공동체에서 서로 다른 존재에 대해 '적대적 감정'과 '무시'가 표출된다는 사실은 정도의 차이가 있을 뿐 다수자와 소수자 모두가 형성하는 공동체에서도 드러나는 것이다. 나아가 이 사실은 다문화교육의 내용으로 무엇을 가장 중요하게 고려해야 하는지에 대한 통찰을 제공한다.

(4) 다수자 대상의 소수자 이해 증진 교육

한국에서 시행되는 다문화교육의 포인트는 소수자 적응 교육이다. 물론 소수자 적응 교육이 피할 수 없는 당면과제이고, 이것조차도 해결되지 않았다고 말할 수 있을지 모르나, 더불어 살아가기 위한 다문화교육의 이상은 어느 한편의 노력으로만 이뤄지는 것이 아니다.

통계청이 발표한 '2006년 사회통계 조사결과'에 따르면, 다문화(혼혈인) 가구원을 위해 가장 시급히 해결해야 할 사항으로 '다문화가족 편견을 없애는 사회분위기 조성'이 30.6%로 가장 많이 꼽혔다. 2003년 국가인권위 '기지촌 혼혈인 인권실태조사'에서도 '학교에서의 차별과 따돌림', '고용에서의 차별'을 가장 심각한 어려움으로 여겼다(≪경향신문≫,

2006). 이를 해결하는 가장 중요하고 효과적인 방법은 다수자에 대한 소수자 이해교육이다. '2007 개정 교육과정'에서 강조하는 다문화교육의 포인트도 소수자, 그중에서도 혼혈인에 대한 편견극복과 차별철폐를 강조하며 타 문화 이해존중이나 관용을 대안으로 제시하고 있다.

현재 부분적으로 이뤄지고 있는 다수자 대상의 소수자 이해 증진 교육은 관련 정책결정자들에게 다문화교육의 필요성을 고취한다든가(교육인적자원부), 연수를 통해 교사들의 공감을 이끌어낸다든가(광주광역시교육청), 국가인권위원회나 외국인근로자 인권보호단체 등에서 일반학교를 방문하여 학생과 학부모를 대상으로 외국인 인권교육을 실시하거나, 외국인 학부모가 학교를 방문하여 일일교사를 하는 등의(한국이주노동자 인권센터) 형태이다. 또한 다문화가정과 일반가정의 결연 활동을 추진하여 다문화가정 학생 지원을 위한 일반 학생들의 자발적 참여 기회를 제공하거나, 학생 결연이 어려운 미취학가정은 교사와의 결연을 추진하여, 학생, 학부모, 교사들의 다문화 가정에 대한 상호 이해의 폭을 넓히는 계기를 마련하기도 한다(광주광역시교육청 '무지개 가족' 프로그램). 이러한 활동들은 다문화가정 교육을 위한 공감대를 형성하고, 다문화가정과 일반가정과 연계하여 지역사회통합에도 기여한다.

그러나 실제 교육내용을 살펴볼 때 아직까지 국제결혼가정의 문제 제공자인 남편이나 시댁가족을 대상으로 하는 교육은 드물며(김민정, 2006), 국제결혼가정의 한국인 아버지들에게 다문화를 이해하고 차이를 인정하고 극복할 수 있도록 돕거나, 다문화가정의 긍지를 느낄 수 있도록 자신감을 심어주는 아버지교육 등은 찾아볼 수 없다는 아쉬움이 있다(이철호, 2006).

또 현재 시행되고 있는 다수자 대상의 소수자 이해 증진 교육의 내용을 검토해볼 때, 생략·축소되거나 과장된 것을 볼 수 있다. 실제로 다양하게 구성된 소수자들에 대해 고정관념을 갖게 하거나(한국말도 못하고 학습부

진과 왕따로 소외된 불쌍한 '코시안', 속아서 팔려와 매 맞는 '결혼 이주여성', 헐벗고 굶주린 '탈북자' 등), 부분적인 사실을 전체적인 사실로 이해하는 일반화의 오류를 범하는 경우가 있으며(외국인근로자 자녀, 국제결혼가정 자녀는 학업성취 능력이 낮다는 등), 기본적으로 나라 간 상호 관계를 중시하는 국제이해교육이 한국 사회의 다양성을 이해하는 데 필요한 다문화교육으로 대체되기도 한다.

다문화교육은 단순히 다문화가정을 한국어와 한국 문화에 동화시키는 데 머무는 교육도 아니지만, 그렇다고 타 문화 이해의 사례 수를 늘리는 교육도 아니다. 다문화교육은 더불어 살아가기 위한 교육철학을 기반으로 주류 한국인들에게도 문화적 소수자들에 대한 이해를 도모할 수 있는 인식차원의 교육, 다양한 문화구성원들의 특성을 존중한다는 차원을 넘어서서 인간의 본성에 대한 성찰을 통해 서로 수용하고 개입할 수 있도록 세계관의 변화를 도모할 수 있는 근본적인 교육 기획이어야 한다.

이런 측면에서 다수자 대상의 소수자 이해 교육은 다문화교육의 중요한 내용이자 중심과제라고 할 수 있다. 일반적으로 현재 미국 다문화교육이 흑인중심교육(Afrocentric education)으로 규정되며 '소수자 연구' 정도로 여기는 생각이 널려 퍼져 있었다. 1940~1950년대에 미국에서 일어났던 인종 간 교육(intergroup education)의 실패의 원인도 바로 주류 교육자들이 이 교육을 모든 학생들을 위한 교육적 기획으로 여기지 않았기 때문이다(Banks, 2002).

다행스럽게 이러한 전철을 밟지 않을 수 있는 계기가 부분적으로 마련되고 있다. 곧 한국 사회의 소수자들로 부각된 이주자들에 관하여 다수자 대상의 소수자 이해교육이 2007 개정 교육과정과 교과서를 통해 범교과 주제 중 하나로 도입된 것이다(교육인적자원부, 2007b). 교육과정상의 변화와 교과서의 변화는 다수자 대상의 소수자 이해교육에 있어서 가장 효과적인 계기를 마련해줄 수 있다.

3) 교육방법 측면

　다문화교육의 내용을 실행하고자 할 때 적합한 운영방법을 선택하는데 갈등이 잠재되어 있다. 곧 분리교육이냐 통합교육이냐의 문제이다. 현재 한국에서 이뤄지는 다문화교육은 분리교육이냐 통합교육이냐 하는 교육운영 측면의 선택에서 대부분 분리교육의 방법을 선택하고 있다. 교육실행 수준에서 살펴볼 때 캠프나 방과 후 학교를 통한 프로그램 수준의 분리교육, 학급 수준의 분리교육, 나아가 학교 수준의 분리교육이 존재한다. 교육대상 측면에서도 기본적인 의사소통도 원활하지 않은 외국인근로자 자녀의 경우 초기 단계에서 분리교육이 절실하며, 새터민의 경우도 남북한의 문화 차이와 학력 차이로 부적응과 이탈의 문제가 심각할 뿐 아니라, 어린 나이에 받은 육체적·정신적 상처가 깊기 때문에 이들의 특성을 적극적으로 배려하는 분리교육이 필요하다.

　그러나 국제결혼자 자녀의 경우는 조금 사정이 다르다. 이들에 대해서 언어문제와 언어에 따른 학력문제가 제기되기도 하지만, 이는 미취학아동이나 보육시설에 있는 아동의 경우에 해당된다. 대부분의 국제결혼자 자녀들은 외모만 주류 한국인과 다른 경우가 있을 뿐이지, 그나마도 외모로 구분할 수 없는 경우에는 다문화가정 자녀 교육지원을 위해 국제결혼자 자녀의 현황을 파악하기 전까지는 국제결혼자 자녀라는 사실을 몰랐다는 경우가 비일비재하다. 실제로 이들을 교육대상으로 선정하고 접촉하는 실무자들에 따르면, 교육당사자인 다문화가정 자녀나 여성 결혼 이민자 중 중국계나 일본계 등 피부색으로 한국인과 구별되지 않을 경우 정책적 교육대상으로 노출되어 특별한 주목을 받는 것을 꺼린다고 한다.

이 때문에 국제결혼자 자녀의 분리교육은 정책을 위한 분리교육이 아닌가 하는 지적이 가능하며 더욱 세밀한 접근이 필요하다. 따라서 분리교육이 필요한 수준과 대상을 선정하는 과정부터 교육적 판단이 요구된다.

분리교육은 이탈과 부적응이 심각하거나 동화와 적응 교육이 필요한 이주의 초기단계에서 이뤄져야 한다. 이 시기에 분리교육을 통해 새롭게 형성된 공동체에서 동화의 기준을 새롭게 형성하고, 재구성할 수 있기 때문이다.

그러나 분리교육의 한계도 지적된다. 일반학교에 진학했을 때 발생하는 어려움으로 인해 분리형 학교를 선택하고는 있다. 그러나 그러한 어려움을 극복해야 사회에 적응하고 한국 사회(혹은 남한 사회)에 대한 이해의 폭이 넓어지는 것이다. 그러나 특정 기간 동안 분리교육을 받을 경우 사회 적응과 대인관계 측면에서 한국(혹은 남한) 거주 기간에 대비하여 낮은 적응 수준을 보일 수 있는 것이다(김선화, 2006).

분리교육을 시행한다 해도, 궁극적으로 학교교육이 사회체제 내에서 이뤄진다는 점에서 분리교육을 시행하는 편에서는 협력학급, 협력학교의 존재가 필수적이다. 이 때문에 앞으로 다문화교육은 프로그램 수준의 통합, 협력학급과의 통합(원일, 시화, 삼죽 초등학교), 문화적 소수자들의 대안학교와 일반 대안학교 간 통합교류(셋넷학교), 나아가 국가 수준의 다문화적 교육과정 속에서 통합교육을 모색하는 방법이 구안되어야 할 것이다.

5. 결론

다문화교육이라는 이름으로 시행되는 활동들은 다문화교육 자체에 대한 심도 깊은 담론이 부재한 상황에서 총체적인 혼란을 빚고 있다. 그 혼란의 양상은 다음과 같이 정리할 수 있다.

첫째, 다문화교육 개념에 혼란을 빚고 있다. 현장에서는 다문화교육을 '귀국자 자녀교육'과 혼동하며 사용하기도 한다. 다문화교육이 한국의 사회문제로 부각되기 이전에도 현장에서는 부분적으로나마 귀국학생을 위해 귀국학생 특별학급을 설치하고 이들의 적응문제에 대한 연구가 진행되고 있었는데, 최근 다문화교육의 수용을 당연하게 받아들이면서도 정작 국내 다문화교육에 대한 모델이 없는 여건 때문에 현장에서의 다문화교육은 귀국학생 적응문제의 응용으로 이해되기도 했다. 이 때문에 아직까지도 시도교육청의 교육과정 편성운영지침에서는 '귀국자 자녀교육'과 '다문화가정 자녀교육'을 동일한 유형의 교육으로 이해하고 있다(각 시도교육청 교육과정 편성운영지침 참조). 그러나 이보다 더 큰 개념 혼란은 '국제이해교육'과 '다문화교육'의 개념 혼동에서 비롯된다. 2007 개정 교육과정은 국제이해교육과 다문화교육 개념을 구분하고 있지 않으면서도 두 교육을 범교과 주제로 모두 포함시키고 있다. 심지어 다문화교육의 운영지침을 마련해야 할 시도교육청에서는 국제이해교육을 외국어교육과 동일시하는 경향이 있으며 이러한 개념의 국제이해교육을 다시 다문화교육의 의미로 받아들이고 있을 정도로 다문화교육 개념에 대한 이해가 피상적이다(각 시도교육청 업무분장 참조).

둘째, 대상 측면에 기인한 혼란이다. 현재 한국의 다문화교육은 정책의제로 접근하고 있기 때문에 교육대상이 외국인근로자, 국제결혼자 범주에 속하기만 한다면 교육목적, 교육내용, 교육방법에 대한 고민 없이도 다문화교육을 시행하고 있다고 판단하며 다문화교육 관련 실적에 포함시킨다. 이 때문에 다문화가정 학부모 대상의 한글교실과 정보화교실들은 여러 부처의 중첩실행으로 인해 초급 위주의 한국어교실 3~4개가 각기 다른 기간에 계속 열리는 등(김민정, 2006) 과도한 정책집중 현상이 심각하다. 이는 거의 모든 부처(교육부, 여성가족부, 문화관광부,

농림부 등)의 다문화가정에 대한 지원 내용이 유사하다는 점에도 원인이 있다.

셋째, 프로그램 측면에서의 혼란이다. 대부분의 교육현장에서는 교육 대상 선정과 확보에는 관심을 기울이지만 교육내용이나 방법은 모방할 프로그램이 전무하기 때문에 국제이해교육의 프로그램을 모방하거나 각종 일회성 행사들로 짜인다. 현재 다문화교육의 일환으로 이뤄지는 교육내용은 대부분 지역문화체험이라든가, 지역유적지 탐방, 다문화가정과 일반가정의 결연활동, 지역교육청별, 단위학교별로 국제결혼가정 학부모 만남의 날 추진 등(전북교육청) 일회성 행사에 그치는 것들이어서 교육과정의 변화를 도모한다거나 다문화가정 자녀가 있는 학교나 교실에서 교과를 가르칠 때 변화되어야 할 교육내용에 대한 고민을 찾아보기 어렵다. 다문화교육이 무엇을 위한 교육인가에 대한 밑그림이 없는 상황에서 '다문화교육'이라고 불리는 다양한 종류의 활동들이 내용과 방법 측면에서 다채로운 변주를 보여주고 있는 것이다. 그러나 결국 동화주의를 벗어나고 있지 못할 뿐 아니라, 직접적인 이해 관련 당사자들의 목소리가 반영되지 않는다는 공통된 한계도 드러난다. 나아가 다문화교육이 궁극적으로 교육주체에 대한 행위의 변화를 이끌어야 한다는 데 대한 자각은 찾아보기 어렵다. 따라서 다문화교육에 대한 교육과정 개발이나 프로그램의 요구는 많지만, 편견 극복 교육, 차별 금지 교육, 타 문화 이해 교육에 머물러 있을 뿐, 그러한 교육이 교육적 전망을 획득하거나 나아가 사회전망을 가지고 기획되는 경우는 많지 않다. 이주자를 한국 사회에 적응시키려는 교육적 열의는 높지만, 한국인들이 이주자에게 적응해야 한다거나 이주자 공동체 내의 갈등을 해소하는 교육이 우리 모두에게 필요하다는 자각도 찾아보기 어렵다.

대안학교들도 특정 범주의 교육대상이 아닌, 주류/비주류나 소수/다수의 구분을 넘어 모두를 위한 교육을 기획하는 포부를 가지고 있으나 실상은 교육대상 범주의 다양화를 추구한다는 점에서만 차별화될 뿐, 교육과정상에서 다문화교육의 차별성을 찾아보기는 어렵다. 교육과정의 이중언어교육 혹은 다중언어교육이 도입된다는 사실을 강조하지만 그러한 이중언어·다중언어교육을 통해 가르치고 배워야 할 내용에는 관심이 미치지 못하거나 기존 교과내용을 그대로 가르치고 있는 형편이다. 이러한 점은 단위학교 수준에서 교육과정의 재구성뿐만 아니라 교육내용의 재구성을 도모하기 어렵다는 점을 드러내주고 있다.

연구지정학교 차원에서 이뤄지는 다문화교육 프로그램들도 교사 개인이나 협력교사들의 역량에 전적으로 의존하고 있으며, 특별학급의 학생수가 적기 때문에 분리학급의 형태를 취하고 있어서 특별학급 프로그램이 다수를 위한 학교전체 교육과정에서 자유롭지 못하다.

요컨대 현장의 다문화교육은 한국적 다문화교육 개념에 대한 혼란이 존재할 뿐 아니라, 교육목적에 대한 명료한 인식, 교육내용 구성, 교육방법에 대한 실제적인 고민은 부족한 실정이다. 이 때문에 교육과정상의 진정한 변화를 위해서는 이러한 제반과제를 고려하는 한국 다문화교육과정 개발 논의가 요구된다.

한국의 다문화교육이 다문화사회로 이행하는 사회현실을 수용하는 단계를 벗어나 중장기적인 비전과 방향성을 갖추려면 한국의 다문화상황을 고려하여 다문화교육과정 개발을 기획해야 한다. 이는 한국의 특수한 다문화 환경을 존중한 다문화교육과정 개발이 이뤄질 때 가능한 일이다.

다문화교육과정 개발이 가능하려면 사실의 문제가 무엇인지를 정확하게 보여주는 것도 중요하고, 그 사실이 어떤 당위를 추구해야 하는가에 대해서 비전을 제시해줄 수 있어야 한다. 이것이 교육과정 개발의 역할이라고 할 수 있다. 따라서 한국의 다문화교육에서는 교육과정 개발의 방향 정립이 시급히 요구된다.

궁극적으로 한국의 다문화교육과정 개발은 한국 사회의 다문화 환경을 종합적으로 고려하면서도 향후 다양한 민족, 인종, 문화가 더불어 살아가는 사회의 밑그림으로서 통일 이후 교육과정 개발을 위한 초석의 역할을 담당해야 할 것이다.

참고문헌

고경화의원실. 2006. 『이주자가정, 새터민가정의 보호와 지원을 위한 정책방향』. 이주민 가정, 새터민 가정을 위한 정책간담회 자료집(2006.6.7.).
_____. 2007. 「이주민가족의 보호 및 지원 등에 관한 법률안」.
광주광역시교육청. 2006. 『국제결혼 및 외국인 근로자 자녀를 위한 다문화가정 교육지원 사업 요약서』. 광주전남발전연구원 인적자원개발지원센터.
교육인적자원부. 2005. 「재외동포교육 강화방안 보도자료」(2005.4.30.).
_____. 2006a. 「2007년도 교육예산안」.
_____. 2006b. 「다문화가정 자녀 교육지원 대책」.
_____. 2006c. 「다문화가정 지원 실천사례 나눔 대회 자료집」.
_____. 2006d. 「초중등 교과서 보완 지도자료」(2006.11.2.).
_____. 2007a. 「다문화가정 자녀 교육지원 계획 자료집」.
_____. 2007b. 「초중등교육학교 교육과정 총론」(2007.2.28.).
_____. 2007c. 「초중등학교 교육과정 총론 개정안 공청회 자료집」(2007.1.12.).
권태환 외. 2003. 『중국 조선족 사회의 변화: 1990년 이후를 중심으로』. 서울대학교 사회발전연구소.
김민정. 2006. 「결혼 이주여성 및 가족 정책의 전망과 과제. 국제결혼 이주여성, 차별과 폭력을 넘어서」. 『국회여성정책포럼 제9차 토론회 자료집』.
김선화. 2006. 「공릉종합사회복지관의 탈북청소년 정착지원: 방과 후 교실」. 『새터민 청소년 사역을 위한 워크숍 자료집』. 사랑의교회 북한사랑의선교회.
김정원 외. 2005. 「외국인근로자 자녀 교육복지 실태 분석 연구」. 한국교육개발원.
김충환의원실. 2006. 「혼혈인가족 지원에 관한 법률안」.
김혜순. 2006. 「한국의 '다문화사회' 담론과 결혼 이주여성」. 『동북아 다문화 시대 한국사회의 변화와 통합 자료집』. 한국사회학회.
다문화국제학교. 2006. 「내부자료」. 함께하는 다문화 네트워크.
박효섭. 2006. 「다문화가정을 통해서 본 다문화교육의 현실과 가능성: 아시아공동체학교를 중심으로」. 『제7차 국제이해교육 학술대회자료집』.
빈부격차차별시정위원회. 2006. 『국정회의자료』(2006.4.26.).
삼죽초등학교. 2006. 「새터민 초등학생의 조기적응능력 향상을 위한 효과적인 지도방안」. 『교육인적자원부지정 통일교육 연구학교 운영보고서』.
새날학교. 2006. 「운영제안서」. 새날학교.
설동훈. 2006. 「국민, 민족, 인종: 다문화가족 자녀의 정체성」. 『동북아 다문화 시대

한국사회의 변화와 통합 자료집』. 한국사회학회.
시화초등학교. 2006. 「맞춤형 언어학습 프로그램 구안 적용을 통한 외국인근로자 자녀의 의사소통 능력 신장」.『경기도교육청지정 외국인근로자 자녀 특별학급 정책연구학교 운영보고서』.
아시아공동체학교. 2006. 「내부자료」. 아시아공동체학교 설립 추진위원회.
양승주. 2006. 「여성 결혼 이민자 가족 사회통합 지원방안」.『다문화사회 아시아 여성 결혼 이민자의 적응과 삶』. 경북여성정책개발원 2006 국제여성정책심포지엄 자료집.
여성가족부. 2006.『여성 결혼 이민자 가족의 사회통합 지원 자료』(2006.4.26.).
원일초등학교. 2006. 「문화적응 프로그램 구안 적용을 통한 외국인근로자 자녀의 학교생활 적응력 향상」. 경기도교육청지정 외국인근로자 자녀 특별학급 정책연구학교 운영보고서.
윤희원 외 2인. 2006. 「다문화가정 지원 우수 사례 연구」. 서울대학교 사범대학.
이철호. 2006. 「아시아공동체학교 설립을 통해서 본 다문화교육의 가능성」. 아시아공동체학교 자료집.
장향숙의원실. 2007. 「다문화가정 지원 법안」.
전북교육청. 2006a. 「국제결혼가정 도움계획」.
_____. 2006b. 「돌봄과 나눔으로 행복해지는 온누리안 희망 가꾸기」.『온누리안 교육 활동 우수실천사례집』.
정혜실. 2007. 「한국의 다문화교육 현황과 과제 토론문」.『한국에서의 다문화주의: 현실과 쟁점 자료집』. (사)국경없는마을 학술토론회.
조영달 외. 2006.『다문화가정의 자녀 교육 실태 조사』. 교육인적자원부.
한겨레중고등학교. 2006.『한겨레중고등학교 교육계획』. 학교법인 전인학원.
한국교육과정평가원. 2006a. 「도덕과 교육과정 개정 시안 수정 보완 연구」.
_____. 2006b. 「도덕과 선택과목 교육과정 개정 시안 연구 개발」.
_____. 2006c. 「사회과 교육과정 개정 시안 수정 보완 연구」.
_____. 2006d. 「역사과 선택과목 교육과정 개정 시안 연구 개발」.
「헌재판례 인용 개정법 2조」(2004.3.5.).

Banks, J. A. 2002. *An introduction to multicultural education* (3th). Boston: Allyn and Bacon.
Bullivant. 1981. *The pluralist dilemma in education*. Sydney: George Allen & Unwin.
Lynch, J. 1983. *The multicultural curriculum*. London: Batsford Academic and Education Ltd.

웹자료

통계청 DB. '북한 이탈주민 입국자 수' http://www.kosis.kr에서 검색.
_____. '성 및 연령별 생산 가능 인구' http://kosis.nso.go.kr/Magazine/NEW/KP/KP01.xls.

신문자료

≪경향신문≫. 2006. "<우리 안의 타인들> 혼혈인·외국인만도 못한 멸시"(2006.12.31.).

제8장

한국 사회 여성이주민의 삶의 자리와 기독교교육적 응답

오현선
(호남신학대학교 기독교교육학 교수)

* 이 장은 한국기독교교육학회의 학술지 《기독교교육논총》 제15집에 발표된 글입니다.

1. 문제 제기

"문화는 한 특정 집단 안에서 형성된 상징들에 의해 학습되고 전해지는 인간의 행위의 총체적 형식이다"(Conde-Frazier, Kang and Parrett, 2004: 167)라는 문화의 정의를 받아들일 때 '다문화사회'란 2개 이상의 문화적 집단이 한 사회 안에 공존하고 있는 상태라고 볼 수 있으며, 그 다문화사회는 각 문화집단이 가지고 있는 문화적 특수성과 유사성을 동시에 경험하고 있는 사회라고 할 수 있다. 한국 사회의 다문화사회에 대한 경험은 지속적으로 존재해왔으나 1990년대를 전후로 동북아·동남아로부터 이주해온 경제 노동인구의 국내 증가가 뚜렷하게 나타나면서 다문화사회에 대한 여러 차원의 논의가 각계각층에서 다양하게 진행되기 시작했고 앞으로도 계속될 전망이다.

현재 아시아인들을 포함하여 최근에 유입되고 있는 외국인의 국내 이주는 노동의 매매관계에 의한 경제적 목적의 이주라 할지라도 그들이 국경을 넘는 순간 경제적 문제만이 아니라 문화적·사회적인 다차원의 어려움에 직면하게 된다. 이는 쉽게 예측할 수 있는 사실이다. 실제로 이주민들은 언어소통의 문제, 문화의 차이에서 오는 생활상의 문제, 산업연수생제도와 고용허가제의 제도적 한계에서 비롯되는 불안정한 사회적 지위와 경제적 빈곤의 문제, 가족의 이주가 아닌 개인의 이주에서 오는 고립감과 외로움 등의 심리적 문제, 노동현장의 불평등한 인권과 노동권의 문제 등에서 기인하는 만성적 불안과 빈곤의 상태에 노출되어 있는 현실이다.

이주민들이 국경을 넘을 때에는 자신들이 지켜온 모국(home country)의 정서적이며 문화적 경계(emotional and cultural boundaries)들 역시 건너야 함을 인식하고 새로운 사회(second home country)[1]의 구성원으로서 겪어야 할 생활과 역할의 변화를 추측하면서 이주해오게 된다. 그러나 그렇다 할지라도 그들이 직면하게 될 문제들을 구체적으로 예견하기란 매우 어렵고 더욱이 여성이주민들은 여성이라는 이유로 노동현장에서 더욱 차별받기 쉬우며 갖가지 성적 억압과 착취의 현실에 노출되어 있는 실정이다.

이 장의 목적은 국내에 그러한 노동인구가 증가하는 가운데 여성이주자들의 삶과 인권, 그리고 그들의 성을 둘러싼 담론의 필요성을 제기하는 동시에 이에 대한 기독교교육적 응답(response)을 시도하려는 것이다. 여성이주민들의 삶의 현실에 관한 성찰과 논의의 필요성을 제기하고 그와 관련한 문제를 드러내고 문제의 해결을 위한 방향을 모색하기 위해 필자는 그간 인간의 성에 대한 특성을 이해함에 있어서 생물학적 요소에 결정적 역할을 부여하려는 본질론적 이해보다는 사회적으로 구성된 것으로서 이해하려는 여성주의적 성담론의 주된 시각을 취하고자 한다. 즉, "인간의 성적 정체성·욕망·관행들이 고정된 본질(생물학적 차이)에 따라 정해지는 것이 아니라, 개인이 처한 사회관계와 문화적 맥락에 따라 구성된다"(이성은, 2005: 171)고 보는 입장에 동의하며, 따라서 다문화사회를 구성하고 있는 상호 주체인 이주민의 성에 관한 논의 역시 젠더(gender)만의 차원이 아닌 계급·인종·지위·연령·제도·체제 등 다양한 사회적 요소와 관련하여 진행되어야 할 것을 강조하는 바이다.

---

1) 이주민을 받아들인 국가를 "host country"로 명명하고 있는 것이 서구의 예이나 이 용어는 개념상 이주민을 지속적으로 타자화하고 있기 때문에 필자는 "second home country"로 사용할 것을 제안하고자 한다.

2. 여성이주민의 삶의 자리

한국 사회에서 이주민의 문제는 우리 사회의 다문화성 논의와 더불어 주로 이주노동자들의 문제에 초점이 맞춰져 진행되는 가운데 여성이주민의 문제를 이슈화하거나 관심을 가지게 된 것은 최근의 일이라 할 수 있다. 이주여성노동자의 수가 최근에 급증하고 있고 또한 여성 결혼이주민에 대한 보고가 매체를 통해 진행되면서 대중적 관심을 일으키게 되었지만 그들의 삶의 자리를 어떻게 바라보아야 하는 것인지 또한 거기에 존재하는 문제들에 대해서는 어떻게 지원체계를 가지고 풀어가야 하는지에 대해서는 아직 구체적 논의가 부족하다.

현재 한국으로 들어오는 여성이주민은 비자의 형태에 따라 크게 세 가지 영역으로 나뉜다. 곧 이주여성의 초창기 이주 형태의 주된 구성요인이 되었던 '공연비자(E-6)'에 의해 이주해오는 경우, 산업연수생제도나 고용안정제에 의한 '비전문 취업비자(E-9)'로 이주해오는 경우, 그리고 '결혼비자'를 가지고 한국으로 이주해오는 경우이다. 이 가운데 구소비에트 연방과 필리핀 등지에서 한국으로 들어온 여성들은 공연비자의 합법적 형식과 성격을 넘어서는 성매매 시장에 유입됨으로써 이들의 문제가 사회화되었다. 결국 이들의 유입 경로가 표면적으로는 차단되는 과정을 거쳐 지금은 법의 테두리를 벗어나 더욱 음성화되고 보이지 않는 존재가 되어 이들의 인권과 사회적 문제 해결에 어려움을 겪고 있는 실정이다. 그리고 비전문 취업비자와 결혼비자로 이주해오는 여성들은 고향의 가족과 자신의 생존을 위해 노동 또는 결혼을 매개로 이주를 결심하게 된다. 이러한 이주여성들의 경제적 결핍이라는 이유와 현재 우리 사회가 필요로 하는 노동력과 사회적 재생산 기능의 보완이라는 양자 간의 결핍이 해소되는 조건하에서 여성이주민의 한국 사회로의 이주는 계속해서 증가하고 있고 앞으로도 지속적으로 이뤄질 것이다.

따라서 이 장은 이주여성들의 노동현장과 '문화 간 결혼'[2])이 이뤄지는 공간을 '이주여성의 삶의 자리'로서 다루고자 한다.

1) 이주여성노동자의 상황과 문제점

(1) 이주여성의 빈곤화와 여성노동의 이주화 문제

2006년도 발표된 법무부 출입국관리통계연보에는 2005년까지 한국에 등록 및 미등록으로 살아가고 있는 이주자들에 대한 통계가 아래[3])와 같이 나타나고 있다.

이주여성노동자는 2001년 통계조사 시 전체 이주노동자의 35.9%를 차지했는데 5년이 지난 후 전체의 38.7%로 조사된 바, 증가 추세에 있음을 알 수 있다. 또한 노동시간과 임금에 있어서는 여성노동자들이 남성노동자들에 비해 평균노동시간이 더 길었고, 월평균임금은 남성노동자들에 비해 적게 받고 있는 상황이 보고된 바 있다.[4]) 이는 성차별적

---

2) 아직 우리 사회에서는 한국인과 타국인 간의 결혼을 흔히 '국제결혼'이라 불러왔다. 영어로 직역하자면 international marriage인데 이 표현은 실제로 국제적 표현이 아니다. 최근의 다문화적 사회로의 변화와 이를 수용하는 과정에서 이러한 결혼 사례가 많아지고 이를 주제로 다양한 논의가 이뤄지는 상황 가운데, 용어 정의를 새롭게 할 필요가 제기되고 있으며 이 가운데 국제결혼이라는 용어도 더 적절한 표현으로 수정되어야 한다고 생각한다. 국가 간의 이주가 매우 활발하게 진행되면서 개인을 국적으로 제한하기보다는 각 개인이 지니는 고유의 문화적 특성이나 인종적 특성을 고려한 '문화 간 결혼(Inter-cultural marriage)'으로 표현하고자 하는 의견에 동의하면서 이 장에서는 문화 간 결혼, 문화 간 결혼자 등의 용어를 채택하고자 한다.
3) 2005년도 『출입국관리통계연보』(법무부 출입국관리국, 2006)에서 체류외국인 현황과 장·단기 미등록 외국인 현황을 재구성한 표를 김민정 이주여성인권연대 사무국장의 자료로부터 재인용함(김민정, 2006: 69).

〈표 8-1〉 2005년도 출입국관리통계연보

성별	연수생	연수취업	고용허가제	취업관리	예술흥행	호텔유흥	미등록	결혼이주자	총(명)	비율(%)
남성	52,032	53,184	40,611	28,850	178	575	120,194	8,330	303,954	61.3
여성	11,308	7,152	19,291	24,650	616	2,252	60,598	65,846	191,668	38.7
총	63,340	60,336	59,902	53,455	794	2,827	180,792	74,176	495,622	100.0

자료: 법무부 출입국관리국(2006).

장시간 노동과 저임금의 불평등 노동착취가 이주여성노동자들에게도 예외 없이 가해지고 있음을 의미하며 여성의 빈곤화가 가장 극명하게 드러나고 있는 지점이라 할 수 있다.

국내의 외국인노동자는 1991년 11월부터 산업연수생으로 시작하여 현재에 이르기까지 지속적으로 유입되고 있으며 이 가운데 여성노동자의 경우 2001년 전체 노동자의 35.9%에서 2006년 현재 38.7%를 차지하고 있다. 수적으로는 남성노동자의 수가 아직 더 많지만 비율로 볼 때 남성노동자의 비율은 감소하고 여성노동자의 비율은 증가하고 있다. 이는 우리 사회의 여성노동자들의 빈곤화(Povertization of Women) 현상과 더불어 이주민의 여성화 곧 '여성의 이주화(Feminized Immigration)' 현상이 진행되고 있음을 보여주고 있으며 따라서 이주여성노동자들에 대한 인권문제와 생존문제에 관심을 기울여야 함을 시사하고 있다.

---

4) 2001년도 한국 여성개발원 조사에 의하면 제조업에 종사하는 외국인 남성노동자의 월평균 노동시간인 256시간에 비해 17시간이 많은 273시간으로 나타났다. 국내 생산직 노동자의 노동시간(남성 221시간, 여성 217시간)에 비해 이주남성노동자가 35시간, 여성노동자가 56시간이나 더 많이 일을 하고 있는 상황이다. 또한 임금 면에서도 이주남성노동자가 월평균 843,000원, 여성은 751,000원으로 이주여성노동자가 가장 일은 많이 하고 임금은 가장 적게 받고 있음이 보고되고 있다(김엘림·오정진, 2001: iii).

(2) 이주여성노동자와 성 문제

이주여성노동자들의 문제는 인권과 생존의 문제만이 아니다. '여성'이라는 젠더 특수성으로 인하여 이주여성노동자들이 감당해야 하는 성에 관한 현실적 문제도 단순한 문제는 아니다. 현 단계 한국 사회에 존재하고 있는 여성이주민(노동자와 결혼 이민자를 포함하여)의 성 문제에 대해 그 실태를 진단하고 문제를 파악하여 그들의 문제를 해결하는 일은 매우 어렵고 해결 과정 역시 극히 제한적인 수준에서 진행되고 있다고 보아야 할 것이다. 이는 여성이주민이 가지는 사회적·경제적·성적 지위의 불안정성과 더불어 여성이주민의 성 문제가 지니고 있는 폐쇄성 때문이다. 이 폐쇄성이 작동하는 요인은 다음과 같다.

첫째는 여성에 대한 한국 사회의 보수적인 시각이다. 한국 사회에 이주해오는 여성들은 고향을 등지고 낯선 타국에 와 있을지라도 자신과 가족의 빈곤을 극복하기 위해 자신의 희생을 결심하고, 경제와 노동 활동에 대한 적극적 태도를 가지고 있다. 그런데 이러한 그들의 태도에 비해 이주여성의 성역할과 성에 대한 태도는 여전히 소극적이며 폐쇄적이다. 이는 서구사회 안에서 이뤄지고 있는 이주여성의 경험과는 다른 차이를 보여주고 있는 지점이다. 즉, 문화화 또는 사회화 과정에서 "모든 면에서 남성이 여성에 비해 빨리 문화화하지만 성역할(gender role)에 있어서는 모든 세대에 걸쳐 여성이 빠르게 변화한다"(Espin, 2006: 243)라고 한 이스핀의 평가는 인종적 소수인 이주여성들에게 미국 사회가 끼친 긍정성이라는 측면을 보여주고 있다. 서구의 경우 다른 문화적 환경에 적응해야 할 과제를 가진 이주여성들에게 여성주의적 힘과 희망을 제공함으로써 그들의 문화적 적응을 도울 뿐 아니라 이들의 변화 덕분에 다문화사회의 건설에 긍정적 역할을 기대하게 되는 것이다. 하지만 이주자의 모국 문화에 비하여 새로 이주해온 사회의 여성에 대한 문화가 더 개방적이고 덜 가부장적인 서구 사회와의 모습과는 달리 여성에 대한 보수적 시각이 일반적인 아시아의 문화는 이주여성에게 자신의 문제를 개별화하고 은폐하도록 함으로써 한국 사회의 다문화사회로의 정착에 부정적 요인으로 작용하게 되는 것이다.

둘째는 이주여성의 제한적이고 불안정한 지위와 이들에 대한 한국인 남성들의 비인간적 태도이다. 이주여성과 한국인 남성의 관계에 있어서 이주여성들의 성에 대한 인식과 문화적 태도와 상관없이 이주여성들의 체류 자격의 제한성과 불안정성, 그리고 거기에 가중되는 한국 남성이 일반적으로 가지고 있는 여성에 대한 보수성과 여성 비하적 태도, 여성을 성적 대상물로 여기는 등의 성에 대한 비인간적 태도가 이주여성들의 자존감에 손상을 주고, 그들이 경험하고 직면하고 있는 성 문제를 더욱 은폐하거나 사적으로 혹은 폐쇄적으로 처리하도록 한다.

사례를 들자면,[5] 이주여성노동자의 경우 고용주에게 강제추행을 당했으나 언어장벽의 문제, 제한적으로 제공되는 정보나 정보 차단 때문에 도움을 청할 곳도 알지 못하고, 청할 수도 없는 상황 가운데 고용주에게 이의를 제기하려 해도 비자 박탈의 염려로 법적 구제 과정에조차 이를 수도 없는 경우가 있었다. 또한 미등록 여성이 회사 동료에게 강간을 당했으나 경찰에 신고하면 강제 출국되는 상황이므로 고소를 피하는 경우가 있었는데, 상담 과정을 통해 법적 보호를 받을 수 있다고 해도 고소와 동시에 자신의 신분이 드러나 사건 종료 후 강제 출국당할 것이 두려워 결국 고소를 포기하게 되는 경우가 비일비재하다.

셋째로, 미등록 여성노동자의 경우 체류 자격의 불안정성과 경제력의

---

[5] 2006년 10월 안산이주민센터 부설 안산이주여성상담소 이해령 소장과의 인터뷰 중에서.

부족, 약화 등으로 인해 혼자만의 힘으로 주거와 생활 조건을 마련하지 못하는 경제적 이유가 폐쇄성과 관련되어 있다. 이 여성들은 송출 과정에서 진 채무의 부담, 고향으로의 송금은 차치하고 자신의 경제적 생활을 계속하기에도 어려운 경우가 많다. 즉, 이주노동자들에 대한 저임금, 열악한 노동조건의 노동현실에다 여성이기 때문에 남성노동자들에 비해 더 낮은 수준의 임금과 제한된 노동의 기회 등 이주여성노동자의 경제적 조건은 매우 열악하다. 이러한 상황에서 주거공간과 생활비의 일정 부분을 제공하는 남성과 사실혼 관계에 들어가는 경우가 발생하게 되고 이러한 불안정하고 불평등한 조건을 매개로 하는 관계에서 여성에 대한 성적 억압, 성적 착취가 빈번하게 일어나고 있지만 이 역시 개인적인 상담의 수준에서 종결되는 경우가 많아 피해나 억압의 사실 확인이 매우 어렵다.

2) 여성 결혼 이민자 상황과 문제점

지난 3월 말 발표된 통계청 자료에 따르면 2005년 한 해 동안 한국인의 전체 결혼 중 13% 이상이 문화 간 결혼임을 보고하고 있다. 그리고 그 가운데 70% 이상이 한국인 남성과 외국인 여성과의 혼인으로 나타나고 있다. 한국인과 결혼한 외국인의 출신국은 재중동포가 전체의 41.6%, 중국이 20.1%, 베트남 11.1%, 일본 10.7%, 필리핀 5.7%, 태국 2.2%, 몽골 1.9%, 러시아 1.4%, 우즈베키스탄 1.4%, 구소련, 동유럽, 아프리카, 중남미, 미국 등을 포함한 기타 국가가 3.9% 등으로 나타나고 있다(정귀순, 2006: 35). 이 자료가 말해주듯이 현재 우리나라의 문화 간 결혼은 2005년에 4만 건을 넘어 한국에서 이뤄지는 전체 결혼의 13.6%를 차지하며, 이는 국내에서 결혼한 13쌍 중 1쌍 이상이 문화 간 결혼을 하고 있다는 말이 된다. 지역으로는 서울·경기 지방이 문화 간 결혼 전체의

50% 이상을, 농촌은 30% 이상을 차지하고 있다. 이러한 상황에서 드러나는 문제는 크게 몇 가지로 요약될 수 있는데 여기서는 만남에서 결혼에 이르는 과정에서의 문제와 결혼 이후의 문제로 나누어 살펴보고자 한다.

(1) 만남에서 결혼까지의 과정에서 나타나는 문제

현재 이뤄지고 있는 문화 간 결혼은 어떻게 이뤄지고 있는가? 아마도 이 질문이 문화 간 결혼을 언급할 때 가장 먼저 떠오르는 질문 중 하나일 것이다. 2006년도 보건복지부의 「결혼중개업체 실태조사 및 관리방안 연구」에 의하면 문화 간 결혼을 "전 지구적 발전의 격차와 국내 결혼시장의 교란, 상업화된 결혼중개업체의 증가라는 현상이 맞물려 발생한 구조적 현상"(보건복지부, 2006: 127)이라고 보고하고 있다. 이러한 현상은 구체적으로 살펴보면, 2005년 보건복지부 지원하에 이뤄진 '국제결혼 이주여성 실태조사 및 보건·복지지원 정책방안'에서 조사된 바에 따르면 외국인 여성이 한국으로의 결혼 이주 방법은 크게 네 가지로 ① 지인의 소개(49.3%), ② 직접 만남(16.1%), ③ 종교단체(15.6%), ④ 결혼중개업체(13.4%) 순으로 나타난다.

직접 만남의 경우를 제외하고는 누군가가 중개를 하여 만남이 이뤄지고 있으며, 특히 지인의 소개나 종교단체 등을 통해 만난다 하더라도 이 가운데 상업적 결혼중개업체가 어느 정도로 개입되고 있는지의 여부는 조사하기가 어려운 부분임을 생각할 때 중개자들의 역할이 문화 간 결혼에서 매우 중심적 역할을 하고 있음을 부인하기는 어렵다. 문화 간 결혼을 기반으로 한 가정의 문제들이 사회적으로 드러나고 있고 문화 간 결혼 피해자가 속출하고 있는 상황에서 이들 결혼중개업체에 관한 실태를 조사하고 문제를 지적하고 해결해가는 것이 중요한 사안이라고 할 수 있다.

이 문제의 이해를 위해 최근 가장 급격히 증가하고 있는 베트남 여성과 한국 남성의 결혼중개업체에 의한 결혼 과정을 살펴보면서 문제점을 파악해보자면 다음과 같다.

베트남 여성과의 결혼은 2000년 95건이었던 것이 2005년에 5,822건으로 증가하여 전체 문화 간 결혼의 18.7%를 이루고 있다. 맞선을 신청한 한국 남성들은 5박 6일의 일정으로 베트남을 가게 된다. 도착 2일째 4시간의 만남 후 여성을 결혼 상대자로 결정하게 되면 그 베트남여성은 3일째 에이즈 검사 등의 건강진단을 하고 남성은 신부 측 부모를 만나고 4일째는 결혼을 하게 된다. 5일째는 신혼여행을 하고 6일째 귀국한다. 이 과정의 수속비는 남성이 800만~1,000만 원을 감당하고 그중 30만~40만 원 정도의 돈이 신부 측에 전달된다(안산이주여성상담소 블링크 홈페이지).

중개업체는 결혼 자체가 우선적 과제인 남성들과 가난 때문에 사랑 후 결혼이 아닌, 결혼 후 사랑을 선택하기로 한 여성을 대상으로 상업적 이윤 추구를 하고 있다. 또 결혼 성사 과정에서 무리가 없을 수 없고 부작용이 따르지 않을 수 없는데 그 피해를 보통 결혼 당사자들이 감당하고 해결책도 분명치 않다. 워낙 짧은 만남을 통해 진행되기에 배우자의 성격을 알 수 없고, 만남 당시에 실질적으로 제시된 정보가 결혼생활에서 거짓으로 드러나거나, 결혼생활 중 폭력 등의 심각한 문제가 발생할 경우 여성이민자들의 개인적 피해와 상처는 매우 깊고 크다고 할 수 있다.

부정적인 결혼중개업체의 관행은 결혼 상대자들의 피해로만 그치지 않는다. 상업적인 국제결혼 알선행위는 다른 국가들에서는 규제를 받기 때문에 국가 간 외교 분쟁으로 비화될 수 있다(보건복지부, 2006: ix). 그래서 이들 결혼중개업체를 관리하기 위해 최근에 업체들과 국회의원들이 '허가제' 도입을 주장하고 있기도 하다. 허가제란 '일반적·상대적으로 법령으로 금지 또한 제한되어 있는 행위를 특정의 경우 특정의 사람이 할 수 있도록 하는' 행위자 선별제도로서 정부의 허가를 받은 업체들만이 중개업에 종사할 수 있도록 하는 것인데(보건복지부, 2006: xiii) 여기에는 소규모 중개업체들이 모집책으로 활동하거나 존재를 숨기고 활동하는 음성화 가능성이 높아질 수 있다는 문제가 있다. 또 허가증이 상품으로 거래될 가능성도 있다. 즉, 허가증이 자격증 기능을 하게 되면서 허가를 가진 이들이 인신매매성 결혼을 알선하게 될 경우 국가가 그 책임을 져야 하는 상황까지 예측된다는 것이다(보건복지부, 2006). 허가제가 가진 장점이 있으나 이러한 문제점을 보면서 관계법 설치에 더 많은 주의가 요구된다.

그러나 관계법을 개정·보완하여 그들을 관리한다고 하더라도 상업화된 결혼의 중개업체 자체가 문제라는 시각이 있다. 즉, '가난한 나라의 여성이 부자나라에 팔려가는 매매혼'(보건복지부, 2006: 128) 형태가 되므로 인신매매적 성격이 있다는 점이 지적되는 것이다. 유엔 의정서[6]는 '인신의 자유를 사고파는 것, 허위 부정확한 정보를 제공하고 이주하는 것' 등을 인신매매의 정의에 포함시키고 있는데 맞선과 결혼에 이르는 과정에서 정보가 부정확하고 빈약함으로 실수 또는 고의로 부실하고 잘못된 정보가 전달되고 있는 점(보건복지부, 2006: 128)은 바로 인신매매적 성격이 있다는 비판을 피할 수 없다.

(2) 결혼생활에서 나타나는 문제

문화 간 결혼이 가지는 긍정적 측면이 있다면 아마도 농촌 등지에

---

6) 2000년 11월 20일 UN 총회에서 채택.

거주하는 미혼 남성이 결혼할 수 있게 되어 사회적 재생산에 참여할 기회를 가지게 되는 점과 사회적으로 국내에서 배우자를 만나기 어려운 사람들이 문화 간 결혼으로 가족을 꾸릴 기회를 얻어 국민의 행복추구권이 실현되는 점(보건복지부, 2006: 127~128)일 것이다. 이 부분은 현재의 문화 간 결혼이 우리 사회에 끼치고 있는 순기능적 측면이라고 할 수 있다.

하지만 결혼생활에서 나타나는 문제도 다양하고 문화 간 결혼이 증가하는데도 다방면의 지원과 정책이 함께 따르지 않기 때문에 그 피해는 고스란히 여성 결혼 이민자에게 돌아가고 있다는 평가도 있다. 블링크의 이해령 소장은 그 실례로 이들 부부의 높은 이혼율을 들고 있다. 즉, "지난해(2005) 한국인 남편과 외국인 처의 이혼은 1,611건으로 전년도(2004)보다 176%나 늘었고 또한 한국인 처와 외국인 남편의 이혼도 1,789건으로 전년보다 13%가 증가했다"(이해령, 2005: 3)는 것이다. 그는 또 이들의 높은 이혼율은 문화 간 결혼부부에 관한 경험이 없고 소극적으로 대처하는 우리 사회에 책임이 있으며, 이주여성에 대한 한국 국민의 비하의식에도 문제가 있다며 비판한다. 이혼으로 결국 드러나고 있는 문화 간 결혼의 결혼 과정 및 결혼 후에서 나타나고 있는 문제를 몇 가지로 분석해볼 수 있다.

첫째로, 여성 결혼 이민자에 대한 비하의식과 그러한 사회적 시선의 문제이다. 결혼을 통해 국내에 이주하게 되는 여성들이 이 사회에 잘 적응해갈 수 있느냐의 문제는 이들에 대한 사회적 시선과 결혼 당사자 가족의 시선문제이기도 하다. 즉, 한국인 남성 배우자들과 그 가족들은 경제적 약소국에서 온 신부들이라 하여 그들을 무시하거나 자신의 소유물로 생각해서는 안 된다. 사회적으로는 이주민에 대한 사회적 편견을 없애고 사회의 성원으로 받아들이는 과정이 필요하고 특히 여성 결혼 이민자에 대해서는 이들을 피해자로만 보는 동정적 시각을 극복해야 한다. 보건복지부 자료에서 강조하고 있듯이 "단기간에 일시적 만남으로 이뤄지는 결혼이긴 하지만 자신의 가족과 삶을 위해 적극적으로 주체적 결단에 의한 결정이라는 성격이 있으므로 이들을 비하하는 태도와 시선에 대해 주의해야 한다"(보건복지부, 2006: 128)는 점을 기억해야 할 것이다. 외국 여성들이 결혼을 통해 한국 농촌으로 이주해오기 시작한 것이 20여 년이 됐지만 우리 사회에 만연된 외국인과 혼혈에 대한 차별의식과 사회적 냉대는 이들에게 큰 상처가 되고 있다(≪강원일보≫, 2006.1.10.). 이해령 소장은 다음과 같이 지적하고 있다.

> 국내 결혼시장에서 소외된 한국인 남성들(물론 문화 간 결혼에서 모든 한국인 남성 배우자들이 그렇다는 것은 아니나 대다수의 남성들이 여러 가지 이유로 한국인 여성들과 결혼에 실패한 자들이라는 사실은 부인할 수 없다)이 금품을 이용하여 신부를 사들여온다는 의식이 강하며 이러한 의식은 결혼생활 도중 부부 갈등이나 시댁식구들하고의 갈등이 발생할 시에 "내가 너를 얼마를 주고 사왔는데…… 이혼하고(혹은 국적 따고) 싶으면 돈 내놔"라는 말을 너무나 당연히 하고 있다. 뿐만 아니라 경제적으로 약소국에서 온 신부들을 무시하는 의식과 함께 자신의 소유물이라는 사고에 사로잡힌 경우가 종종 있는데 이와 같은 잘못된 의식이 가정폭력과 함께 가정해체라는 결과를 낳고 있다(이해령, 2005: 3).

이러한 시각은 이주여성들이 한국 사회에 정착하는 데 어려움을 줄 뿐만 아니라 존재감을 위축시켜 또 다른 문제를 야기하게 될 것임은 자명하다. 즉, 낮은 자존감과 위축감은 원만한 사회활동을 저해하고, 언어 문제를 넘어 가족 간의 의사소통에도 문제가 될 것이다. 만일 이러한 상황이 개선이 되지 않고 지속된다면 자녀 양육문제, 부부간의 갈등에 영향을 주어 결국 이혼과 같은 부정적 결과를 낳을 수 있다. 따라서 문화 간 결혼가정의 원만한 사회 정착과 적응을 위해 "인종과 혈통의 다양성을 인정하고, 한국인과 결혼한 외국인들과 그들의 2세를 사회의 일원으로 받아들이는 포용성"(≪문화일보≫, 2006.3.11.)을 가져야 할 것이다.

둘째로는 이주여성들이 다중적 어려움(multiple difficulties)에 시달리고 있다는 현실이다. "이주기혼여성들의 경우 주로 문화적 차이, 의사소통 곤란, 자녀 양육 어려움 등 삼중고를 겪고 있다"(≪연합뉴스≫, 2006. 3.1.)는 보도는 사실이며 많은 여성 결혼 이민자들이 위와 같은 문제 외에도 한국 사회 적응문제와 가정 내 폭력문제 등 다중적 위기와 어려움에 처해 있다. 이해령 소장은 이에 대해 다음과 같이 설명하고 있다.

> 결혼 과정에서부터 경제적인 거래, 짧은 교제 기간, 문화적 충돌 등 많은 문제를 가지고 있는 문화 간 결혼부부의 가난한 나라에서 온 배우자에 대한 편견과 더불어 전혀 다른 문화에서 편입된 배우자들에게 새로운 문화에 대한 이해와 소통의 기회를 가지려는 노력을 게을리하는 한국인 배우자와의 갈등은 부부불화와 좌절을 불러일으키고, 결국에는 가정폭력, 가출, 이혼이라는 극단적인 상황으로 몰고 간다(이해령, 2005: 8).

여성 결혼 이민자들이 자녀를 낳고 키우는 데 있어서도 한국어 구사 능력이 부족한 데서 오는 여러 어려움이 있을 것임은 쉽게 짐작할 수 있다. 더욱이 한국 사회의 문화적 상황에서 자녀 양육의 책임을 여성에게 일차적으로 부여하기에 심리적 압박도 크다. "평균적으로 한국인 남편은 출근을 하고 이주여성이 자녀의 양육, 교육, 교우관계 전반을 책임지고 있는데 의사소통의 어려움으로 병원진료를 받거나 교육기관(학교, 학원,

어린이집 등)과의 대화가 어렵다"(이해령, 2005)거나 "평소 언어가 되지 않아 이웃하고도 소원하여 정보교환도 되지 않고 막상 어려운 일이 발생했을 때 도움 요청하기도 그리 쉽지 않다"(이해령, 2005)는 것이다. 그래서 "자녀가 말을 시작하면서부터 이주여성은 위기의식을 느끼며 한글공부에 매진하지만 부부갈등, 생활고, 양육과정에서 발생되는 돌발 상황 등으로 학습효과는 크게 기대하기 어렵다"(이해령, 2005)는 분석은 여성 결혼 이민자들의 어려움을 잘 보여주고 있다.

이처럼 대부분의 이주 결혼 여성들의 경제적 가난의 문제와 더불어 자녀 양육의 곤란으로 이어지는 의사소통의 문제 등은 흔히 여성들에게 자신감의 결여와 더불어 소외감, 불안감을 가져다주는 원인이 된다. 하나의 어려움이나 문제가 그것으로 끝나는 것이 아니라 이들의 결혼생활 전반에 영향을 미쳐 다중적 어려움을 겪게 하는 것이다.

셋째로는 두 문화의 불균형적·불평등적 관계가 결혼생활 안에서 공존하고 있다는 것이다. 결혼은 두 남녀의 평등하고 대등한 결합이지만 이주여성의 한국인 남성과의 결혼은 그 성립 과정부터 불평등적이고 불평등한 관계가 지속되는 성격이 있다. 즉, 서로 다른 두 문화 간의 결합이지만 남성의 문화가 결혼생활에서 주류문화로 규정되고 우위를 점함으로써 여성들이 주체적 성격을 가지고 살아가기가 어렵다는 것이다.[7] 이러한 상황에서 한국 사회의 가부장적 문화가 더욱 이러한 성격을 강화하게 하는 틀로 작용하여 여성 결혼 이주민들은 자신의 문화나 자신이 가져온 삶의 특성, 개성과 인격마저 무시되고 이를 참고 견뎌야 하는 상황에 이르게 된다.

---

7) 이러한 상황은 한국 여성과 이주 남성과의 결혼에서도 나타나는 현상이기도 하다. 한 상담의 예에서는 한국 여성이 이주 남성과 결혼한 경우, 불법체류자인 남편의 신분을 약점으로 삼아 갈등 상황이 야기된 경우도 있다.

넷째로는 여성 결혼 이민자의 성에 관한 문제이다. 아시아로부터 혼인 동반비자를 취득하여 한국 사회로 이주하고 있는 여성은 가난의 극복과 생존의 한 방편으로 결혼 이민을 선택하고 있다. 이들과 결혼을 시도하는 남성들의 경우 결혼생활과 성에 대해 무지하고 이주민 여성들을 비하하는 태도와 비인격적인 대우를 일삼으며 이주여성과의 결혼을 억압된 성의 표출이나 성적 만족의 기회로 삼는 측면이 있어 문제가 많이 발생하고 있다. 성이란 두 사람의 대등한 관계 속에서 나누어져야 하는 것인데도 여성의 성적 만족이나 요구 등과는 상관없이 남성 중심적이며 폭력적으로[8] 진행이 되는 경우, 여성들은 성에 대한 부정적 인식을 내면화하게 되고 성에 대한 자기결정권이나 주체성을 박탈당함으로써 결국은 결혼생활의 파행을 가져오게 되는 것이다. 한 예를 들자면, 20세의 한 결혼 이주민 여성은 40대 중반의 한국인 남성과 결혼하여 도착한 날부터 과도하고 폭력적인 성관계에 시달린 끝에 도주하여 본국으로 돌아갈 수밖에 없었다.

또한 모성권리마저 박탈당하는 경우도 빈번하게 발생하고 있다. 낯선 문화와 결혼생활에 적응하기도 전에 여성들에게 남성과 남성의 부모가 임신과 출산을 요구하게 되는 경우가 많다. 오랜 기간 결혼하지 않은 상태로 있었던 남성과 남성의 가족은 자손을 기대하게 되고 여성의 의사와 상관없이 아이를 낳는 조건으로 친정에 대한 경제적 지원을 약속하는 등 이주여성의 성역할을 자손 생산에 제한하는 것이다. 한 예로, 50대의 한국인 남성이 18세의 이주여성과 결혼하여 그 여성의 의사와 관계없이 결혼 초기에 임신하게 하여 여성이 임신과 성, 출산과 자녀 양육에 대한

---

8) 농촌의 경우 결혼 이주민 여성 주부 4명 중 1명이 남편에게 구타당한 경험이 있다고 한다. 보건복지부, 국제결혼 이주여성 실태조사, 2005. 33쪽.

자기고민과 준비의 과정도 없이 불안한 임신 상태를 지속하면서 어려움을 호소한 경우도 있다. 또 한국어를 잘하지 못할 뿐인데 이러한 언어소통의 제한성을 이주여성의 지적 수준이 낮은 것으로 치부하여 이주여성의 의사결정권이나 인격을 무시하는 경우도 있다.

여성 결혼 이민자들은 결혼관계에서 발생한 부당한 대우와 성적 학대, 폭력을 경험하면서 생존의 어려움과 불안, 공포, 자기비하 등 심리적 위기와 고통을 겪고 있다. 문제가 결혼 초기부터 발생하더라도 결혼 기간이 2년이 지나야 영주권이 발급되는 상황이라 2년 안에는 어떠한 문제가 발생하더라도 이를 법적으로 호소하거나 문제를 해결하기가 어려운 것이 이들의 현실이다. 우리 사회의 이주민 여성들의 성은 사회·문화·경제적 조건에 의해, 그리고 여성이라는 성적 조건에 의해 침묵해야 하고 복종해야 하며 자신이 결정할 수 없도록 통제되고 있다.

3. 여성이주민 상황에 대한 기독교교육적 응답

이미 시작되고 진전하고 있는 우리 사회의 다문화성은 다문화사회를 구성하고 있는 다양한 문화 주체들의 상호 주체성을 인정할 때 안정적으로 정착되어갈 것이다. 이주민들을 받아들이고 사회구성원으로 인정하며 공존의 틀과 문화를 형성해가고자 할 때 이주민의 노동권·인권·생존권이라는 문제에 부딪히게 된다. 그런데 그중에서도 여성이주민의 삶의 자리를 부각시키고 문제 제기를 하려는 것은 계층적으로 낮은 위치에 있으며 성적으로 약자인 여성이주민의 문제가 또다시 2차적이며 부수적인 차원으로 유보될 가능성이 있기 때문이다. 여성이주민에 대한 담론은 다문화사회를 받치고 있는 하나의 축이며 사적인 영역의 경계를 넘나드는 사회적·경제적·심리적 이슈이다. 여성이주민을 둘러싸고 드러나는 문제들은 우리 사회의 여성에 관한 인식과 이주민에 대한 사회와 문화, 제도의 한계를 가장 극명하게 드러내고 있는 부분이다. 따라서 이들을 바라보는 시각이나 여성이주민 문제에 대한 사회의 다양한 차원의 공동 노력, 즉 법과 제도 차원의 노력, 이주민을 지원하는 사회문화적 지원체계와 교육체계의 실시 등 이들의 생존권과 노동권을 보장하고, 이주여성 노동자와 결혼 이주민의 법적 지위문제, 자녀교육과 양육문제, 생활지원 문제 등 다각적인 차원의 개선이 병행되어야 함을 강조하는 바이며, 이 장에서는 여성이주민 상황에 대한 기독교교육적 돌봄과 응답을 시도해보려고 한다.

1) 다문화적 기독교교육(Multicultural Christian Education)에 대한 연구의 필요성

여성이주민은 위에서도 살펴보았듯이 인종, 성, 계층적 특성을 가지는 특수한 부분의 문제이기도 하지만 전체 이주민 상황의 한 부분으로 존재하고 있고, 또한 이주민의 상황은 한국 사회의 다문화적 사회의 흐름 가운데 파악해야 할 문제이기 때문에 여성이주민의 상황에 대한 기독교교육적 응답 역시 다문화적 기독교교육에 대한 일반적 인식을 배제하고서는 이루어질 수 없다. 즉, 여성이주민을 학습주체로 상정하는 기독교교육에 대한 고려를 할지라도 다문화적 기독교교육에 대한 연구가 병행되어야 하는 것이다.

유럽이나 북미 사회는 이미 다문화적 사회의 흐름을 이미 경험하고 이에 대한 교육적·기독교교육적 논의를 활발하게 하고 있는 상황이다. 다문화교육은 다문화적 사회를 어떻게 정의하고 보느냐에 따라 학자들마다 교육적 입장을 달리하고, 이는 크게 지배문화(dominant culture)에 대한 주변적 사람들에 대한 관심으로 보는 입장과 성·지역·사회적 계급·장애·성 정체성(gender identity) 등 다른 조건들로 인한 차이들을 포괄하고 수용하는 교육으로 진행해야 한다고 보는 입장으로 나뉜다(Wilkerson, 1997: 1~2). 필자는 후자의 입장을 지지하며 다문화교육이 문화적으로 다양한 사람들의 교육적 욕구와 그들의 철학적·종교적·정치경제적·문화적 입장을 반영하면서 진행되어야 한다고 생각한다. 특히 기독교교육을 연구하는 사람으로서 다문화사회와 사회구성원에 대한 기독교적 시각을 제공하고 기독교교육적 실천을 교회와 다양한 기독 공동체가 기독성과 지역성을 기반으로 실현해갈 수 있도록 이 분야에 대한 활발한 연구들이 진행될 것을 희망하고 제안하는 바이다.

다문화사회에 대한 기독교교육은 첫째로, 우리 사회의 인종적·문화적 다양성에 대한 현 실태를 파악하고 이들과 신앙 공동체가 어떻게 대등한 소통을 이뤄가야 할 것인가를 연구해야 한다. 미국의 기독교교육학자 찰스 포스터(Charles Foster)는 '다문화'라는 용어를 다음과 같이 설명하면서 인종적 문화적 집단 간의 평등성(equity)을 강조하고 있다.

> 나는 다문화(multicultural)라는 용어는 회중 가운데 존재하는 다양한 문화적 집단들이 가지게 되는 권력 관계에 있어 그들 간의 평등한 형태를 실현하고자 하는 사람들에게만 사용되어야 한다고 주장한다. 그 평등성은 회중 가운데 다양한 인종과 문화적 집단의 정체성이 지속적으로 유지되고 서로 협력하고 나눔의 목회를 이루는 것이 핵심적인 내용이다(Foster, 1997: 21).

기독교인은 생각보다 일상 가까이에 다가와 있는 이주민과 어떻게 평등한 형태로 서로를 수용하고 격려하며 공존해가야 할지를 모색해야 한다. 이주민이 밀집하거나 거주하고 있는 지역의 교회들이 그들의 문제를 지역의 문제로 수용하여 지역 공동체와 함께 다문화적 이해를 가질 수 있도록 이주민과 기독교인 상호 간의 교육적 필요성을 제기해야 할 것이다.

둘째로, 인종적·문화적 다양성을 이해하고 수용할 수 있는 목회자, 교육지도자를 양성해야 한다. 기독교교육은 다양한 문화권에서 이주해 오는 이주민들의 문화와 종교적 '다름'을 이해하고, 이들과 소통 가능한 신학적·선교학적 대안을 모색하는 신학적 성찰을 기반으로 하는 기독교교육의 내용과 방법들을 형성해야 한다. 이를 확산할 목회자, 지도자를 교육하는 일도 병행되어야 한다.

셋째로, 상대적 소수자를 바라보는 자신의 시각을 성찰하는 기독교교육 커리큘럼을 구성해야 한다. 소수 이주민을 다수 기독교 공동체에 적응·동화시켜 가기 위한 시각이 아니라 기독교 공동체 안의 사람들 즉 다수자들이 이주민이라는 상대적 소수자들을 어떻게 바라봐야 하는지, 자신을 어떻게 변화시켜 가야 하는지에 대한 성찰을 돕는 다문화 기독교교육 커리큘럼을 구성함으로써 다수자 교육의 방향을 제시해야 한다. 그동안 다문화적 기독교교육에 대해 선험적 연구를 한 서구의 경우 소수자가 다수자의 문화에 합류해가야 하는 식민지적 형태의 교육에 대해 비판적 시각(Sleeter, 1996)을 계속해온 점을 기억해야 한다. 그리고 모든 사람들에게 은혜로 가득 찬 가능성을 줄 수 있는 기독교의 생명력을 체화한 커리큘럼을 마련해야 한다. 은혜라고 하는 것은 사람이 가지는 제한성을 넘어 하나님의 자녀라는 새로운 정체성을 누구나 차별 없이 부여받을 수 있다는 점에서 그렇게 표현이 가능하다. 그리하여 다수자의 다문화교육을 통해 인종적·문화적 다양성이 우리 사회의 위협적 요소가 아니고 우리를 더욱 풍부하게 하는 것이라는 인식을 가지도록 해야 할 것이다(Wilkerson, 1997: 19).

2) 여성이주민을 위한 기독교교육적 제안

한국 사회로 이주해오는 여성이주민의 국적은 다양하다. 이들은 우리 사회에 비해 경제적으로 가난하고 정치적으로도 불안한 아시아와 아프리카에서 주로 이주해오지만 가족과 자신의 생존을 위해 이주를 결심한 강인한 여성들이다. 그럼에도 불구하고 이주해온 한국 사회에서 예상하지 못한 많은 어려움을 겪으면서 억압과 희망(Korean Dream) 사이에서 갈등하고 있다. 이주 과정과 생존·노동·정착의 과정에서 발생하고 있는 당면과제들은 정부와 시민단체, 법적·사회적 차원 등 다차원의 노력을 통해 해소해나가야 하며 교회 공동체와 신앙 공동체도 이들과 적극적으로 교류하고 연대하여 함께 풀어가야 한다. 이러한 생존을 위한 기본적 문제 이외에 여성이주민들이 겪고 있는 심리적 불안감과 자기정체성 혼란, 낮아진 자존감의 문제는 사회적 조건이 개선되면서 나아질 부분도 상당히 있다. 그러나 그때까지 유보해둘 수 없는 문제이기에 이에 대한 교육적 지원의 시급성을 제기하고 이에 대한 기독교교육적 대안을 제안하는 것이다. 이러한 제안에 덧붙여 필자가 사역하고 있는 '다문화교회'에서 진행하고 시도하고 있는 교육내용들을 소개하고자 한다.

첫째로, 여성이주민들의 위치와 현실을 인식하고 이들을 지원할 여성주의적·다문화적 시각을 반영하는 예배 공동체와 교육 공동체의 형성이 필요하다. 이들이 처한 상황에서 일어나는 노동탄압과 비인권적 문제들에 대해서는 사회적·법적·제도적 차원의 개선을 통해 해결해가야 하지만, 또 한편으로는 본문에 제시되었듯이 자신들의 고향을 떠나 이중·삼중의 어려움 속에 있는 여성이주민들에게는 사회적 소속감의 결핍을 해소하고 더 나아가 그들이 안정감을 가지고 환영받을 수 있는 공동체가 절실히 필요하다. 따라서 교회는 여성이주민들을 교회 공동체 안으로 받아들이고 이들이 자신의 어려움을 호소하고 경험을 나누고 함께 울고 웃으며 격려하고 격려받을 수 있는 심리적·영적 안식처가 될 공동체를 제공해야 할 것이다. 이러한 공동체 형성을 통해 기독교에 대한 자연스럽고 자발적인 접촉이 가능해지며 기독교 복음에 대한 이해의 길이 열리게 될 가능성이 마련된다.

다문화교회의 경우 나라별로 그룹을 나누어 공동체를 형성하여 자신들의 언어로 찬양하고 기도하며 말씀을 읽고 설교를 듣는 예배 공동체를 진행하고 있다. 한국어로 진행되는 예배에는 모든 공동체가 참여할 수 있도록 개방되어 있고 이 외에 베트남, 스리랑카, 중국, 몽골, 아프리카 공동체를 형성하여 자신들의 언어로 예배를 드리고 있다. 모두가 함께할 수 있는 예배와 공동식사를 제외하고 나머지 시간에는 각 공동체별로 필요한 오후 활동을 진행함으로써 친교를 나누고 소속감을 갖게 한다. 이 가운데 여성이주민 성도들이 배제되지 않고 공동체 지도자로 성장할 수 있도록 지원하고 있으며 여성들이 특히 설교를 통역하거나 찬양과 예배의 진행을 이끄는 등의 자발적 참여가 긍정적으로 드러나고 있다. 또한 이주민의 특성상 자신들의 직장을 따라 먼 곳으로 이전하게 되어도 시간이 날 때마다 찾아오고 신상의 변화를 알리는 것은 교회 공동체가 그들의 친정같이 그들을 환대하고 소속감과 안정감을 제공하고자 하기 때문이다. 예배 공동체 이외에 직장을 잃고 갈 곳이 없는 이주여성들에게 '여성이주민쉼터'를 마련하여 잠정적 삶의 터를 제공하고 있는데, 이곳에 머무는 동안 함께 생활하며 서로의 아픔을 나누고 내일을 계획할 수 있도록 필요한 상담과 교육활동이 진행되고 있다.

둘째로, 여성이주민의 특수성을 반영하고 포함하는 여성주의 다문화 기독교교육 커리큘럼이 필요하다. 여성이주노동자와 결혼 이주민의 시각에서 그들이 현실적으로 필요로 하고 있는 교육의 내용이 무엇이며, 이를 위한 교육적 지원을 어떠한 방향에서 해야 할지를 구체적으로 고려하는 교육내용이 구성되어야 한다. 위에도 언급했듯이 심리적 불안감과 정체성 혼란, 여성이기 때문에 위험에 처할 수 있는 성적인 문제, 자존감 상실의 위기 등 어려운 상황에 처해 있는 여성이주민들이 자신의 존엄성을 회복하고 정체성을 확립하여 심리적 불안감에서 벗어날 수 있도록 그들의 인식적 차원의 변형을 도울 수 있는 인식교육(Transforming Cognitive Education)이 필요하다. 여성이주민 대다수가 여러 종교와 문화적 배경을 가지고 있는 사람들이기 때문에 기독교교육의 구체적 내용을 직접적으로 처음부터 교육하는 것은 상당히 어렵기도 하고 무리이기도 하다. 따라서 시간이 더 필요한 작업이라 할지라도 이들이 현실적으로 필요한 부분을 지원하는 차원의 간접적 기독교교육의 시도가 필요하다.

또 노동과 결혼을 매개로 이주해오는 여성들은 자신(self)과 성(sexuality), 문화(culture)에 대한 충분한 이해나 교육을 받은 경험이 적기 때문에 이들에 대한 재교육 과정이 필요하다. 자신 스스로를 한 사람의 이방인, 이주노동자라는 사회적 타자로 이해하는 것이 아니라 한 사람의 지구인, 세계인, 또한 한국 사회의 구성원으로, 기독교인 혹은 잠재적 기독교인으로서의 자긍심을 가지고 주체적 자기인식을 가지도록 하는 교육적 지원이 필요하다. 다수의 이주민들이 언어적 한계를 가지고 있기 때문에 이들이 겪고 있는 어려움이 더욱 가중되기도 하고 악화되기도 한다. 따라서 한글언어교육을 매개로 하여 다양한 교육내용이 제시되어야 할 것이다. 특히 문화 간 결혼가족의 경우에는 여성이주민만이 아니라 한국인 가족들, 특히 남편과 함께하는 교육상담, 의사소통과 문화 이해,

상호 존중 교육들을 실시하여 결혼생활과 사회 적응을 돕고 갈등을 최소화하고 상호 이해를 증진하는 데 도움이 되어야 한다. 여성이주민을 향한 한국 사회의 이해와 인식만을 강조할 것이 아니라 이들과 더불어 사는 가족, 교회의 성원이 그들의 문화와 습성을 이해하는 상호 이해 교육의 태도가 필수적이다.

다문화교회의 경우 '결혼이민자가족지원센터'나 기타 사회전문가, 봉사자, 관련 기관과의 공동 프로그램을 개발하여 부부 의사소통 교육, 각국 음식 만들기, 언어교육, 영화를 통한 심리치료 교육, 문화체험, 셀프 다큐멘터리 제작, 지역주민과의 축제와 만남의 장을 마련하는 등 다양한 프로그램을 개발하여 여성이주민의 실질적 문제를 해결하도록 지원하고 있다.

이러한 교육은 여성이주민의 변형적 인식교육을 구체화하는 교육 프로그램과 관련한 것이다. 기독교교육을 연구하는 학자로서 다문화사회의 현장에서 이주여성들의 삶을 돌보는 목회자로서 이미 실천하거나 기획하고 있는 프로그램들은 사회 심리적 접근방식(Socio-Psychological Approach)을 택하고 있다. 이는 여성이주민의 삶의 자리가 한국 사회의 다문화적 변화 과정에서 위치하고 있기 때문이다. 즉, 이들에 대한 교육은 이주민에 대한 사회적 분석의 측면과, 여성노동자라는 계층(class)과 성(gender)을 기반으로 한 다중적 어려움에 처해 있는 여성이주민들의 심리적 성찰이라는 이 두 가지 측면의 고려가 동반되어야 하는 것이다. 또한 여성이주민의 정체성을 확립하기 위한 교육 프로그램, 결혼 이주민의 경우 결혼생활에서 빚어지는 여러 가지 어려움, 갈등을 극복하며 자존감과 자신감을 가지도록 하는 심리적 역량강화 교육 프로그램의 개발에 초점을 두고 교육하고 있는 것이다. 위에 제시한 다양한 프로그램과 더불어 세례교육을 심화하여 기독교인의 정체성과 사명을 인식하게 하고 자긍심을 가지도록 하며, 또한 여성들을 위해서는 '다문화여신도모임'을 통해 여성으로서 경험해온 그들의 삶의 이야기를 나누고 슬픔과 기쁨을 함께 나누고 상호 공감을 통해 개인적인 경험 속에 내재되어 있는 다양한 사회적 모순관계를 분석해내고 여성을 억압해온 가부장적 문화에 대한 성찰과 비판, 이를 극복하기 위한 대안적 삶의 계획과 비전을 나누고 있다.

셋째로, 문화 간 결혼가정에서 태어나는 코시안 어린이들, 여성 청소년들에 대한 교육도 시급하다. 이주민 2세대로서 겪어야 하는 정체성의 문제, 자존감의 문제, 공교육과 직업교육의 문제, 청소년들의 성교육 문제 등이 고려되어야 할 것이다.

4. 결론

다인종·다문화를 이제 새로이 경험하고 있는 우리 사회에서 '외국인 여성근로자', '외국인 며느리'로 쉽게 호명되는 여성이주민은 그 호칭에서도 보이듯이 그들의 존재 자체에 대한 인격적 존중의 시선을 배제한 채, 그들이 우리 사회에서 수행해야 하는 '기능적' 성격에 의해 자리매김되고 있다. 이주여성들에 대한 다수자의 시선이 이들을 우리 사회의 성원이나 사회적 주체가 될 수 없는, 마치 초대받지 않은 손님과 같이 여전히 낯설고 불편한 타자의 위치에 서성이게 만들고 있다. 이 장은 여성의 빈곤화와 이주화 경향이 가시화되고 있는 한국 사회에서 여성이주자들의 삶의 자리를 돌아보고 현실적 문제의 성격을 제기하고 이에 대한 기독교교육적 응답을 시도하고자 했다. 타자화되고 있는 여성이주민의 삶의 자리를 돌아보는 일은 잃은 양 한 마리를 찾아나서는 목자의 심정과 같은 목회적 돌봄으로 이뤄져야 하는 일이다. 특히 여성 결혼이주자들은 문화 간 결혼의 상당수를 차지하고 있고 이 가정에서 태어난 2세들이 우리 사회에서 이미 자라나고 있는 현실을 볼 때 한국 사회의 다문화적 지각변동은 가시화되고 있으며 생각보다 훨씬 구체적으로 다가오고 있다. 기독교와 교회는 이들을 포용하고 이들에 대한 교육적·목회적 돌봄의 다문화적 기독교교육을 행함으로써 교회의 구속과 화해, 치유의 사명을 감당해야 할 것이다.

기독교교육은 우선 일반적으로 그간의 다문화사회의 경험을 비판적으로 성찰하고 우리 사회의 토양과 현실에 적합한 다문화 담론을 구축해가는 일에 연대하며 구체적인 다문화 기독교교육을 실시하는 데 관심을 기울여야 할 것이다. 다문화사회의 성패는 다문화교육에 많은 부분을 의존하게 될 것이며 다문화교육은 이주민과 시민 간의 쌍방향 교육을 통해 이뤄져야 한다. 소수자를 향하여 문화적 차이를 학습하게 하는 일방적 교육이나 다른 인종 간의 의사소통 차원의 인간관계 지향적 교육의 차원을 넘어서 인종차별과 성차별의 문제를 극복하도록 변형적 차원의 사회재구성적 다문화교육을 지향해야 할 것이다(Sleeter and Grant, 1999).

기독교교육은 또한 구체적으로 여성주의적 입장에서 여성이주민이라는 다중적 어려움에 처해 있는 이들을 향한 기독교교육의 실천을 통해 다문화사회와 다문화교육의 담론을 활성화하는 중요한 역할을 맡아야 할 것이다. 우리 사회와 교회의 주변에 이미 존재하고, 또 교회 안에 들어와 있는 이주민 여성들에 대한 돌봄의 교육적 실천을 통해 다문화적 교회의 형성을 위한 예언적 목회의 지속을 가능하게 해야 할 것이다.

참고문헌

김민정. 2006. 「이주여성의 인권침해사례(가정, 직장, 입국과정 등)」. 경기여성단체연합. 『2006년 경기도 이주여성 정책 토론회: 경기도 이주여성 실태조사를 통해 본 이주여성의 삶과 정책대안 만들기』. 경기여성단체연합.
김엘림·오정진. 2001. 「외국인 여성노동자의 인권보장 연구」. 『한국 여성개발원 2001 연구보고서』.
경기여성단체연합. 2006. 「2006년 경기도 이주여성 정책 토론회: 경기도 이주여성 실태조사를 통해 본 이주여성의 삶과 정책대안 만들기」. 경기여성단체연합.
보건복지부. 2006. 「결혼중개업체 실태조사 및 관리방안연구」.
_____. 2005. 「국제결혼 이주여성 실태조사」.
이성은. 2005. 「섹슈얼리티와 성문화」. 한국여성연구소. 『새 여성학강의』. 동녘.
이해령. 2005. 미간행 논문 「이주기혼여성의 인권과 상담가의 역할」. 안산이주민센터.
정귀순. 2006. 「시민단체에서 보는 외국인정책방향: 법무부 출입국관리국」. 외국인과 더불어 사는 열린사회 구현을 위한 이민정책세미나. 법무부 출입국관리국.

Conde-Frazier, Elizabeth, S. Steve Kang, Gary Parrett. 2004. *A Many Colored Kingdom: Multicultural Dynamics for Spiritual Formation*. Grand Rapids: Baker Academic.
Espin, Oliva M. 2006. "Gender, Sexuality, Language, and Migration." Ramaswami Mahlingam(ed.). *Cultural Psychology of Immigrants*. Mahwah, New Jersey: Lawrence Erlbaum Asso. Inc.
Foster, Charles R. 1997. *Embracing Diversity: Leadership in Multicultural Congregations*. An Alban Institute Publication.
Mahlingam, Ramaswami(ed.). 2006. *Cultural Psychology of Immigrants*. Mahwah, New Jersey: Lawrence Erlbaum Asso. Inc.
Sleeter, Christine E. 1996. *Multicultural Education as Social Activism*. Albany: State University of New York Press.
Sleeter, Christine E. and Carl A. Grant. 1999. *Making Choices for Multicultural Education: Five Approaches to Race, Class, and Gender*. New Jersey: Merrill.
Wilkerson, Barbara(ed.). 1997. *Multicultural Religious Education*. Birmingham, Alabama: Religious Education Press.

신문자료

≪강원일보≫ 2006년 1월 10일자.
≪문화일보≫ 2006년 3월 11일자.
≪연합뉴스≫ 2006년 3월 1일자.

웹자료

안산이주여성상담소. "베트남, 국제결혼 잇단 매스 왜?". www.migrant.or.kr(자료번호 618).

제9장

현장에서의 다문화교육 사례

류성환
(안산이주민센터 사무국장)

1. 한국 사회에서의 다문화교육이 왜 필요한가?

이 장은 철저하게 현장 중심적인 사고와 실례로 기술했다. 먼저 현장이라고 말함은 이주노동자 및 이주민과 그 가족을 지원하는 단체들의 현장을 말한다. 이 현장은 노동의 현장일 수 있고, 또 삶의 현장일 수도 있다. 특별히 내국인이 아닌 외국인이기에 차별받고 보호받지 못하는 사회적 약자들의 극한 현실 속에서 투쟁하고 함께 살아갈 방법을 찾고 있는 외국인 관련 지원단체를 말한다.

먼저 한국 사회에서의 다문화의 유입과 그에 따른 문제 제기가 본격적으로 시작되는 시점은 바로 이주노동자가 유입되기 시작한 88서울올림픽 이후이다. 그러나 이주노동자의 문제만으로도 해결되지 않는 복잡하고 급속한 외국인의 유입[1]은 단일민족의 신화를 불변하는 진리인 것처럼 신봉했던 한국 사회에 급속한 변화를 재촉하고 있다. 이러한 배경 속에서 한국 사회는 이주노동자와 이주민[2]의 사회적 수용의 문제와 함께 자연스럽게 다문화사회로의 전환을 경험하고 있다. 대륙에 갇혀

---

1) 2007년 5월말까지 한국 사회에 94만 명의 장기체류 외국인이 들어와 있다(법무부통계, 2007.5.30.). 또 1만여 명의 새터민(최근 당사자들은 새터민이라는 용어보다 탈북자라는 이름으로 불러줄 것을 요청한다. 이는 새터민이라는 용어가 탈북의 과정과 노고가 생략된다고 생각하기 때문이다)과 중국동포(국적 회복, 귀화 등), 사할린 동포(영주 귀국), 10만 명에 이르는 결혼 이민자에게 국적 취득의 길이 열려 있다.
2) 현장에서 이주민의 범주는 이주노동자, 결혼 이민자, 난민, 탈북자, 귀국한 재외동포(중국, 사할린 등) 등을 지칭한다. 국내법은 이주노동자의 정주화를 막기 위해 체류기간을 3년으로 제한하고 있지만, 현재 3년 이상 한국 사회에 체류하고 있는 이주노동자의 수가 20만 명에 이른다. 이 중 결혼하여 아이를 양육하는 가정이 늘고 있어 주민으로서의 접근이 필요하다. 또한 동포들은 외국인으로 설명될 수 없고, 결혼 이민자 또한 앞으로 내국인으로 살아가게 되므로 이후 외국인이란 용어 대신 이주민으로 표기한다.

고립된 나라였던 대한민국이 전쟁의 폐허 속에서도 신화와 같은 경제성장을 이루어 많은 동남아의 저소득 국가들에게 이상의 나라가 되었다.

한국 사회는 다문화사회로의 전환을 이미 인정하고 있지만 마땅한 방법이나 대안은 아직까지 논의조차 되지 않고 있다. 특별히 다문화교육에 대한 필요성은 이미 이주민 지원단체의 현장에서 인식하고 나름대로 실시하고 있으며, 여러 가지 시행착오를 거쳐 많은 성과를 얻어내기도 했다. 이러한 시점에서 오늘 한국 사회, 특별히 이주민지원단체에서의 다문화교육에 대해 나름대로의 점검을 해보고자 한다. 아울러 현재 안산이주민센터에서 실시하고 있는 '찾아가는 다문화교실'을 대안으로 제시하려고 한다.

먼저 다른 나라의 다문화교육 현실을 보면 1970년대 이후 시작된 다문화주의의 논의와 다문화교육은 각 나라마다 다양한 방법들로 시도되고 있지만 성공적인 다문화로의 길은 묘연할 뿐이다. 다만 다문화교육을 시작하고 있는 나라 중 미국 사회의 다문화교육의 이론은 눈여겨볼 만하다. 1980년대까지 미국에서의 다문화교육은 흔히 말하는 용광로(Melting Pot) 이론이었다. 이는 미국의 서구 개척 시대의 냄비에 여러 가지 재료를 섞어 끓이면 재료들이 그 속에서 녹아 새로운 맛을 낸다는 것이다. 재료의 고유의 맛과 향이 섞여 전혀 다른 제3의 맛을 내게 되는 것이고, 재료를 더하면 더할수록 냄비 속 요리의 맛은 더욱 풍요롭게 된다는 것이다. 여기에서 개개의 문화는 흡수되어 결국 미국 문화라는 새로운 제3의 문화로 재생산된다는 것이다.

그러나 1990년대 이후 미국의 다문화교육의 이론은 샐러드 볼(Salad Bowl) 이론으로 전환하기 시작했다. 샐러드에는 많은 음식의 재료들이 들어간다. 그러나 각각의 재료들은 그 본래의 맛을 잃지 않고 자신의 맛을 그대로 간직하게 된다. 여기에 재료를 더하면 더할수록 샐러드는 더 풍요로운 맛을 낸다는 것이다. 여기에서의 차이점은 용광로 이론이 미국 사회 속에서 개개인의 문화는 사라지고 미국의 문화에 흡수된다고 보는 반면 샐러드 볼 이론은 그 본래의 문화를 잃어버리지 않는다는 것이다. 샐러드 볼 이론에서는 각 개인이 가지고 있는 문화는 미국 문화를 더욱 풍요롭고 아름답게 하기 때문에 개인의 문화는 존중되어야 한다는 것이다.

한국에서의 다문화교육은 그 길이 참으로 멀다. 이는 한국 사회의 다문화교육이 공교육에서는 시도조차 되고 있지 않으며, 단일민족·단일문화를 갖고 있는 한국 사회에서 아직 득과 실조차 논하지 않았기 때문이다. 그럼에도 불구하고 민·관에서 실시하는 이주민에 대한 교육의 주된 흐름이 다문화교육이 아닌 한국 사회로의 동화에 초점이 맞춰져 있어 한국 사회로의 통합만을 강요하고 있다. 이러한 한계적 상황에서 한국 사회의 급속한 다문화사회로의 전환의 속도는 자연스럽게 다문화교육의 필요성을 역설하고 있으며, 더 포괄적이고 계획적인 다문화교육의 담론을 촉구하고 있다.

2. 현장에서의 다문화교육의 발생

1) 노동현장에서 갈등해소의 수단으로 자연발생

다문화교육이 발생하는 현장은 결국 문화적 충돌이 나타나는 곳이다. 과거 한국 사회에서 문화적 충돌은 다소 소극적이었다. 직접적인 문화적 충돌은 일제 강점기와 미군의 주둔으로 경험한 것이 전부였다. 그러나 이주노동자가 한국 사회의 노동시장으로 유입되기 시작하면서 자연스럽게 문화적 충돌이 생겨나게 되었다. 사실 문화적 충돌이라기보다는 한국 사회가 경험하지 못한 문화적 몰이해에서 야기된 것이라 하겠다. 하나의 민족, 하나의 문화로 살아왔기에 다른 문화에 대해 이해하거나 비교하는 방법을 배우지 못했다. 결국 문화적 충돌은 노동의 현장에서 나타났고, 더욱이 언어소통의 한계는 이러한 문제를 더욱 가중시켰다.

이러한 시각에서 보면 노동현장에서 다문화교육이 발생하게 된 것은 당연하고 자연스러운 일이었다. 여기에서 눈여겨보아야 할 것은 노동현장에서 발생한 문제였지만 노동현장에서 다문화에 대한 담론을 담아내지 못했다는 것이다. 이는 이주노동자가 유입되기 시작한 시점이 한국 사회의 1987~1989년 민주화운동 이후인 1990년대로 노동조합이 노조와 조합원의 권리 찾기에 그 힘이 집중되어 이주노동자와 다문화에 대한 담론을 담아내지 못했기 때문이다. 결국 한국 사회에서 다문화로의 접근은 노동시장의 개방과 함께 자연스럽게 발생한 문제였지만 아무도 관심을 갖거나 책임지지 않은 이방인의 문제로 치부되어 지나쳐버렸다. 결국 시민·인권단체, 특히 노동현장의 제3자의 눈으로 사회적 약자에 관심을 가졌던 종교단체들이 이주노동자의 문제에 접근했고, 노동문제뿐 아니라 인권·복지·교육·문화의 문제로 접근을 시작하게 되었다. 이러한 흐름 속에서 종교와 관련한 선교단체, 인권단체가 전체 이주노동자와 이주민에 대한 지원을 주도하고 있다. 이런저런 이유로 결국 다문화교육은 한국 사회의 경제성장과 함께 이주노동자의 유입에 따른 노동현장에서의 갈등해소의 수단으로 자연발생하게 되었다.

2) 문화몰이해로 발생한 인권침해

결국 다양한 문화와 인종들이 한국의 노동시장으로 유입되면서 여러 가지 문화적 충돌들이 일어나기 시작했다. 처음 문화적 충돌로 표현되는 상당수의 문제는 바로 인권의 문제로 나타난다. 예를 들어 머리를 소중히 여기는 이슬람 이주노동자에게 사업주와 관리자는 한국적으로 접근한다. 미숙련과 언어소통 장애에서 오는 실수에 대해 머리를 쥐어박는다. 이때 문제를 지적하면 오히려 "무엇이 문제냐? 일하기 싫으냐?"라는 식의 반응을 보인다. 문화적 몰이해는 결국 엉뚱한 오해로 재해석된다. 이슬람 문화를 이해하지 못하는 내국인 상사에게 이주노동자의 반응은 머리 한 대 쥐어박았다고 일하지 못하겠다는 필요 이상의 엄살로만 비춰질 뿐이다. 결국 양자 간에 이해가 필요하다.

이렇듯 초창기부터 지금까지 발생하는 인권의 문제는 많은 경우 문화적 차이에서 오는 몰이해의 문제이다. 이주노동자나 이주민들은 왜 한국사람들은 꼭 나이를 묻는지, 나이가 그토록 중요한지, 단지 몇 살 많다는 이유로 상하가 구분되는 것에 대해 궁금해 한다. 이주민지원단체는 이주민의 인권을 돕기 위한 인권단체이다. 이상의 모든 차이들을 인권이라는 기본권으로 접근했다면 이제 이들의 인권을 보호하고 서로 존중받는 사회를 만드는 것은 다문화교육이라는 수단을 통해 접근해야 한다. 문화적 차이에서 오는 인권침해의 문제는 다문화교육으로 해소될 수 있다. 현장에서의 다문화교육은 내·외국인 모두에게 서로의 문화적 차이를 인정하고 서로를 존중하면서 갈등 없는 사회를 만들려는 평화교육의 성격을 띠게 된다.

3) 이주민들의 문화적 욕구와 한국 사회의 문화적 갈증의 해소

요즘 들어 이주노동자 공동체의 문화행사가 대대적으로 늘어나고 있다. 스리랑카 뮤직페스티발이 전국적으로 개최되고, 인도네시아 밴드축

제와 전국 투어 등이 열리며, 올해에도 다양한 이주노동자 나라의 가수들이 초청되어 대규모 음악행사들을 계획하고 있다. 또한 크리켓 대회 등 다양한 방식의 문화적 소통의 장들이 마련되고 있다. 이러한 초대형 행사들은 결국 지원단체들의 지원이나 도움이 필요하지만 실제적인 기획과 운영은 이주노동자 공동체나 전문 매니저들에 의해 이뤄진다. 또 지역마다 공동체별로 밴드가 만들어져 노동으로 지친 몸을 이끌고서도 서로 모여 연습하여 자그마한 음악회를 열기도 한다. 현재 안산에만 스리랑카 밴드 2팀, 인도네시아 밴드 3팀 등 소규모 동아리 형태의 문화적 모임들이 활동하고 있다. 이런 모임들에서 지원단체들에게 활동의 장을 확보해줄 것을 요청하고 있으며, 이러한 욕구에 대해 현장의 지원단체에서는 더 효과적이고 실제적인 지원을 위해 이러한 문화적 장을 일반인들에게도 열어가고 있다. 이러한 이주민과 내국인 사이의 만남의 장 또한 다문화교육의 현장이다.

아울러 한국 사회의 문화적 갈증을 해소하기 위해 다문화교육이 필요하다. 미국식 서구문화에 식상한 한국인들에게 잘 알려지지 않은 다른 나라의 문화에 대한 호기심은 그 어느 때보다 높게 나타나고 있다. 경제적 수준의 향상으로 잘 알려지지 않은 나라와 문화에 대한 관심이 높아지고 접근 경로가 다양해지고 있으며, 직장생활의 스트레스를 해결하기 위해서 이색문화를 찾는 이들도 점차 늘어나고 있다. 과거에는 서점에 유럽이나 미국 위주의 여행 가이드북 일색이었지만 이제는 동남아나 중남미에 대한 소개서, 또는 작은 지역을 전문적으로 소개하는 가이드북들도 쉽게 찾아볼 수 있다. 이러한 사회적 흐름에 따른 문화적 갈증을 해소하기 위해 우리 안에 내재해 있는 다문화를 양성할 필요가 있으며 여기에서 다문화교육이 발생하게 되는 것이다.

3. 현장에서의 다문화교육의 한계

 이주민과 접촉하고 이주민의 인권과 복지 향상을 위해 지원하는 이주민 지원단체들이 한국 사회의 다문화교육을 지금껏 주도하고 있다. 초창기부터 이주노동자와 이주민들에 대해 관심과 역량을 쏟아부었고, 지속적인 사업과 연대의 틀을 가지고 있는 지원단체에서의 다문화교육은 그 실효와 성과에 대해서는 별다른 이견이 없을 것이다. 그럼에도 불구하고 현장에서 경험한 다문화교육의 한계를 지적하고자 한다.

1) 접근방법의 문제

 이주민과 접촉하고 지원하는 현장에서의 다문화교육의 한계는 첫째, 이주노동자의 노동권과 인권문제로 접근한다는 것이다. 곧 열악한 노동환경에서 인권침해를 받는 이주노동자도 우리와 똑같은 권리와 존엄성을 갖는 이웃으로 인정해달라는 것이다. 실제 이 인권교육으로의 접근은 매우 필요하며 중요하다. 그러나 여기에서의 이주노동자는 소수자이며 피해자인 반면 교육의 대상자는 다수자이며 관용을 베푸는 자이다. 결국 현실에서 이주노동자에 대한 한국인들의 인식을 반영한다고 하더라도 인권교육으로서의 다문화교육은 수동적인 교육의 한계를 갖는다.
 둘째, 이해보다는 체험 위주의 접근을 시도하고 있다. 언어소통에 대해 부담감을 가지고 있어 깊은 이해보다는 단편적인 경험과 체험에 의존하고 있다. 다른 나라의 역사와 민족, 종교, 예술 등에 대한 문화적 이해보다는 음식체험, 문화체험, 놀이체험에 상당 부분을 할애하고 있다. 이는 다문화교육을 '먹거리' 문화로 치부해버린다는 내부적 비판을 받고 있다.
 셋째, 상식적이고 단편적인 문화의 접근에만 치우친다. 실무자의 이해와 한국 사회에서 이미 인지하고 있는 부분에 한정된 접근만으로 전체를 이해하려는 시도들이 대부분이다. 이는 다문화교육을 기획하는 주체가 이주민이 아닌 지원단체의 실무자이기 때문이다. 흔히 베트남 하면 아오자이를 입은 여인이 떠오르고 그 그림에 맞춰 다문화교육을 기획한다. 그러나 사실 실무자가 이해하고 있는 문화적 이해는 다른 사람도 이해하고 있는 부분이다. 실무자라고 하더라도 특별한 다문화교육을 받을 기회는 드물기 때문이다. 혹시 대상국의 나라를 방문했다고 할지라도 그 나라에 대해 얼마만큼 이해하고 있는지는 모를 일이다. 결국 현장에서 실무자가 기획하는 다문화교육은 일반인도 인지하고 있는 상식적인 이해의 수준에만 그칠 때가 많다.

2) 일회성의 문제

현장에서의 다문화교육은 연속기획보다는 일회적 교육으로 끝난다. 주로 인권교육[3]은 1회에 한해 교육을 실시한다. 인권교육을 통한 다문화교육이나 각종 행사나 축제의 현장에서 이주민과 다른 문화를 접촉한 내국인들은 다양한 문화에 대한 호기심과 문화적 이해에 대한 욕구가 발생하게 된다. 그러나 지속적인 프로그램이 없기에 이런 다수자의 요구에 의한 다문화교육에 대한 욕구들은 묻혀버리고 만다. 사실 소수자인 이주민을 위한 다문화교육만큼 다수자인 내국인을 위한 다문화교육의

---

[3] 대표적인 인권교육은 한국이주노동자인권센터에서 2006년 실시한 '다름이 아름다운 인권교실'을 예로 들 수 있다. 이 인권교육은 총 46회, 1,380명의 학생들이 참여했으며, 이 기간 중 초·중·고등학생 1,000명을 대상으로 설문조사(인천지역 아동·청소년의 인종에 대한 인식조사)와 "아동·청소년의 인식실태와 다문화 인권교육을 위한 워크숍"을 실시했다. 12월 18일 이주민의 날에는 세계이주노동자 인권자료전시회를 열었다.

장이 훨씬 더 넓고 더 많이 필요하다. 결국 사회적 소수자가 살아가기에 알맞은 사회적 환경을 만들어내는 것은 다수자의 변화에 의해 생겨날 수 있는 것이다. 여기에서 현장에서의 다문화교육의 한계는 바로 이러한 다수자의 욕구에 대한 지속적이고 계획적인 다문화교육이 없다는 것이다. 인권교육이나 행사, 축제 등을 통한 만남도 결국 일회성의 한계를 극복하지 못한다. 따라서 이런 일회적 만남을 통한 다수자의 변화를 지속적으로 추동할 수 있는 기획력이 필요하다.

인권교육을 위주로 한 다문화교육의 또 다른 문제점은 다양한 인종과 국가, 문화를 가지고 유입된 이주노동자들을 인권이라는 한 주제의 틀 안에 포함시켜 버린다는 것이다. 즉, 다양한 나라의 이주노동자를 단순히 '다른 문화권에서 찾아온 사람'으로 묶은 하나의 개념에서 출발한다. 따라서 이주노동자의 인권교육은 다양한 이주민에 대한 개개의 이해보다는 노동력을 소지하고 들어온 외국인노동자를 보호하자는 식이 되어 이주민 개개인의 다양성은 감춰져 버린다. 그러므로 인권교육을 넘어선 전문화되고 세분화된 다문화교육이 필요하다.

3) 다문화교육 교육주체와 대상자의 문제

첫째, 교육의 주체가 전문기관(교육, 문화계)이 아닌 이주민 지원단체인 것은 현실이다. 이는 교육의 주체들로 이야기되는 교육계와 문화계가 다문화에 대한 접근이 현장보다 늦게 추동되고 있기 때문이다. 다문화교육의 현장과 자원을 가지고 있는 곳이 이주민 지원단체라고 해도 교육계와 문화계, 학계에서의 적극적인 참여가 필요하다. 지금까지는 이들이 적극적으로 참여하는 책임 있고 실제적인 다문화교육 프로그램을 실시하지 못하고 있다.

둘째, 이주노동자나 이주민이 아닌 현장 실무자의 시각에서 다문화교육이 기획되고 실행된다. 앞에서 접근성의 문제로 지적한 것처럼 현장에서의 다문화교육은 이주민 지원단체의 실무자에 의해 기획되고 실행된다. 따라서 다문화 주체가 아닌 현장 실무자의 의도대로 교육되며, 이주노동자 공동체 행사에서조차 이주노동자 공동체의 의견보다도 현장실무자의 시각이 지배적일 수 있다.[4]

셋째, 다수자 변화에 대한 관심이 부족하다. 다문화교육의 주된 목적이 소수자 보호에 관심을 갖고 출발한다. 그러다보니 사회의 시각 변화, 즉 교육받은 대상자들의 변화에 따라 교육의 성과가 결정된다. 이러한 교육방법을 통해 소수자도 한국 사회에서 구성원으로 차별받지 않는 풍토가 조성되리라고 생각하는 것이다. 그럼에도 불구하고 우리는 변화된 다수에 대해 관심이 부족하다. 한 번 교육받고 이주노동자와 이주민에 대해 좋은 감정을 갖는 것으로 끝난다. 더 나아가 다수자가 이주민과 더불어 살아갈 방법이나 접촉점은 여전히 교육대상자(다수자=한국 사람)의 몫으로 남겨질 뿐이다. 다수자인 한국 사람들, 특히 교육적령기의 학생들은 다문화교육에 지대한 관심을 갖는다. 그러나 현장에서의 다문화교육은 이들을 충족할 만한 지속적이고 계획적인 대안을 내놓지 못하고 있다. 이제는 소수자 보호를 위한 다문화교육이 아닌 다수자 변화를 위한 다문화교육으로 전환해야 한다.

---

[4] 일례로 스리랑카 설날행사에 개회식으로 국기를 게양한 경우가 있었다. 스리랑카에서는 귀빈이 국기를 게양하지만 내국인과 실무자들은 국기게양은 행사 진행자들이 하는 것으로 이해한다. 결국 지원단체의 실무자는 국기 게양자를 내빈이 아닌 실무자로 교체해줄 것을 요청했다.

4. 현장에서의 다문화교육의 대안

2006년 안산이주민센터 운영 프로그램 개요

제목: 찾아가는 다문화교실: 스리랑카
시기: 2006년 여름~가을 중
대상: 단원고등학교, 원곡고등학교 1~2학년 학생 ○○명
후원: 경기문화재단, (사)국경없는마을·다문화사회교육원

1) 찾아가는 다문화교실의 내용

찾아가는 다문화교실은 한국 사회에 들어와 있는 이주노동자의 나라에 대한 이해의 필요에서 기획되었다. 한국 사회에는 중국, 베트남, 인도네시아, 필리핀, 파키스탄, 스리랑카, 태국, 캄보디아, 방글라데시, 러시아, 네팔 등 다양한 나라의 다양한 인종들이 들어와 있으며 이들에 대해 하나하나 구별된 설명이 필요하다. 찾아가는 다문화교실은 이러한 필요성을 인식하고 하나의 나라를 대상으로 교육 프로그램을 기획하게 되었다. 그중 안산에 있는 이주노동자 공동체 가운데 가장 활발한 움직임을 가진 스리랑카 공동체를 선택하게 되었다. 스리랑카는 아직 한국 사회에서 자주 경험하지 못한 나라이고 외모에서 한국인과 뚜렷한 차이가 난다. 찾아가는 다문화교실은 스리랑카의 역사, 인종, 문화, 축제, 지리 등의 이론교육과 음식, 운동, 놀이와 같은 문화체험 등으로 기획되었다.

찾아가는 다문화교실은 총 4주 4강으로 기획되었다. 하지만 교육현장에서 4주의 시간을 할애받지 못했고, 정규과정이 아니기에 일부 학생들의 신청을 받아 노는 토요일에 진행되었다. 그러다보니 1일 2강으로 축소하여 실시하게 되었다. 첫째 날은 스리랑카의 역사에 대한 설명과

문화유산, 문화행사, 축제를 보여주는 영상물을 시청했다. 둘째 날은 스리랑카의 토산품과 도서들을 전시해 간접적인 경험을 하도록 했으며, 스리랑카 음식을 맛보고, 스리랑카 최대의 스포츠 경기인 크리켓을 함께 배워보았다. 이 외에도 스리랑카 의상을 직접 입어보고, 이주노동자들과 함께 게임도 했다. 스리랑카 현지 스님은 직접 한국어와 영어로 이론교육을 (포함한 주요 교육을) 해주셨다. 완전히 익숙하지 않은 한국어이지만 스리랑카 현지의 강사가 직접 자신의 나라에 대해 설명하고 학생들의 질문에 답하는 방식으로 진행되었다. 음식 장만과 민속의상의 모델, 크리켓 설명과 참여 등의 교육에 참여한 스리랑카 이주민들의 수는 총 15명이었다.

그리고 다문화교육을 신청한 학생들을 스리랑카 설날행사에 초청했다. 안산에는 스리랑카 독립협회 주최로 매년 4월 15일을 전후하여 설날행사를 실시한다. 제6회 스리랑카 설날행사에는 스리랑카 이주노동자 4,000여 명이 참석했으며 이주노동자 스스로가 계획하는 이주노동자 단일행사로는 최대의 규모이다. 이날 행사에 초대된 학생들은 이주노동자들의 축제의 장을 처음으로 경험했는데 이토록 많은 이주노동자들이 한국 사회에 살아가고 있다는 것이 무척 놀라웠다고 한다.

2) 찾아가는 다문화교실의 결과물

다문화교육에 참여한 학생들에게는 교육 수료증이 교부되었다. 이는 단순히 교육받은 것만으로 만족하지 않고 일정 부분 자신이 참여한 교육의 중요성을 인지하도록 의도된 것이었다. 한편 이번에 발급된 수료증은 초급과정으로 앞으로 고급과정으로 확장할 충분한 가능성을 열어두었다. 또 다문화교육을 받은 학생들에게 사회봉사활동 확인서를 발부하여 참가 동기를 촉진했다.

교육을 마친 후에 다문화교육체험 수기를 공모했고, 우수한 학생들을 선정해 시상했다. 수기문은 그 자체만으로도 좋은 결과물이지만 더 나아가 우수한 학생으로 선정된 학생들은 다문화가족 송년행사에 초청받아 모범외국인상(수훈자: 안산시장) 수상자와 함께 다문화상(수훈자: (사)국경없는마을 이사장) 수상자로 상을 받았다. 또 상을 받은 학생들은 약 10여 개국의 이주민과 그 가족들 300여 명이 모인 송년파티도 특별한 손님으로 초대되어 만족감이 더욱 커졌다. 다문화교육 이후에도 이주민과 다문화사회를 삶의 자리에서 경험하는 기회가 되었다.

다문화교육은 지역의 많은 학교들과 교육단체들에게 상당한 영향을 주었다. 특히 다문화교육에 대해 필요성을 인식하고 있는 일선학교 교사들과 대안학교 교사들을 대상으로 한 다문화교육이 기획되도록 촉진하는 계기가 되었다.

3) 찾아가는 다문화교실의 구조

(1) 기획

찾아가는 다문화교육의 기획과 실행에는 다양한 참여주체들이 같이한다. 그중에서도 지역사회 안의 소수자 주체화, 다수자 변화를 운동의 내용으로 삼았던 안산이주민센터에서 기획하고 주동했다. 경기문화재단에 사업을 신청하면서 지역 예술가와 교육전문가들의 자문을 얻어 기획했다.

(2) 후원

재정적인 후원은 경기문화재단에서 해주었다. 경기문화재단의 문화전문가가 기획단계에서부터 참여하여 접근방법과 가능성에 대한 검토도 충분히 해주었다. 이후 (사)국경없는마을에서 스리랑카에 대한 자료수집과 제작에 함께했고, 교육을 이수한 학생들에게 (사)국경없는마을의 부설인 다문화사회교육원의 이름으로 수료증을 발급했다.

(3) 교육

다문화교육의 교육주체들은 철저하게 이주민으로 이뤄졌다. 보문선원에 있는 스리랑카 현지 스님인 왓치사라 스님에게 다문화교육의 이론강의를 요청했다. 또 안산의 스리랑카 공동체인 스리랑카 독립협회에 크리켓 대회와 다문화교육에 실습강사 요청을 했고 매우 긍정적인 반응을 보이며 기꺼이 참여해주셨다. 스리랑카 음식은 스리랑카 이주노동자 가정에서 만들어 자녀와 함께 참여했다. 이론과 체험의 모든 과정에서 스리랑카 현지인들이 교사로서 참여했다.

(4) 실행

준비된 프로그램은 각 학교의 학사일정에 따라 조정되었다. 먼저 단원고등학교에서 실시했고, 이후 원곡고등학교에서 동일한 내용으로 실시했다. 한 번 계획된 프로그램은 다른 교육의 현장에서 얼마든지 재실행될 수 있으며, 점차 나름대로 요령을 터득하게 되었다. 일선학교에서의 다문화교육은 입시교육에 방해되지 않는 선에서 진행되게 되었다. 대상은 1~2학년 학생들로 신청자에 한해서 구성했고, 수업이 없는 토요일이나 일요일에 진행했다.

4) 찾아가는 다문화교실의 성과

(1) 의식의 변화

찾아가는 다문화교실의 가장 큰 성과는 교육에 참여한 모든 사람들의 의식변화이다. 교육의 대상자는 물론 교육에 참여한 모두에게 찾아가는 다문화교실은 참으로 기대 이상의 성과를 얻게 되었다. 어떤 연유로 교육에 참여했든지 교육에 참여한 모든 학생들은 다문화교육을 통해 전혀 색다른 경험을 하게 되었고 이러한 경험은 의식변화와 개념 확장으로 이어졌다. 한국 사회가 한국 사람만 살아가는 사회가 아니라 다양한 인종과 다양한 문화가 서로 어울려 존중하며 살아가야 한다는 사실을 배운 것이다. 또 교육의 주체로 참여한 이주민들은 더 이상 이방인이 아니라는 것을 체감했다. 특히 자신들이 단순히 노동력을 제공하는 일회적인 존재가 아닌 존엄성을 가진 인격체이자 문화적 가치를 인정받는 존재로서 자신들의 가치를 재발견하게 되었다.

참여한 모든 이들은 다문화사회로의 길이 이주민 지원단체만의 몫이 아닌 한국 사회에서 살아가는 모든 이들이 함께 고민하고 해결해나가야 할 길이라는 사실에 공감하게 되었다. 여기에서 한국 사회에서 살아가는 모든 이들이란 지원단체나 교육·문화계, 단지 한국 사람 모두를 이야기하는 것만은 결코 아니다. 이 땅에 살아가는 모든 이주민들 또한 함께 고민하고 준비해나가야 하는 것이다. 찾아가는 다문화교실은 이러한 인식의 변화를 일으켰다는 점에서 큰 성과를 얻었다.

(2) 다문화교육의 가능성 발견

다음으로 다문화교육의 가능성을 발견하게 되었다. 찾아가는 다문화교실은 첫째, 다문화교육 자체만으로도 정규교육과정이 될 수 있는 가능성을 발견하는 계기가 되었다. 찾아가는 다문화교실을 진행한 현장에서는 재교육을 받고자 하는 욕구가 무척 강했고 반응도 매우 뜨거웠다. 비록 스리랑카 1개국에 대한 이해교육만 짧게 4주 4강으로 기획했지만 말이다. 다양한 다른 나라들을 더 추가한다면 초·중·고등학교 어느 교육과정에서도 1년간의 프로그램을 진행할 수 있을 것이다. 특히 다문화교육에 앞서 한국 문화에 대한 인식을 먼저 점검할 것을 요구한다. 문화비교에 앞서 나의 문화적 기준이 있어야 하기 때문이다. 이러한 출발점을 염두에 둔다면 찾아가는 다문화교실의 프로그램이 정규교육과정으로 전혀 부족함이 없을 것이다.

둘째, 초급과정에서 고급과정까지의 차별화된 다문화교육을 기획할 수 있는 가능성을 찾았다. 찾아가는 다문화교실을 통한 교육의 한계성은 어느 정도 있지만 다양한 연결의 가능성을 충분히 확보하게 되었다. 현재 한국의 교육현장에서는 대학에서조차 비교문화(문화심리학 등도 포함해서)에 대한 논의가 그다지 큰 비중을 차지하지 못하고 있다. 그러나 다문화교육을 통해 기본적이지만 다양한 문화적 비교가 가능하고, 초급과정의 다문화교육보다 심화된 강의나 강좌로 발전할 수 있는 가능성도 발견되었다.

셋째, 다문화교육은 삶을 변화시키고 가치관을 확장시키는 교육이다. 다문화교육을 경험한 학생들을 다문화축제의 장으로 초대했다. 이주민과 그들의 나라에 대한 이해와 문화적 접촉을 경험한 학생들이 더 나아가 이주민과 함께 축제의 장을 통해 서로의 벽을 허물게 되었다. 이주민의 축제를 함께 즐기는 학생들은 이후 교육과 축제의 장을 벗어나 삶의 자리로 돌아가서는 이주민에 대해 호의적인 반응을 보인다. 실제로 '찾아가는 다문화교실: 스리랑카'를 마친 학생들은 이후 다른 이주민보다 스리랑카 이주민을 보면 반가운 마음과 친근감이 느껴진다고 한다.

(3) 다문화주의와 다문화교육의 기반 구축

마지막으로 다문화주의와 다문화교육으로의 기반을 마련하게 된 것이다. 찾아가는 다문화교실은 첫째, 자국 문화에 대한 자긍심과 타 문화에 대한 존중심을 강화하는 기회가 되었다. 흔히 다문화주의에 상반된 개념으로 민족 정체성을 이야기한다. 그러나 이번 찾아가는 다문화교육을 실행하면서 이 상반된 개념의 상호 긍정적인 면을 발견할 수 있었다. 찾아가는 다문화교육은 학생들을 대상으로 다문화교육에 앞서 자신들의 문화에 대해 질문한다. 학생들은 스스로가 이해하고 있는 한국 문화와 비교하여 다른 문화를 이해한다. 이는 자국 문화에 대한 인지도와 자긍심이 높은 학생일수록 다문화교육에 대해 적극적이고 흥미를 갖는다는 것이다. 사실 자국 문화에 소홀하고 무지한 학생은 다른 문화에 대해 관심도 없고, 비교할 기준도 없다. 반면 자국 문화에 대한 긍지가 높은 학생일수록 타 문화에 대해 포용적이었다. 결국 다문화교육을 통해 민족의 정체성과 다문화주의가 서로 긍정적인 역할을 할 수 있다는 나름의 결과를 얻었다.

둘째, 다수자 변화의 다양한 접근성을 확보했다. 다문화주의는 다수자 안에 살아가는 소수자를 보호하고 화합할 방법을 모색하는 것이다. 그러기 위해서는 다수자의 인식변화가 꼭 필요하다. 그러므로 찾아가는 다문화교육은 소수자를 위한 교육이면서 또한 다수자의 인식변화를 통해 다수자의 삶이 변화하도록 추동하는 교육이다. 실제로 다문화교육을 받은 학생 중 단 한 명도 다문화교육에 대해 회의적인 반응을 보이지 않았다. 학생들은 교육 프로그램을 총괄하는 실무자인 목사와 교육의 실질적인 주강사인 승려가 함께 다문화교육에 참여하여 함께 같은 공간에서 같은 고민을 나눈다는 것 자체가 이미 종교의 벽을 넘어서고 문화적 경계를 넘는 것을 실감했다. 학생들은 다문화교육에서 적어도 종교적인 갈등은 넘어선 것으로 인지한다. 이러한 작은 변화가 결국 소수자를 위한 다수자의 변화의 방법이 된 것이다.

셋째, 다문화교육이 간과해서는 안 될 점은 바로 다문화교육의 주체가 누구인가 하는 문제였다. 앞에서 언급한 대로 내국인에 의한, 특히 이주민 지원단체 실무자에 의한 다문화교육은 그 한계가 명백했기 때문이다. 그러므로 이주민 전문 강사 확보 및 이주민의 교육의 주체화는 이번 찾아가는 다문화교실의 가장 분명한 성과였다. 한국 사회에서 소수자인 이주민들은 자신들의 기본적인 인권 확보의 문제에 대해서도 스스로 나서기 어렵다.[5] 그러나 다문화교육에서는 자신들이 교육의 주체로서 강단에서 자신들의 문화를 당당히 가르쳤다. 교육받는 학생들은 단순한 인권교육을 받을 때보다 더욱 열린 마음으로 참여하며 서로의 문화를 비교하고 함께 문화적 교류를 한다. 다문화교육에서 이주민은 소수자가 아닌 문화적 자산을 가진 문화의 전도사로서 당당히 서며 자신의 문화에 대한 자긍심을 갖게 된다.

5. 짧은 바람

찾아가는 다문화교실은 다문화사회로 전환하는 과정에 있는 한국 사회에서 이주민 지원단체가 현장에서 할 수 있는 일을 나름대로 고민한 결과이다. 그러나 더 이상 다문화교육과 더 나아가 다문화사회에 대한 고민이 이주민 지원단체만의 과제로 남아서는 안 된다. 이제 한국 사회의 각계의 관심과 참여가 필요하다. 찾아가는 다문화교실의 성과는 안산이

---

[5] 이주민은 자신의 권리에 대해서도 자신들 스스로의 목소리를 내지 못한다. 이들의 권리에 대해 자신들의 입장을 주장할 법적인 근거가 없기 때문에 항상 지원단체나 다른 단체와 연대해서 자신들의 권리를 주장한다. 그러나 2007년 2월 23일(금) 서울 프레스센터에서 여수 출입국보호소 화재참사에 대해 한국 사회에서 처음으로 이주노동자 공동체만의 기자회견이 있었다.

주민센터만의 노력뿐 아니라 바로 한국 사회의 다문화교육과 다문화사회를 준비한 이들이 함께 참여하고 고민하여 얻을 수 있었다. 현장 실무자로서 결론짓는 다문화교육은 어느 특정 단체만의 점유물이 아니라 한국 사회의 모든 이들이 함께 준비해야 할 공유의 창작물이 되어야 한다는 것이다.

부록 1. 찾아가는 다문화교실 체험 수기문

■ 정다랑

다문화 교실이 열린다고 한다. 세계 여러 나라의 문화를 직접 체험할 수 있다기에 친구들과 얼른 신청했다. '화려한 유럽의 문화를 배우게 될까? 가깝고도 먼 아시아? 아니면 중동국가의 문화들을 배웠도 좋겠지?'라고 생각하며 어떤 문화를 배우게 될지 기대에 부풀어 7월 22일, 첫 시간을 가졌다.

우리가 배우게 된 나라는 '스리랑카'였다. 평소에 관심도 없었던데다가 조금은 좋지 않은 생각까지 가지고 있어서 실망했다. 게다가 체험이 아닌 이론이라니.

하지만 잠시 후 실망감은 사라졌다. 사실 학교 선생님이나 주최하는 곳에서 근무하시는 분들이 설명하셨다면 조금 지루했을지도 모른다. 그런데 특별히 스리랑카 스님이 직접 설명해주셔서 재미있었고 '아, 이런 게 바로 세계화라는 거구나' 하는 생각이 들었다.

스님은 서툰 한국어로 설명을 해주셨고 부족할 때는 영어도 섞어서 말씀하셨다. 스리랑카는 인도 아래에 위치한 불교국가다. 하지만 힌두교, 기독교를 포함한 다른 종교들도 인정하고 있다고 한다. 다른 종교를 가진 사람들이 인정할 것은 서로 인정하고 존중해준다는 스리랑카의 모습이 정말 멋지다고 생각했다. 그리고 내심 가지고 있었던 스리랑카에 대한 편견은, 스리랑카가 영국의 지배를 받았었다는 말에서 아픔을 느끼며 조금씩 사라졌다. 우리나라 역시 일본의 지배를 받았던 것이 지금까지도 우리에게 큰 부정적인 영향을 끼치고 있기 때문이다. 그리고 같은 발음을 내는 단어가 여러 개 있다는 말을 듣고 스리랑카가 더 가까워진

듯한 느낌을 받았다. 스리랑카는 생각보다 훨씬 아름다운 문화를 가지고 있었다. 물론 아름다운 문화가 없는 나라가 어디 있겠냐만⋯⋯.

스리랑카는 종교적인 이유로 모든 유물들이나 건축물, 그리고 전통의상이 모두 흰색이다(이 또한 '백의민족'이라 불리는 우리나라와 비슷하다). 그리고 조각이나 그림 등 화려한 색채를 자랑하는 예술품들이 많다. '사리'라 불리는 전통의상은 색깔이 참 곱다. 전통춤은 처음 접해서 많이 낯설었지만 화려했고 엄숙한 느낌마저 들었다. 동영상(우리말이 아니어서 전부 알아들을 수는 없었지만)을 통해 스리랑카를 간접적으로나마 바라보았고 개별적인 질문을 통해 더 깊이 알게 되었다.

두 번째 시간은 8월 19일이었다. 이번에는 전통의상, 결혼식 시범, 전통음식, 스포츠 등을 직접 체험함으로써 스리랑카를 더 많이 알게 되었다.

스리랑카라는 나라를 알고 문화를 알게 되면서 이제는 전처럼 낯설거나 편견이 있는 시선으로 보지 않게 되었다. 아니, 오히려 가까워진 것 같은 느낌이 들었다. 음, 조금은 우스울지도 모르지만 언젠가 스리랑카 사람들을 보게 되었을 때 반갑게 느껴지고 금세 친해질 수 있을 것 같은 느낌도 들었다.

이번 다문화 체험은 정말 뜻 깊고 좋은 경험이 되었다. 너무나 멋진 스리랑카의 문화를 체험하면서 새로운 문화를 안다는 것이 얼마나 신기하고 새롭고 즐거운 일인지 알게 되었다.

세계는 넓고 내가 아직 모르는 문화들도 셀 수 없을 만큼 많다. 살아가면서 이 수많은 문화들을 다 알기는 어렵겠지만 그래도 세계화니까 이번 기회를 통해 조금씩 배워나가면 좋겠다. 그런 의미에서 2학기에 또 한 번 다문화교실이 열린다면 그때는 좀 더 적극적으로 배워 더욱 새로운 경험을 쌓고 싶다.

■ 인소진

처음 담임선생님을 통해 '다문화교실' 참가에 대해 듣고서 대충 어떤 건지 생각해봤었다. 딱 듣자마자 생각난 건 '다문화주의'……. 다문화주의에 대해서는 예전에 윤리자습서에서 몇 번 본 적이 있긴 했다. 다문화주의적 관점에서 본다는 건 다양한 문화가 평등하게 인정되어야 한다는 것이다. 즉, 다문화주의는 모두가 동등한 자격으로 인정되어야 한다는 이야기를 하고 있었던 것 같았다. 어쨌든 재미있고 유익할 것 같기도 했고, 시간도 부담 없는 토요일에 열린다기에 즐겁게 참여하게 되었다.

7월 22일. 노는 토요일, 일명 놀토날 다문화교실의 첫 시간이 열렸다. 부담이 없는 토요일이긴 했지만 그날은 다문화수업 때문에 부담스러웠던 것도 사실이다. 한참 집에 있다가 교복을 입고 준비하고 나가는데 날도 덥고 해서 실은 조금 귀찮기도 했다.

그래도 학교 시청각실에 앉아서 시작하기를 기다렸다. 그때만 해도 소문으로는 일본 승려가 온다는 등 얘기가 분분했는데 앞에 나타나신 분은 스리랑카인 와치사라 스님이셨다.

사실 이론적으로 다문화주의 같은 것들에 대해 배운 적이 있어 머리로는 알고 있어서 이론수업이란 말에 처음엔 실망감도 없지 않았다.

나는 이주민이라고 하면, 이주민이 많은 안산의 두드러진 특성 때문에 '피부가 가무잡잡하고 눈이 큰 외국 사람들'이라는 이미지를 이미 갖고 있었다. 그리고 '그런 나라들보다 우리나라가 훨씬 발달했지……' 하는 생각을 하기도 했다.

그런데 조금 의아한 것은 스님과 함께 목사님이 오셨다는 사실이다. 목사님께서는 한국말이 서툰 스님께서 하시는 말씀을 해석해주시고 불교국가 스리랑카의 불교문화와 생활 등을 거리낌 없이 이야기해주셨는

데, 지금 생각해보면 종교가 달라도 함께 어울려 서로를 인정해줬던 모습이 이 행사에서 처음 느낀 다문화사회의 모습이었던 것 같다.

그날은 스리랑카의 전통춤과 그들의 풍습 등을 소개하는 동영상을 보았다. 많은 친구들과 마찬가지로 나 또한 가장 기억에 남는 건 학교에 가거나 외출할 때 부모님의 발에 입을 맞추는 장면이었다. 우리나라에서 부모님께 큰절을 하듯이 말이다. 방법이 다를 뿐 정신이라든지 의식은 우리와 비슷한 것 같았다.

특히 비슷한 점은 스리랑카도 식민지 시기를 겪었다는 점이다. 우리나라는 일본의 식민지였던 적이 있어 아직까지도 일본이라는 나라가 저질렀던 악질적 행동에 대해 분노한다. 어떤 아이가 스리랑카의 영국에 대한 인식을 묻자 스님은 영국에 대한 인식이 별로 좋지 않다고 말씀하시며 표정이 굳었는데, 나도 왠지 그 마음을 짐작할 수 있을 것 같았다.

또 스리랑카에는 아주 높고 먼 곳에 불교사원이 있는데 이곳 사람들은 귀찮은 줄도 모르고 불편함을 참으며 사원에 가서 예배를 올린다고 한다. 동영상 속 장면을 보니 사원은 정말 아득히 높고 먼 곳에 있었는데, 가족 단위로 올라가거나 혼자 올라가는 사람들이 많았다. 정말 그 의지와 정신력이 대단하다고밖에 할 수가 없었다. 그날은 이렇게 수업을 마쳤고 처음과는 사뭇 다른 생각을 안고 집으로 돌아갔다.

두 번째 체험은 8월 19일. 첫 번째 체험교실은 약간 이론적인 설명을 들었다면 이 날은 직접 몸으로 체험하는 시간이었다. 개학식이기도 하면서 계발활동을 하는 토요일이라 부서활동 후 학교로 갔다. 학교에서는 알 수 없는 노래가 나오고 있었고 실내화를 갈아 신는 중앙현관 근처에서 스리랑카 청년들이 소규모로 크리켓 경기를 하고 있었다.

1학년 후배들이 귀여운 스리랑카 여자아이를 안고 있었는데 낯을 가리지 않고 나에게도 손을 내밀던 아이를 보니 왠지 친숙하게 느껴졌다.

그날은 음식을 맛볼 기회도 있었는데 나는 친구들과의 약속이 있어 직접 한 접시를 받지는 않고 친구가 받은 걸 조금 먹어봤다. 약간 카레나 닭고기같이 생겨서 낯설지 않았지만 먹어보면 난생 처음 느끼는 맛이 나서 사실 맛있다고 말하기 어려웠다. 그래도 다행히 참가한 친구와 후배들 대부분이 나름대로 맛있게 먹는 표정을 지어준 것 같아서 조금 마음이 놓였다.

더운데도 두껍고 화려해 보이는 스리랑카 전통 혼례복을 입고 와준 그 사람들에게 고마운 마음이 들었다. 함께 게임을 하는데 그 게임 자체는 친숙하기도 했지만 분위기는 생소했다. 의자와 의자 사이에 간격을 두어 동그란 모양을 만들고 음악이 나오면 그 주변을 돌다가 음악이 멈추면 잽싸게 의자에 앉아야 한다. 의자 수는 인원 수보다 하나씩 모자라게 빼놓아 한 사람씩 탈락하고 마지막 한 사람이 남는 게임인데 하는 내내 스리랑카 사람들이 격려하듯 일정한 박자로 크게 박수를 쳐줬다. 고맙기도 하고 조금은 부담스럽기도 했던 기억이 난다. ^^;

그들이 직접 불러주는 노래도 듣고 본격적으로 크리켓 경기를 구경했다. 그 더운 날 운동장에서 이 행사와 우리를 위해 진지하고도 열심히 경기해주는 모습을 보니 정말 매너와 친절을 아는 사람들이라는 생각이 들었다.

처음엔 '우리보다 못한 나라'라는 이유 모를 우월감에 사로잡혀 있었는데 다문화수업을 마치자 점점 스리랑카에 대해 의식이 우리와 닮았다는 친숙함도 들고 이 나라뿐만 아니라 다른 나라까지 포용하고 이해해야겠다는 생각이 들었다. 그리고 그동안 선진국, 후진국 하며 경제 수준 같은 것에 얽매였던 것에서 벗어나야겠다는 다짐도 하게 됐다.

다문화교실은 새로운 시각과 마인드를 갖게 해주었다. 내가 그 시간에 속해 있었다는 게 자랑스럽고, 앞으로도 이런 체험이 자주 있어서 더 많은 사람들에게 참여할 기회가 주어졌으면 좋겠다.

■ 김보슬

　다른 나라의 문화를 몸으로 느끼면서 서로의 사이를 좁혀나가자는 취지였던 다문화교실을 오늘로 마치게 되었다. 참 아쉬움도 많이 남으면서 겨울에 한 번 더 이런 기회를 접할 수 있다는 말에 후일을 기다리게 되었다. 몸도 불편하시고 한국말이 서툰데도 열심히 우리에게 스리랑카의 문화에 대해서 알려주셨던 스님, 게임을 하면서 쑥스러워하시던 목사님, 많이 먹으라며 음식을 퍼주고 같이 사진도 찍고, 나에게 예쁜 옷도 입혀주었던 스리랑카 언니, 오빠들 모두가 이젠 하나도 낯설지 않다.

　첫 번째 날, 시청각실에 모여서 스님을 처음 봤을 때는 역시 우리와 겉모습이 달라 몸도 마음도 약간 위축되었다. 하지만 스님이 가져오신 영상물을 보고는 나뿐만 아니라 아이들 모두가 스리랑카에 대해서 관심을 갖게 되었다.
　사실 귀보다 눈에 더 집중되었던 나는, 많은 장신구가 달린 전통의상을 입고 화려하게 춤을 추는 모습에 빠져들었고 다른 어떤 나라보다도 불교의 문화가 그대로 남겨져 있다는 말을 듣고 신기하고 놀랐다.
　내가 첫 날 스리랑카라는 나라에 가장 동질감을 느꼈던 것은 한 아이의 질문에 대한 스님의 답변이었다. 스리랑카는 우리처럼 식민지라는 아픈 역사를 가진 나라였는데 스리랑카 국민들도 그 때문에 많은 고통을 겪었고 상대 나라에 대해서도 적지 않은 반감을 갖고 있다고 하셨다. 말씀을 많이 줄이시던 모습과 함께 조용했던 분위기가 기억난다. 아마 우리와 스님의 마음이 그때부터 하나가 됐을지도 모른다는 생각이 든다.
　약간 엄숙했던 첫째 날과는 다르게 두 번째 날이었던 오늘은 정말 활기찬 하루였다. 한국어가 아닌 언어로 된 음악이 흐르고 신기하게 생긴 스리랑카 옷을 직접 보고 입을 수 있었다. 게다가 하늘도 맑고 바람도 시원해서 더욱 멋지게 시작되었다.

처음으로 스리랑카 음식을 먹어보았는데 조금밖에 먹지 못했다. 사실 신기하게 생긴 음식에 대해 거리낌이 있어 먹지 않으려 했지만, 일단 체험이기도 하고 정성 들여 만드신 분들에 대한 예의라는 생각이 들어 숟가락을 들었다. 조금만 먹었지만 역시 먹지 않았으면 후회했을 것 같은 독특한 맛의 체험이었다. 좀처럼 볼 수 없는 색다른 음식이라 신기했고 비록 입에 맞진 않았지만 음식을 한 입이라도 더 먹음으로써 그들과 가까워지려 했던 나의 새로운 모습도 볼 수 있었다.

음식을 먹고 스리랑카의 결혼 문화에 대해서 배웠는데 그들은 우리와 같이 촛불을 켜고 시작한다고 했다. 또 평생에 단 한 번뿐인 결혼식에서는 왕의 복장을 허용하는데 스리랑카에서 직접 가져온 결혼복은 너무나 아름다웠다. 우리나라 신랑은 검정 턱시도, 신부는 흰색 드레스가 대부분인 반면에 스리랑카는 과연 왕의 옷답게 신랑과 신부 모두가 금빛으로 화려하게 번쩍였다. 신랑은 정말 듬직해보였는데 몸 가운데 찬 칼은 가정을 잘 지키라는 의미에서 지닌 장신구였으며, 신부는 목걸이와 팔찌 등 너무나 화려하면서도 우리나라의 펑퍼짐한 드레스와는 다르게 일자형으로 되어 있어 단아하기도 했다.

재미있는 결혼문화를 알아보고 우리는 함께 게임을 즐겼다. 음악이 나올 때 춤을 추며 돌다가 음악이 멈추면 자리에 재빨리 앉는 게임이었는데 흥겨운 노래가 분위기를 한층 더 올려주었다. 나도 상을 받으려고 열심히 참여했지만 결국 최후의 한 아이가 스님이 주신 상품을 받았고 우리들은 모두 부러워했다. 그 다음 스리랑카에서 하는 크리켓이라는 경기를 보았는데 마치 우리나라의 야구와 비슷했다. 한국말을 조금 할 줄 아는 스리랑카인 한 분이 우리에게 경기 규칙을 설명해주어서 더

신나게 볼 수 있었다. 홈런처럼 멀리 날아갈 경우에는 6점이 부여되는데 칠 때마다 계속해서 날아가는 공을 보면서 소리를 지르기도 했다. 햇볕은 여전히 내리쬐고 나와 친구들은 아까 보았던 스리랑카 옷을 직접 입어보고 싶어서 옷을 가지고 있는 스리랑카 언니들에게 갔다. 나는 왠지 민망해서 망설이다가 뒤늦게 옷을 입었는데 지금 생각해보니 일찍 가서 다양한 옷들을 더 입어봤으면 하는 후회가 든다.

스리랑카 옷은 상의가 우리나라 저고리처럼 짧고, 포와 비슷한 천으로 배를 감싸 치마를 만든다. 치마를 입기 전에 긴 천으로 몸을 왼쪽에서 오른쪽으로 대각선을 만들어 걸치는데 나는 반대로 걸쳤다는 스님의 말에 얼굴이 빨개지기도 했다. 햇빛에 눈이 부셔 눈도 제대로 뜨지 못하고 사진을 찍었지만 따뜻했던 날씨와 함께 만들어냈던 이 추억은 가장 기억에 남고 평생 잊지 못할 것 같다. 그렇게 우리는 유쾌한 시간을 보냈고 어디서도 느낄 수 없는 새로운 체험을 가졌다.

길고도 짧았던 스리랑카의 문화 체험, 이것은 그냥 외국인복지센터에 가서 봉사활동을 하는 것과는 또 다른 느낌을 주었다. 처음 스크린으로 본 스리랑카의 모습과 우리와 스님과의 대화 속에서 그 나라의 사회와 정신을 알게 되었고 스리랑카의 놀이문화와 음식, 결혼문화와 전통 옷까지 몸소 느끼면서 그 나라의 문화까지도 이해할 수 있게 되었다. 문화의 차이점도 있었지만 놀이를 즐기는 모습, 서로를 배려하고 위하는 어른들의 모습, 천진난만하고 순수한 아이의 모습들, 모두가 우리는 같았고 더 이상 거리낌을 갖고 피해야 할 이유가 없다는 것을 깨달았다. 난 이제 외국인들을 만나도 곁눈질하지 않게 되었고, 오히려 내가 먼저 말을 걸고 싶고 더 알고 싶다는 마음을 가지게 되었다. 비록 이 다문화 체험을 한 사람은 적었지만 아마 참여한 모두가 나처럼 느꼈을 거라 생각한다. 이런 기회가 더욱더 많아져서 다른 사람들도 거리낌 없이 서로 친근한 마음을 가진다면 정말 행복할 것 같다.

부록 2. 찾아가는 다문화교실 자료사진

▶ 찾아가는 다문화교실을 수료한 학생 중 우수한 학생들에 대해 이주민 송년행사에 초청하여 이주민의 축제를 경험하게 했다.
(단원고등학교 학생 참여)

◀ 스리랑카 이주노동자들이 학생들에게 크리켓 경기를 설명한 후에 함께 경기를 가졌다. 크리켓은 스리랑카 최대의 스포츠경기다.

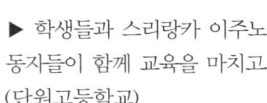

▶ 학생들과 스리랑카 이주노동자들이 함께 교육을 마치고
(단원고등학교)

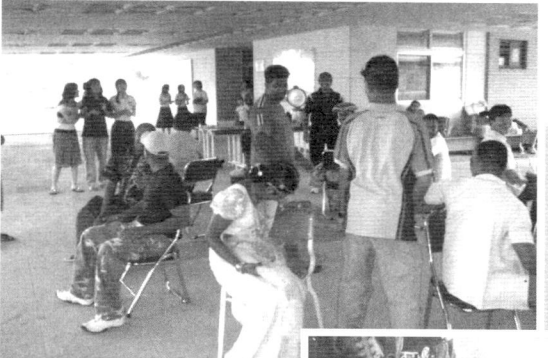

◀ 스리랑카 이주노동자들이 학생들에게 스리랑카 게임을 설명하고 시범을 보이고 있다.
(단원고등학교)

▶ 스리랑카 전통의상을 입고 함께 어울린 스리랑카 이주노동자들과 학생들.
(원곡고등학교)

◀ 스리랑카 전통 민속품과 도서, 놀이기구 등을 전시하여 학생들이 자유롭게 체험하게 했다. 스리랑카 역사, 문화, 종교, 지리 등을 소개한 유인물을 들고 있는 학생들.
(원곡고등학교)

제4부

다문화주의와 종교

이슬람과 동양사상

제10장

종교에서의 다문화 정신

이슬람을 중심으로

이희수
(한양대학교 문화인류학과 교수)

1. 종교의 두 얼굴

자기와 다른 색깔과 신분을 가진 사람들과 한 울타리에서 살아가는 데 종교만큼 효율적이고 실질적인 통합의 매개체도 드물 것이다. 동시에 자기와 다른 신념을 가진 다양한 사람들과 함께 살아가는 데 종교만큼 다름과 차이를 극대화시키면서 공동체를 산산조각내는 역기능적 요소도 드물 것이다. 더욱이 그 종교가 일신교인 경우에는 폐쇄성과 자기 종교 절대주의의 성향이 훨씬 강하다. 자기 종교의 절대적 신념체계 내에서만 사랑과 베풂이 넘쳐나고 다른 종교를 향해서는 분노와 적의감의 칼날을 들이대는 일신교가 만민평등과 중생구제의 초심으로 돌아가는 길은 없을까? 나의 소중한 가치만큼 다른 믿음들을 향해서도 최소한의 예의와 존중을 표할 수 있는 다문화적 덕목이 종교에서는 어떻게 발현될 수 있을까? 참으로 어려운 숙제이다. 그것은 인간에 대한 무한대의 사랑과 힘들고 지친 자에게로 향하는 종교적 초심을 되찾는 것으로부터 출발해야 하지 않을까? 이처럼 다른 신앙에 대한 거부와 적의는 역사적 응어리와 현실적인 갈등에서도 그 원인을 찾을 수 있지만, 고착화되고 재생산되는 의도된 편견과 오해로부터 비롯되는 경우도 적지 않다. 따라서 다문화 사회에서 상생과 공존을 위한 종교의 역할은 다른 종교에 대한 기존 인식의 늪을 박차고 나오는 일로부터 시작되어야 한다. 이 장에서는 우리 사회에서 호전적이고 다문화 파괴의 원흉쯤으로 간주되는 가장 대표적인 종교인 이슬람교를 중심으로 그 종교의 다문화 정신과 상생의 가능성을 살펴보려고 한다.

나는 아직 인류를 위해 만들어지거나 계시가 내려진 어떤 신앙체계가 폭력을 조장하거나 무고한 인명을 살상하도록 내버려둔다는 종교적 가르침을 알지 못한다. 이러한 지극히 상식적인 종교적 명제가 왜 이슬람 종교에는 적용되지 못하는 것일까? 지금 일어나는 현실적 갈등과 종교 사이의 근본적인 차이를 들여다보지 못하기 때문이다. 많은 경우 갈등의 원인과 배경은 주로 침략자나 강자들의 논리에 의해 조작되거나 왜곡되기 일쑤여서 직접적인 이해 당사자가 아닌 경우 제3자의 입장에서는 그 진실을 들여다보기가 매우 어렵다.

우리에게도 사정은 마찬가지다. 한국은 해방 이후 50여 년간 중동·이슬람 사회와 역사적으로, 정치적으로, 또 군사적으로 대결구도를 그려왔던 적대적 이해당사자인 미국과 이스라엘 중심의 정보와 논리, 시각을 통해서만 중동지역과 이슬람을 보아왔다. 조직적이고 체계적으로 양산되고 축적된 지적인 편중과 편견이 이슬람의 문제를 있는 그대로 들여다보지 못하게 하는 최대의 지적 걸림돌인 셈이다. 이 문제는 너무나 심각해서 심지어 소위 내로라하는 진보적인 지식인들조차도 이슬람에 대한 고정관념과 부정적인 지식의 화석화로부터 아직 벗어나지 못하고 있는 경우를 종종 볼 수 있다.

다문화사회에서 종교 간 대화란 상대의 가치를 있는 그대로 이해하고, 다른 방식의 가르침에 최소한의 예의와 존중을 표하는 일에서부터 출발한다. 이런 점에서 이슬람과의 진정한 대화는 왜곡된 질곡을 걷어내는 작업으로부터 출발해야 한다고 믿는다.

2. 이슬람의 형성과 발전에서 나타나는 통합과 다양성의 메시지

역사적 맥락에서 보면 이슬람은 알려진 것처럼 갑자기 사막에서 준비도 없이 등장한 이념체계는 아니었다. 7세기 들어 아라비아 반도를 관통하는 오아시스 루트가 새로운 교역로로 등장하면서 놀랄 만한 변화가 일어났다. 교역상인과 외국인은 물론 오랜 경제적 착취에 시달린 난민과 이주자들이 아라비아 반도로 몰려들었다. 그러면서 그들은 새로운 기술과 물품, 종교와 이념을 아랍사회에 전달해주었다. 그중 가장 중요한 것은 말할 것도 없이 유대교와 비잔티움의 기독교, 페르시아의 조로아스터교였다. 세 일신교가 이슬람에 끼친 영향은 그 어떤 제도나 이념적 영향을 뛰어넘는 것이었다.

이처럼 아라비아라는 척박한 생태 조건에서 두터운 문화적 하부구조를 갖지 못한 채 발아한 이슬람은 활짝 열린 용광로 속에 주변 문화를 적극적으로 수용하고 그것을 자기화함으로써 급속한 발전을 거듭했다. 다른 문화를 받아들이는 포용력과 융화력이야말로 이슬람문화의 가장 큰 특징이라 할 수 있다. 문화적 자양분을 공급한 한 축은 페르시아 제국의 이란 지역이고 또 다른 한 축은 로마와 비잔티움 제국의 동부 지중해였다.

동양적 배경을 공유하던 페르시아로부터 주로 행정체계와 제도를 도입했다면, 그리스·로마의 지중해 문화로부터는 광범위한 철학과 사상을 받아들였다. 9세기 초 압바스 제국의 칼리프 알 마문이 바그다드에 설립한 최초의 고등학문기관인 '바이틀 히크마(Bait al-Hikma, 지혜의 집)'에서는 번역을 통한 그리스의 학문과 사상이 광범위하게 수용되고 전승되었다. 코란의 절대성 때문에 번역이 금지된 신학과 스스로의 우위를 신봉하던 역사학과 시문학 분야를 제외한 실용적인 분야에서 그리스의 영향은 지대했다. 서구에서는 이미 잊힌 플라톤, 아리스토텔레스, 유클리드, 프톨레마이오스, 아르키메데스, 갈렌 등과 같은 그리스 학자들의 업적이 고스란히 계승되었다. 이처럼 수학·천문학·물리학·화학·약학·약리학·지리학·농경학 등과 철학 분야의 그리스 서적들이 폭넓게 번역되어 학문을 획기적으로 발전시켰다. 나아가 단순한 번역을 넘어 인도나 페르시아의 학문 성과까지 포함하여 독창적인 영역을 구축하면서 중세 이슬람 과학은 아랍 르네상스라 일컬어질 정도의 황금시대를 열었다. 대체로 그리스 과학은 다소 이론적인 경향이 강했지만, 이슬람 과학은 훨씬 실용적이고 끊임없는 실험과 관찰에 의해 다듬어졌다. 중동지역에서 정비된 그리스 학문과 이슬람 사회의 과학, 의학, 건축 분야의 성과는 후일 라틴어로 번역되어 유럽으로 전해지면서 유럽 르네상스와 근대적 도약의 밑거름이 되었다(Cardini, 1999: 90).

3. "한 손에 코란, 한 손에 칼"이란 망령

아라비아 반도에서 출발한 이슬람은 그 후 1세기도 채 안 되는 시기에 서남아시아, 중앙아시아, 인도, 아프리카는 물론 남서부 유럽에 이르는 거대한 세력권을 형성했다. 동으로는 파미르 고원을 경계로 당(唐)나라와 접경하게 되었고, 710년에는 오늘날 파키스탄의 모체가 된 신드 주와 인도의 펀자브 주까지 진출했다. 751년에는 고구려 출신의 고선지 장군이 이끄는 당나라 군대가 이슬람군에 패퇴함으로써 중앙아시아 전역이 이슬람화되어 오늘날까지도 이슬람의 영향이 내륙아시아 전체에 강성하게 되었다. 서쪽으로는 비잔티움 제국에 대한 강력한 공격을 감행하여, 비잔티움의 군소 속령을 차지하고 두 차례나 콘스탄티노플을 포위하기도 했다. 북부 아프리카 지역에 대한 정복에도 관심을 기울여 베르베르족을 복속시킨 후 711년 지브롤터 해협을 건너 스페인의 이베리아 반도의 서고트 왕국을 멸했다. 이로써 스페인은 15세기 말까지 이슬람국가로 유럽에 이슬람 문화가 전파되는 창구 역할을 했다. 이슬람군은 여세를 몰아 피레네 산맥을 넘어 프랑크 왕국을 공략했으나, 732년 샤를 마르텔(Charles Martel)의 군대가 이를 저지해서 유럽 중심부의 이슬람화를 막았다.

이와 같이 단시일 내에 정복사업이 성공할 수 있었던 내적 요인은 당시 침체된 아라비아 일대의 상업과 목축업이 늘어나는 이슬람 공동체의 생존에 충분치 않아 이주지와 비옥한 경작지의 획득, 공납지의 확대, 안정된 교역로의 확보 등이 절실했기 때문이다. 외적인 요인으로는 비잔티움과 페르시아 제국의 끊임없는 교전으로 인한 피폐, 양 제국의 강압적인 통제정책과 과중한 조세수탈로 인한 민심의 이반 등을 들 수 있다. 한편 이슬람교가 철저한 일신교로서 참신앙에 대한 긍지가 강했고, 새 정복지에서 살육과 직접통치보다는 공납과 간접통치를 선호함으로써 무혈의 정복사업은 대성공을 거두었다.

일찍이 서구인들이 이슬람인들에 의한 단시일의 정복사업을 소위 "한 손에 칼, 한 손에 코란"이라는 표현을 사용하여 이슬람의 호전성과 강제 전파를 설명했다. 그러나 이는 그들의 이교도에 대한 적개심과 확산되는 이슬람 세력에 대한 위기감에서 만들어진 용어에 불과하다. 오히려 개종하게 되면 인두세나 토지세 등의 일부가 면제되었으므로 정부는 국가수입의 증대를 위해 피정복민의 개종보다는 공납을 요구했다. 또한 공납의 액수도 비잔티움이나 페르시아의 수탈에 비하면 가벼운 것이어서 이슬람 제국하에서 기독교인과 유대교도들은 상당한 종교의 자유와 경제적 기득권을 향유하고 있었다. 이슬람의 급속한 전파는 16세기에 고비를 맞게 되는데, 이는 유럽인의 지리상의 대발견 이후 서구 해상 세력들이 동양을 장악해가면서부터였다. 인도는 물론 말레이시아·인도네시아를 거쳐 베트남 남부의 참파(Champa),[1] 필리핀 남부의 도서까지 진출했던

---

1) 2세기 말엽에 지금의 베트남 남부에 참족이 세운 나라. 인도 문화의 영향을 받아

이슬람 세력은 서구와의 경쟁에서 연이어 패배했다. 필리핀이 스페인의 수중에, 인도네시아는 네덜란드, 말레이시아와 인도는 영국의 식민지 통치를 경험하게 된다. 아시아뿐만 아니라 북아프리카는 프랑스, 이탈리아, 영국의 수중에, 중앙아시아의 이슬람 지역은 중국과 러시아의 침략하에 놓이고 말았다. 그러나 오랜 서구의 식민지 상태가 종식되었을 때, 한번 이슬람을 받아들인 지역과 주민이 원래의 종교나 다른 이념으로 개종한 경우는 거의 찾아보기 힘들다. 대부분의 피식민지 지역은 지금도 고스란히 이슬람의 지역으로 남아 있다. 이것은 바로 이슬람의 강제 개종에 대한 가장 분명한 역사적 반증이 된다.

불행히도 아무런 역사적 근거도 없는 "한 손에 칼, 한 손에 코란"이란 용어가 교과서에서 삭제될 때까지 우리는 1세기를 기다려야 했다. 이 용어는 지난 1세기 동안 서구인은 물론 한국인의 이슬람에 대한 인식세계를 지배하던 망령이었다. 이슬람 세계는 분명 서구사회와는 다른 패러다임을 갖고 있다. 우리는 한 패러다임에 종속되어, 엄격히 말하면 많은 경우 자신의 것이 아닐 수도 있는 그 잣대로 모든 것을 평가하고 결론지어버리는 오류를 범해왔다. 결국 한 패러다임에 대한 맹신이 우리 바깥의 문제, 어쩌면 우리 문화 속에 이미 녹아 있을지도 모르는 문제에 대해 편견과 증오를 양산해왔던 것이다.

4. 이교도에 대한 초기 이슬람 제국의 태도와 정책

이슬람은 앞선 일신교들의 기본적인 교의를 받아들이면서도, 코란을

해상 교역으로 번영했으나, 15세기 후반에 베트남에 정복되어 17세기 말엽에 멸망했다.

통해 전혀 새로운 혁명적 변화를 가져다줌으로써 기존의 교의와 교회를 압도해버렸다. 이슬람 제국의 새 통치자들은 정복을 통해 구질서를 뒤엎고, 성직자와 교회, 왕과 귀족, 특권층이나 카스트 등 원칙적으로 어떤 형태의 신분도 존재하지 않는 신체제를 구축했다. 물론 진정한 신앙을 받아들인 사람이 그렇지 않은 사람에 대한, 여성에 대한 남성의, 노예에 대한 주인의 우월성 같은 사회적인 차별은 엄연히 존재했다. 그러나 이러한 차등조차도 율법에 의해 완화되고 인도적인 측면이 강조되었다. 피정복지의 비개종자 전쟁 포로가 주가 되었던 이슬람의 노예는 이전 사회와는 달리 재화나 상품의 지위에서 법적·도덕적 지위가 인정되는 인격체로 간주되었다. 이슬람 세계의 노예는 미미하기는 하지만 재산의 상속과 처분에 있어서 일종의 시민권을 가지고 있었다. 심지어 이슬람법은 노예의 의료혜택, 음식, 노후보조 등을 규정하고 있다(루이스, 1998: 221). 비무슬림들도 재정적·사회적 위상에서 중세는 물론 근대 기독교 서구사회에서의 비기독교인들의 위상에 비하면 월등하게 높은 수준이었다.

다른 일신교의 역사와 비교해볼 때, 이슬람 제국의 기본 정책은 칼보다는 공납이었으며, 이슬람 세력의 권위와 기득권을 받아들이는 전제에서 소수민족들의 종교와 피지배민족들의 문화는 향유되었다. 소수정예의 교역·유목·전사 집단이 주축이 된 이슬람 세력은 우선 수적으로 절대적인 열세였기 때문에, 과거 비잔티움과 페르시아 치하에 있던 농경 정주사회를 직접 통치하는 것은 애초에 불가능했다. 그들이 선택할 수 있는 유일한 길은 피정복지의 토착세력과 결탁하여 완전한 정치적 통제력의 유지와 필요한 조세의 안정적 확보라는 2개의 축을 유지하면서 그들의 자유로운 삶을 보장해주는 것이었다. 이미 4대 칼리프 시대에 들어 각 지방의 통치자들은 상당한 수준의 재량권을 손에 넣었다(하에리, 1999: 117). 그들을 통제하는 힘은 중앙정부와 피정복지의 중간 변경지대에 암사르(Amsar)라는 병영도시를 설치하고 군대를 주둔시킴으로써 충분했다. 실제로 이슬람은 진행과정에서 필연적인 정복전쟁을 거쳤지만 가는 곳마다 해당 지역의 문화를 순화시키고, 기존 문화와의 공존을 최우선적으로 구축했다. 따라서 일방적으로 이슬람을 강요하는 일은 거의 없었다. 각 지역의 외형적인 차이점들은 그대로 유지되었다(하에리, 1999: 17). 사실 300년 이상 지속된 비잔티움과 페르시아의 기나긴 소모전은 양 제국 치하에 있는 주민들의 삶을 유린했으며, 수탈경제의 고통은 극에 달했다. 이러한 사회 환경에서 일정한 세금을 내면 자신들의 재산은 물론 고유한 관습과 종교까지도 보장받는 새 정권의 질서유지는 그들에게 새로운 기대와 희망을 주기에 충분했다. 따라서 이때 강자의 편에 붙겠다는 생존전략과 세금감면이라는 현실적 동기부여는 피정복민의 대량개종을 가능케 한 요인으로 보인다. 그러나 이슬람 정부가 피정복민의 대량개종을 강제한 흔적은 찾을 수 없다. 오히려 피정복민의 지나친 대량개종은 국가 조세수입을 감소시키고, 상층 권력구조의 불균형을 야기할 수 있기 때문에 경계한 것으로 보인다. 그리하여 우마이야 시기의 뛰어난 칼리프였던 압둘 말리크는 개종을 권장하기는커녕 오히려 제도적으로 개종을 금지하는 정책을 펴기도 했다(김정위, 1987: 95). 물론 자신의 신앙에 대한 확고한 믿음을 갖고 있던 유대교인들과 기독교인들의 개종은 사실 거의 일어나지 않았다. 인두세인 지즈야(Jizya)[2]를 납부하더라도 충분히 자신들의 삶을 영위해갈 수 있었고, 자신들의

---

[2] 비무슬림들에게 부과하는 지즈야는 시대에 따라 세액이 달랐다. 그리고 수입에 따라 적용세액도 개인별로 달랐다. 이슬람 초기의 지즈야는 재산소유에 따라 최고 48디르함에서 최소 12디르함으로 규정되었다. 또한 비무슬림 모두가 지즈야를 내는 것은 아니고, 성인 남자에 한정되었다. 여자와 아이들, 가난한 사람과 실직들에게는 비무슬림이라 해도 지즈야가 면제되었다(Yildiz, 1986: 278).

공동체를 형성하며 종교적·민족적 정체성을 유지해나갈 수 있었기 때문이었다.

일반적으로 도시생활에서 서로 이웃해서 살아가는 무슬림과 비무슬림 사이에는 뚜렷한 마찰이나 표면적인 갈등 없이 비교적 좋은 관계가 유지되었다. 소위 성전의 백성들(유대교인, 기독교인)을 배척하지 않는 전통은 이슬람 역사를 통해 일관되게 유지되었다. 특히, 스페인 우마이야 왕조의 무슬림과 유대인, 바그다드 압바스 왕조의 무슬림과 네스토리우스파 기독교인 간의 관계는 매우 매끄럽고 우호적이었다. 그러나 시간이 흐를수록 무슬림과 비무슬림 간의 경계는 높아가는 경향이 있었다.

이처럼 이슬람은 정복한 지역의 문화를 흡인하는 강력한 용광로를 지녔다. 이는 토착적인 문화요소를 효율적으로 받아들이는 한편, 이슬람과 토착문화의 절충과 융합도 광범위하게 일어났다. 이는 이슬람의 중심부인 메디나에서 멀어지면 멀어질수록 토착화의 양상이 이슬람 속에 강하게 나타나는 현상에서도 명백하다. 한 이데올로기나 민족 집단이 제국(Empire)을 이루기 위해서는 다양한 민족과 이데올로기의 공존과 융합을 필요로 한다. 다양성에 대한 조화 없이 제국은 지속되지 않는다. 단일성을 강조하면 그것은 왕조(Dynasty)나 왕국(Kingdom)에 머물고 만다. 파괴와 정복이 주가 되었던 알렉산더의 마케도니아 왕국이나 칭기즈 칸의 몽골이나 티무르가 지역적으로 광대한 영토를 차지했지만, 그 정복자의 사망으로 국가의 운명도 끝나는 경우가 이를 말해준다. "제국정신(Empire Spirit)"이란 다양성과 포용성의 정신이다(이희수 외, 2001: 462). 오랜 제국의 역사를 자랑하는 그리스, 로마, 압바스, 오스만 제국 등은 모두 이러한 제국정신을 갖고 있었다.

5. 십자군 전쟁과 살라딘의 가르침

　십자군 전쟁은 인류역사상 종교의 이름으로 더럽혀진 가장 추악한 전쟁이었다. 그것은 기독교 유럽세계가 자신들과 다른 가치를 짓밟고, 자신과 다른 모습을 가진 자들을 무참하게 학살한 반문명적 대사건이었다. 1099년 7월 15일, 예루살렘에 입성한 십자군들은 시퍼런 칼을 들고 무슬림들과 유대교도들을 닥치는 대로 학살했다. 도망치지 못하고 성 안에 남아 있던 이교도들은 단 한 사람도 살아남지 못했다. 이슬람 사원은 불탔고, 철저히 파괴되었다. 1204년 4차 십자군 원정 때는 비잔티움을 공격해 같은 기독교인들을 상대로 살육전을 벌였다. 화려한 비잔티움 문화가 다시는 회복되지 못할 정도로 초토화되었다.

　90년쯤 지난 1187년에는 살라딘 장군이 이끄는 이슬람군이 예루살렘을 탈환했다. 그곳의 기독교 프랑크인들은 삶을 포기했다. 이슬람군에 의한 복수의 앙갚음에 두려워 떨었다. 그러나 살라딘은 그들의 털끝 하나 건드리지 않았다. 부자들은 재산을 갖고 떠나도록 허용되었으며, 그들의 종교적 성소는 보호되었다. 그들 모두는 무릎을 꿇고 사죄하고 살라딘의 너그러움에 감복했다. 그 뒤 천 년간 예루살렘은 이슬람과 유대인, 그리스도인들이 함께 공존하면서 살아가는 상생의 상징으로 남아 있었다. 적어도 유럽 기독교 사회가 버리고 박해했던 유대인들을 팔레스타인 땅에 불러들여 이슬람을 믿는 아랍인들을 몰아내고 그곳에 이스라엘이라는 국가를 세워준 1948년까지는.

6. 안달루시아의 교훈

이슬람 치하의 스페인 남부의 안달루시아는 무슬림과 유대인, 기독교인들이 함께 조화롭게 살던 사회였다. 그 공존은 800년(8~15세기 말) 가까이 지속되었다. 아랍인, 베르베르인, 토착 스페인인은 말할 것도 없고, 새롭게 이슬람으로 개종한 사람이나 유럽으로부터 이주한 외국인 병사들까지 한데 어울려 살았다. 떠나는 사람은 적고 몰려드는 사람은 많았다. 무슬림, 기독교도, 유대인들은 일상생활에서 안달루시아 아랍어와 후일 스페인어로 발전한 로망스어를 함께 사용했다. 그러나 학문과 문학에서는 무슬림과 아랍인들은 고전 아랍어를, 기독교인들은 거의가 라틴어를, 그리고 유대인들은 히브리어와 아랍어를 함께 사용하면서 문화의 혁신적인 발전을 가능케 했다. 이런 현상은 우수한 주변문화를 받아들이는 계기가 되었고, 수준 높은 과학기술과 절충의 미가 화려한 빛을 발하는 새로운 문화의 꽃을 피웠다. 아랍 역사에서 이븐 루시드(Ibn Rushid)로 알려진 아베로스(Averroes), 이븐 밧자(Ibn Bajjah), 이븐 아라비(Ibn 'Arabi), 이븐 투파일(Ibn Tufayl) 같은 대학자들이 안달루시아에서 배출되어 잠자는 중세문명을 뒤흔들었던 배경은 이런 점에서 결코 우연이 아니었다. 특히 다중 회랑과 말굽 모양의 대리석 기둥들로 이뤄진 코르도바의 모스크들은 절제를 강조하는 고딕 정신과 자유로운 예배공간을 존중하는 무슬림 정신이 어우러진 상징적인 문화 합작품이었다. 안달루시아의 기념비적인 건축물인 그라나다의 알람브라 궁전도 문화의 섞임과 조화가 만들어낸 걸작품이다(Cardini, 1999: 90~91; 하에리, 1999: 145~146).

그러나 안달루시아는 16세기부터 과거의 화려한 문화가 철저히 부정되고 말살당하는 편협과 독선의 무대로 바뀌었다. 1491년 페르난도 5세는 기독교 성직자들의 강한 요구에 따라 안달루시아의 중심국가인 그라나다 침공에 나섰고, 7개월간의 포위에 들어갔다. 당시 그라나다의 마지막 무슬림 왕인 아부 압둘라 무하마드 빈 알리(Abu Abdullah Muhammad bin 'Ali: 서구 자료에서는 보아브딜로 알려짐)는 무슬림들의 종교와 문화 및 언어를 그대로 유지해준다는 보장을 받고 항복을 선택했다. 페르난도 5세는 기꺼이 그 제의를 수락했고, 그라나다를 무혈 인수했다. 그러나 페르난도는 그 약속을 지키지 않았다. 보아브딜은 모든 재산과 특권을 빼앗긴 채 추종자들과 함께 안달루시아를 떠났으며, 1499년부터 안달루시아 문화말살과 그라나다의 무슬림들에 대한 가혹한 인종청소가 따랐다. 모스크를 비롯한 이슬람적인 것은 모두 사용 중단되거나 철폐되었고, 어떤 형태의 불만도 용납되지 않았다. 무자비한 억압은 1631년까지 계속되었고, 남아 있던 무슬림들이 모두 그라나다로 떠남으로써 안달루시아 문화는 종말을 고했다(하에리, 1999: 144).

안달루시아 문화가 그토록 발전할 수 있었던 것은 다양한 민족들이 상호 교류를 통해 끊임없이 새로운 민족·사상·언어 등을 접할 수 있었고, 상호 배타적 적대관계보다는 이질적인 종교와 이데올로기를 뛰어넘는 상보적인 조화를 이룰 수 있었기 때문이다. 이리하여 안달루시아는 이슬람 세계와 막 태동한 유럽세계를 잇는 문화의 교량으로서 유럽 르네상스를 일으키는 튼튼한 한 축을 담당했다. 그 후 기독교 안달루시아가 가톨릭 이외의 모든 종교를 배척하자 문화 다양성의 용광로는 더 이상 가동을 멈추었으며, 결국 17세기 이후 스페인 문화가 정체하게 된 한 이유가 되었다.

7. 이슬람의 소수민족 보호정책

1) 코란의 소수민족 보호 가르침

이슬람 초기부터 소수민족에 관한 기본적인 틀은 정립되어 있었다. 이는 자신과 다른 종교와 이념으로 강제 개종을 금지한 코란의 구절로도 명백하다.

> "종교에는 강요가 없다. 진리는 분명 오류와 구분되나니……"(코란 2:256).
> "그대는 그들의 뜻에 반하여 강제로 믿음을 강요하려 하느냐?"(코란 10:99).

비무슬림 소수민족들은 개종하지 않는 대신 일정한 공납을 추가함으로써 자신들의 종교와 고유한 문화적 전통을 보호받았다. 물론 코란에는 이교도와 타자에 대한 아주 구체적이고 세부적인 사항에 관한 언급은 드물다. 코란에서 가르치는 불변의 기본 정신은 인종과 계급, 피부색과 이념에 관계없이 모든 사람들에게 자비와 정의, 친절(ihsan)과 선행(ma'ruf)을 베풀 것을 가르치는 것이다.

> "오, 인간들이여! 하느님은 남자와 여자로 너희를 창조하시어, 다양한 민족과 종족으로 나누셨으니, 서로가 서로를 알게 함이니라. 분명한 것은 하느님의 눈으로 보기에 가장 고귀한 사람은 가장 의로운 사람이니라"(코란 49:13).

사실 이것만으로도 이미 해답은 분명히 나온 셈이다. 다양성과 조화야 말로 알라의 창조에 대한 기본 속성이며 이슬람의 본질적 핵심임을 밝힌 것이다. 타자와의 공존과 타자의 인정, 적극적인 대화와 절충이 무슬림들의 의무로 요구되는 것이다. 이슬람의 이러한 전통은 딤미제도를 정착시켰고, 커다란 변혁 없이 오스만제국의 밀레트(millet)로 연결되었다. 적어도 제1차 세계대전까지 중동의 이슬람 사회는 소수민족에 대한 지위 인정과 다원주의적인 공존에 익숙해 있었다. 천 년 이상 아랍인과 유대인이 상대의 문화를 존중하면서 팔레스타인 지역에서 함께 공존해온 사실이 이를 잘 설명해준다.

2) 딤미

7세기 중엽 이슬람제국이 성립된 직후, 이슬람은 소수의 정복자, 정착민, 그리고 통치자들의 종교에 불과했다. 과거 페르시아와 비잔티움 제국 영토에 살던 인구의 절대다수는 여전히 고대의 전통적인 종교를 신봉하고 있었다. 그러다가 언제인지 분명하지는 않지만, 대부분의 중동지역에서 무슬림들이 다수가 되었고, 이는 오늘날까지 그 비중은 서서히 증가되어 왔다. 다만 비무슬림들의 거주가 허용되지 않은 곳이 있었다. 전승된 기록에 따르면, 칼리프 우마르는 예언자의 고향인 성지(아라비아를 의미)에는 오직 한 종교, 즉 이슬람만이 허용된다는 포고령을 내렸다. 따라서 기독교인과 유대인들은 그곳을 떠나도록 요구되었다. 물론 이 포고령은 기독교가 수세기 동안 잔존했고, 유대교가 오늘날까지도 남아 있는 남부 아라비아에는 적용되지 않았다(루이스, 1998: 218).

무슬림의 통치와 영향하에 있는 비무슬림 공동체의 운명은 지역에 따라 크게 달랐다. 북쪽의 그루지야와 아르메니아, 남쪽의 에티오피아와 같이 이슬람제국의 외곽에 자리한 일부 국가에서는 기독교적인 특성을 보존했고, 일부는 독립을 유지하기도 했다. 비옥한 초승달 지역과 이집트에서는 비록 그 숫자가 서서히 줄어들기는 했지만, 기독교 교회는 번성을 계속했고, 비잔티움의 지배가 종식되면서 그들 나름의 올바른 믿음을 되찾을 수 있었다. 동부와 중부, 서부 지방에 굳건한 뿌리를 내렸던 유대 공동체는 기독교인과 유사한 지위를 얻게 되는데, 과거 기독교 치하에서보다 월등한 지위향상을 꾀할 수 있었다. 기독교인들처럼 외부세계의 지원과 협조, 혹은 유대인들같이 처절한 생존 전략을 마련하지 못했던 조로아스터교인들은 형편없는 대우를 받았다. 일부는 인도로 도망가서 그곳에서 '파르시(Parsees)'라 불리는 조그만 공동체를 형성했는데, 오늘날까지도 남아 있다.

  중세 이슬람 사회에서 자신의 고유한 문화정체성을 유지하도록 허용된 이교도를 '딤미(dhimmi)', 혹은 '아흘 알-딤마(ahl al-dhimma: 계약의 백성)'라 불렀다. 딤미는 무슬림 국가에서 허용되어 보호받는 비무슬림 시민들을 일컫는 법률적 용어였다. 실제로 그들은 기독교인, 유대인, 그리고 동부 지역의 조로아스터교인들을 의미했다. 딤미의 지위는 무슬림 통치자와 비무슬림 공동체 간의 계약에 의해 결정되었다. 계약의 기본 골격은 딤미가 이슬람의 우위와 이슬람 국가의 지배를 인정하고, 나아가 일정한 사회적 제약이나 지즈야라고 불리는 인두세 납부를 통해 딤미의 종속적 지위를 받아들이는 것이었다. 물론 무슬림들에게 인두세 납부는 면제되었다. 인두세에 대한 대가로 딤미는 생명과 재산의 안전, 외적의 침입으로부터의 보호, 신앙의 자유, 그리고 자신들의 문제에서 광범위한 내적 자치 등을 보장받았다. 딤미들은 세액의 차별은 있었지만, 장사와 무역에서도 완전한 자유를 보장받았다. 무슬림들의 무역세는 일반적으로 40분의 1이었지만 딤미들은 20분의 1을 납부해야 했고,

딤미가 아닌 사람들은 10분의 1을 납부하도록 했다. 대신 무슬림들은 별도로 40분의 1에 해당되는 종교세인 자카트를 의무적으로 납부해야 했다(Yildiz, 1986: 279~280).

따라서 딤미는 노예보다는 훨씬 유리하지만 자유 무슬림보다는 훨씬 불리한 처지에 있었다. 딤미는 무슬림들보다 열등하고 그 숫자도 미미했지만 거대한 부를 축적하여 경제력을 행사하고, 심지어 정치적 권력을 휘두르는 딤미들도 있었다. 압바스 시대에 들어서면, 칼리프들이 직접 이교도 시민들의 종교의례에 참석하고, 심지어 그들의 교회를 순방하기도 했다. 특히 이교도 종교지도자들에 대한 칼리프들의 배려는 각별하여 경제적 지원은 물론, 유대인 최고 지도자에게는 알-말리크(Al-Malik)라는 칭호를 붙여주기도 했다(루이스, 1998: 210~211; I. Hasan, 1986: 339~340).

근대 이전 대부분의 이슬람역사 시기에서 비무슬림 시민들의 지위와 입지는 법률에서 규정하고 있는 것보다는 오히려 나은 형편이었다. 비무슬림 소수민족에 대한 제한규정은 수시로 강화되었는데, 이는 법률이 정하고 있는 제한을 넘어 딤미들의 사회적·정치적 진출이 과도하게 일어났음을 의미한다. 일반적으로 딤미들은 이슬람 분파계열의 통치자들보다는 순니 통치하에서 대접을 더욱 잘 받았다. 칼리프와 술탄 통치하에서 유대인과 기독교인 모두는 정부 업무, 특히 행정 분야에서 일정한 역할을 담당했다. 일반적으로 그러한 등용에 대한 무슬림들의 반발도 크지 않았다. 물론 아주 드물게 기독교 관리를 반대하는 캠페인이 일어나고 약간의 폭력소요가 있기도 했지만, 주로 딤미 관리의 과도하고 부당한 행위가 문제가 된 경우가 많았다(이희수 외, 2001: 464~465).

그러나 이슬람사회에서 딤미는 열등한 존재였고, 그들이 종속된 하위 시민임을 망각하도록 내버려두지는 않았다. 그들은 무슬림 법정에서 증언할 수 없었고, 노예와 여성들처럼 피해보상에서 무슬림들보다 불리한 입장에 있었다. 무슬림 남성들이 기독교나 유대여성들과 자유롭게 결혼할 수 있었던 반면, 딤미는 어떤 경우라도 무슬림 여성들과 결혼할 수 없었다. 또한 그들은 복장, 탈것, 예배장소 등에서 여러 가지 제약을 받았다. 구분되는 별개의 복장을 입어야 했고, 말을 타지 못하고 대신 당나귀나 노새를 타야 했으며, 법률 규정에 따라 낡은 예배장소를 수리할 수는 있어도 새로 신축할 수는 없었다. 비록 이러한 제약이 항상 엄격하게 시행되지는 않았다 하더라도, 언제든지 법적인 제재를 받을 수 있는 여지를 남겨놓았다. 한편 딤미들은 때때로 엄청난 부를 축적했다. 그러나 부가 가져다주는 사회적·정치적 특권으로부터 소외되자 음모를 통해 정치적 목적을 달성하려 했고, 이것은 결국 딤미 자신들뿐만 아니라 무슬림 국가와 사회 모두에게 커다란 타격을 주었다(루이스, 1998: 211).

3) 밀레트 제도

딤미에게 주어졌던 이슬람 사회의 소수민족 정책은 오스만제국 시대에 오면 밀레트라는 독특한 체제로 되살아난다. 밀레트는 크게 두 부류로 나뉘는데, 무슬림들은 '밀레티 하키메(millet-i hakime)', 즉 지배집단에 속했고, 다른 종교에 속한 소수민족들은 '밀레티 마흐쿠메(millet-i mahkume)', 즉 종속집단을 구성했다. 지배집단을 구성하는 주요 민족들은 튀르크족들 이 외에도 아랍인, 페르시아인, 보스니아인, 알바니아인과 같은 무슬림들이었다. 종속집단에는 그리스인, 아르메니아인, 유대인, 루마니아인, 슬라브인들과 같은 소수민족들이 포함되어 있었다. 밀레트 제도는 종교적·정치적 공동체로 중세 이슬람 사회에서 적용되었던 딤미 제도의 발전된 형태였다.

밀레트 중 최대의 종속집단은 그리스정교 공동체였다. 이들의 종교행정은 이스탄불 시내 페네르(Fener)에 있는 대주교청을 중심으로 결집되었다. 다수의 그리스인들을 중심으로 발칸반도의 여러 소수민족, 세르비아인, 불가리아인 등이 그리스정교 대주교청에 소속되었다. 두 번째 소수민족 밀레트는 아르메니아정교 그룹이었다. 오스만 영토 전역에 흩어져 있는 아르메니아인들은 지역별 정교 교구청에 소속되었고, 이스탄불의 아르메니아인들은 그들의 정신적 중심지인 에츠미야드즈미 대교구청에 속했다. 이스탄불에는 아르메니아정교 대주교를 임명하여 상당한 예우를 했다. 세 번째 소수민족 밀레트는 유대인 집단이었다. 유대인들은 이스탄불을 중심으로 이즈미르, 셀라니크 등 항구도시 주변에 집거하고 있었다. 오스만 제국에 유대인들이 대량으로 거주하게 된 배경은 1492년 기독교 스페인에 의한 유대인과 무슬림들에 대한 대량학살 사건과 폴란드, 오스트리아, 보헤미아 등지의 유대인 학살이었다. 학살의 위협에서 갈 곳 없는 유대인들을 거둬들여 삶의 터전을 마련해준 것이 오스만 제국이었다. 이스탄불의 대랍비가 유대인 문제에 대한 최고 책임자로 오스만 정부와의 관계를 설정해나갔다. 이 밖에도 수적으로 미미한 종교 그룹인 야쿠비, 네스토리아인, 마루리인 등과 같은 소수 기독교 종파들도 각각 자신들의 교회에 소속되어 고유한 종교적 관습의 지배를 받았다(이희수 외, 2001: 465~466).

소수민으로서의 제한에도 불구하고 능력 있는 비무슬림 엘리트들은 자신의 역량을 정치 분야보다는 경제 분야에서 더욱 두드러지게 발휘했다. 통치자의 성향에 따라서 일부 유대인과 기독교인 관료들은 궁정의 중요한 지위에 오르기도 했다. 이집트의 파티마와 아유비, 맘루크 왕조하에서 기독교 곱틱 관리들이 재정 분야에서 두각을 나타냈다. 유대인들은 의학 분야를 장악하고 있었는데, 당시 유대인 궁정의사들은 막강한 영향력을 행사했다. 물론 유대인이나 기독교 관리들이 개종하는 경우에 그들의 신분상승은 급류를 탈 수 있었다. 일부 개종자들은 재상의 지위에까지 올랐고, 많은 관직에서 영향력을 행사한 경우를 쉽게 찾을 수 있다.

특히 이슬람 사회의 유대인들은 이슬람 국가와 지중해는 물론 인도양까지 연결하는 원거리 국제교역에서 탁월한 역량을 발휘했다. 또한 직업적 분화가 뚜렷하여 금·은·보석 거래와 세공, 제약업 등은 거의 대부분 유대인 상인들이나 기독교인들의 수중에 있었다.

이처럼 오스만 제국 내의 소수집단들은 밀레트 내에서 자신들의 신앙과 종교의례는 물론 고유한 관습과 언어 사용, 문화적 전통 등을 향유할 수 있었다. 또한 터키인들과의 마찰과 갈등으로 인한 경우를 제외하고는 자신의 공동체 내규에 따라 분쟁이 조정되고 해결되었다. '유대인', '아르메니아인', '그리스정교도' 등 각 밀레트에는 최고의 종교지도자들이 해당 밀레트의 종교행정과 문화활동을 관장하며 오스만제국의 술탄에게만 책임을 졌다. 소수민족 공동체와의 조화와 공존은 오스만 제국 600년 역사를 관통하는 기본적인 통치이념이었다.

8. 미국이냐 칼이냐의 강요된 전쟁시대를 종식하려면

지금은 코란과 칼의 위협시대라기보다는 미국이냐 칼이냐를 강요받으며 위협당하는 시대이다. 국제법을 어기고 유엔 안보리 결의안을 무시하고, 인류가 이것만은 지키자고 약속해놓은 보편적 가치질서를 송두리째 짓밟으며 자행되는 미국의 횡포에 인류가 속수무책으로 방관해야 하는 야만의 시대를 우리는 살고 있다. 이라크에서, 아프가니스탄에서, 팔레스타인에서 미국은 종교의 이름으로, 문명의 이름으로 선과 악의 뒤바뀐 전쟁을 자행하고 있다. 이러한 부당한 공격과 불공정한 이중잣대, 자원의 약탈과 문명에 대한 파괴에 맞서 비무장의 일부 이슬람 사람들이 온몸으로 저항하는 것이다. 돌을 던지며 인티파다라는 무저항 투쟁을 하다가 이제는 자신의 몸에 폭탄을 칭칭 감고 1%의 생존 가능성도 없는 자살 특공대가 되어 자신의 몸을 던지는 것이다. 이슬람이 저항하는 것은 아니다. 이슬람이 폭탄테러를 가하는 것도 아니다. 빼앗긴 자가 다른 모든 대안이 사라진 절박한 절망의 늪에서 마지막 수단으로 조국의 자유를 위해, 학살당한 가족의 복수를 위해 처연하게 자신의 몸을 던지는 것이다. 이것은 종교적 광신과는 거리가 멀다. 한 인간과 한 공동체가 처한 극단의 비극의 표출일 수도 있다. 이러한 응어리와 폭력의 악순환을 누가 풀어야 하는가? 바로 이슬람을 포함한 종교의 숭고한 사명이 바로 이 시점에 절실히 요구되는 이유이다. 이 점에서 빼앗기고 고통받는 이슬람 사람들보다는 가진 자의 입장에 서 있는 기독교인이나 직접적인 이해당사자가 아닌 불교도나 다른 종교인들이 오히려 더욱 적극적인 목소리를 내주어야 하지 않을까?

　이제 종교는 모두 힘을 합쳐 이러한 광신의 시대를 종식시키고자 하는 결연한 의지를 다져야 한다. 종교를 팔아 자신의 이익을 채우려는 극단적 정치집단을 향해 준엄한 경종을 울려야 할 때이다. 종교 간의 본질적인 문제는 종교 간 자체의 문제라기보다는 종교를 악용하고, 자신의 독점적 지위와 가치만을 돋보이게 하려는 가장 비종교적인 방식의 일부 집단 때문이다. 따라서 상대 종교를 겸허히 수용하고 이해하며 다른 종교의 가치를 폄하하거나 폭력을 조장하는 의도를 차단하는 것이 다문화사회의 종교 역할에서 중요한 전제조건이 되어야 할 것이다. 이를 위해서는 각 종교단체별로 다른 종교의 가치를 이해하는 상시 교육 프로그램의 운영은 물론 우리 중고등학교 교과서에 나타난 종교적 오해와 편견을 걷어내는 작업도 서둘러야 한다. 무엇보다 인간에 대한 무한 사랑과 고통받는 인간에 대한 더없이 큰 연민과 구제를 가르쳤던 종교적 초심을 되새겨야 한다. 그렇게 한다면 다문화사회의 종교는 더 이상 고집스런 도그마가 아니라 갈기갈기 찢긴 사회를 치유하고 통합하는 길이 되어줄 수 있을 것이다.

참고문헌

김정위. 1987. 『중동사』. 대한교과서
한국이슬람학회 편. 2002. 『끝나지 않은 전쟁』. 청아.
루이스, 버나드(Bernard Lewis). 1998. 『중동의 역사』. 이희수 옮김. 까치
이희수 외. 2001. 『이슬람: 이슬람문명의 올바른 이해』. 청아.
이희수. 2003. 『이슬람 문화』. 살림출판사.
_____. 1997a. 「이슬람 부흥운동: 21세기로의 새로운 공포인가?」. ≪전통과 현대≫ 창간호. 전통과 현대. 298.
_____. 1997b. 「중동소수민족의 현황과 과제」. 『한국중동학회 논총』(제18집). 한국중동학회.
하에리, 쉐이크(Shaykh Fadhlallah Hairi). 1999. 『이슬람교 입문』. 김정헌 옮김. 김영사.

Antoun, Richard T. 1976. *Anthropology: The Study of the Middle East*. John Willy & Sons: New York.
Cardini, Franco. 1999. *Europe and Islam*. Berlin: Blackwell.
El Fadl, Khaled Abou(ed.). 2002. *The Place of Tolerance in Islam*. Boston: Beacon Press.
Lindholm, Charles. 1996. *Islamic Middle East*. Cambridge: Blackwell.
Lunde, Paul. 2002. *Islam*. New York: DK Publishing Inc.
Nasr, Seyyed Hossein. 2002. *The Heart of Islam*. New York: HarperCollins.
Nisan, Mordechai. 1991. *Minorities in the Middle East*. McFarland & Company: Jefferson.
Parfrey, Adam. 2001. *Extreme Islam*. Los Angeles: Feral House.
Vali Nasr. 2003. *Lesson from the Muslim World*. Boston: Daedalus.
Yildiz, H. Dursun. 1986. *Buyuk Islam Tarihi*. Istanbul: Cag Yayinlari.

제11장

동양사상에서의 '같음'과 '다름'의 문제에 관해

강희복
(연세대학교 철학과 강사)

1. 들어가는 말

이 장에서는 다문화주의에 관한 논의1)를 의식하면서, 동양사상(東洋思想)이란 무엇이며 동양사상에서는 '같음'과 '다름'의 문제를 어떻게 이해하고 있는가에 관해 그 본질과 의미를 중심으로 고찰해보려고 한다.

우리는 일반적으로 동양사상에 관해 책 한 권 읽어보지도 않고 잘 알지도 못하면서, 동양사상이란 고리타분하고 시대착오적일 뿐만 아니라 점치는 것(사주팔자 혹은 관상)이며 수염을 기른 이상한 사람들이 하는 뜬구름 잡는 이야기라는 등의 많은 오해를 한다. 그러면서도 이에 대해 조금이라도 반성하거나 수정하려고 하지 않는다. 더 구체적인 예를 들어 보면, 우리는 오랫동안 한자(漢字) 문화권 혹은 유교(儒敎) 문화권 속에서 살아왔으며 조선왕조 500년은 유교(朱子學) 때문에 멸망했다고 하는데, 우리는 날마다 천 원짜리와 오천 원짜리 지폐를 쓰면서 유학(유교) 혹은 주자학에 관해, 그리고 퇴계(退溪)와 율곡(栗谷)에 관해 구체적으로 얼마나 이해해보려고 했으며 또한 어느 정도로 이해하고 있는가? 이렇게 우리는 유학(유교) 혹은 주자학에 관해 공부해보지도 않고 잘 알지도 못하면서 습관적으로 고리타분하고 엄숙하기만 하다는 정서적인 거부감을 느끼며 또한 이 시대에 맞지 않는 보수적인 사상(이데올로기)으로 규정하고, 이것을 버려야만 한다는 혹은 이것으로부터 벗어나야만 한다는 강박관념에 사로잡혀 있는 것은 아닐까? 어떤 사상이 2000년 이상의 시간에 걸쳐 어떤 문화를 형성하는 기초로 작용해왔을 때, 정말로 그렇게 버려야만 할 혹은 벗어나야 할 문제점(부작용)만 있다고 말할 수 있을까? 이러한

---

1) 오경석은 우리에게 필요한 것은 모든 다문화주의 혹은 다문화주의 전부가 아니라, 우리에게 필요한 것이 과연 "어떤 다문화주의인가?"라는 질문의 답을 찾아내는 일이라고 했다[(사)국경없는마을, 2007].

태도는 아이를 목욕시키다가 물이 더럽다고 해서 더러운 물을 바꾸지 않고 아이까지 버리는 것과 같은 참으로 어리석은 짓이 아닐까?

우리가 공부를 한다는 것은 노자(老子)가 말했던 것처럼 기본적으로 모르는 것을 배워서 하나씩 알아가는 과정이며 지식을 더해가는 과정이라고 할 수 있지만, 한편으로는 자기도 모르는 사이에 이미 가지고 있는 잘못된 지식과 관념을 비우고 버리며 오해를 풀어가는 과정이라고 할 수도 있다(爲學日益, 爲道日損. 제48장). 이러한 근본적인 반성을 해볼 때, 우리는 앞으로 동양의 사상과 지혜를 어떻게 이해해야 할 것인가? 동양의 사상과 지혜는 오늘의 문제를 해결하는 데 어떤 의미가 있으며, 또한 어떤 역할을 할 수 있는가? 이 장에서는 유(儒)·도(道)·불(佛)을 중심으로 동양사상의 본질과 특징을 요약해보고, 동양사상에서는 같음(同)과 다름(異), 보편(一)과 특수(多) 그리고 평등(통일성)과 차이(다양성) 및 조화와 구별의 문제에 관해 어떻게 이해하고 있는지 시론적으로 서술해보려고 한다.2)

2. 마음공부와 생태학적 세계관으로서의 동양사상(東洋思想)

사람은 진공(眞空) 속에서 사는 것이 아니라 어떤 문화(文化) 속에서 문화를 숨 쉬며 살고, 모든 문화 속에는 어떤 사상(思想)과 가치(價値)가 녹아 있으며, 이런 사상과 문화와 가치는 '사람으로서의 사람의 문제'라

---

2) 김비환은 서구와 다른 특수성을 가지고 있는 한국적인 다문화주의 담론을 형성하기 위해서는 전통문화와 가치관을 포함한 한국 사회의 다문화주의적 자원과 능력에 대한 평가가 필요하다고 했다(다문화사회 한국사회과학의 과제, 2007).

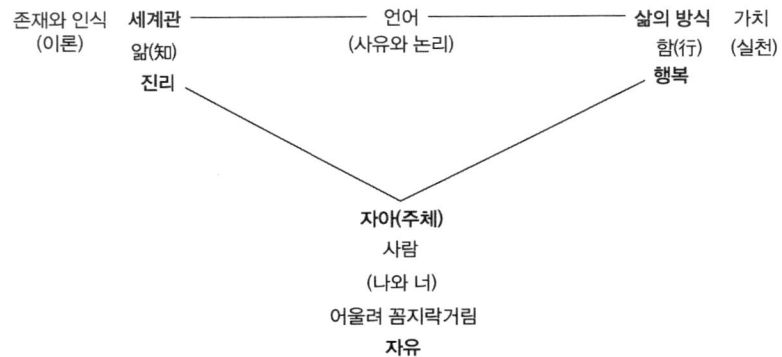

는 공통점(보편성)과 시간(時代)·공간(地域) 혹은 사회(狀況)에 따른 차이점(특수성)을 가지고 있다. 철학 혹은 사상이란 "사람으로서의 내가 이 세계를 어떻게 잘 이해하고 어떻게 잘살 것인가?" 하는 세계관과 삶의 방식 그리고 자아(주체)의 문제를 중심으로 이뤄지며, 또한 이런 문제는 존재와 인식 및 가치, 진리(眞理)와 자유(自由) 그리고 행복(幸福)의 문제와도 관련된다고 할 수 있다.

인류의 문화와 역사 속에서는 몇 가지 유형의 대표적인 세계관과 삶의 방식이 제시되었는데, 그 가운데서도 공맹(孔孟)·노장(老莊)·석가모니에 의해서 그 원형(原型)이 제시된 유가(儒家)와 도가(道家) 그리고 불교(佛敎)의 세계관과 삶의 방식은 중국·한국·일본을 중심으로 하는 동아시아(East Asia)의 사상과 문화를 이해하는 데 중요한 의미를 지니고 있다. 이러한 동양의 사상은 기본적으로 마음공부와 생태학적 세계관의 통합으로 이뤄져 있다고 할 수 있다. "어떻게 하면 스스로를 변화시키는 마음공부(修養·修行·修道)를 통해 자기중심적 그리고 인간중심적 사고와 태도로부터 벗어나서 다른 사람들과 잘 어울려 살며, 또한 식물과 동물을 포함한 우주만물(宇宙萬物)의 연관성에 눈을 뜨고 우주만물과 잘 어울려 살 수 있는가?" 이것은 다시 말하면 주체(主體)의 변화와 사회적 실천, 그리고 우주적(宇宙的) 어울림의 문제라고 할 수 있다.『중용(中庸)』제1장의 "중화(中和)를 이루면 천지(天地)가 잘 자리 잡게 되고, 만물(萬物)이 잘 길러지게 된다(致中和, 天地位焉, 萬物育焉)," 장자(莊子)의 "천지(天地)는 나와 더불어 함께 살고 만물은 나와 더불어 하나가 된다(天地與我並生, 萬物與我爲一)," 불교의 "이것이 있으니까 저것이 있고, 저것이 있으니까 이것이 있다. 이것이 없으면 저것이 없고, 저것이 없으면 이것이 없다(緣起說)"는 것 등이 이러한 동양사상의 본질과 특징을 잘 나타내준다.

그리고 이러한 유·도·불을 중심으로 하는 동양의 사상 속에 들어 있는 화두(話頭)란 한마디로 "어떻게 하면 사람답게, 자연스럽고 자유롭게, 지혜롭게 살 수 있는가?"라고 할 수 있지 않을까?

1) 유가·유학·유교: "어떻게 하면 사람답게 살 수 있는가?"
   공자의 인(仁)과 충서(忠恕),
   맹자의 성선설(性善說)과 양심(良心)/사단(四端)

2) 도가와 도교: "어떻게 하면 자연스럽고 자유롭게 살 수 있는가?"
   노자: "어떻게 하면 자연스럽게 살 수 있는가?"(無爲自然)
   장자: "어떻게 하면 모든 얽매임으로부터 벗어나서 자유롭게 살 수 있는가?(逍遙遊)"

3) 불교: "왜 인생이 괴로우며, 어떻게 하면 모든 괴로움으로부터 벗어날 수 있는가?"
   혹은 "어떻게 하면 지혜롭게 살 수 있는가?(正見·般若·Buddha)"

3. 같음과 다름의 문제를 동양사상에서는 어떻게 이해하고 있는가?

같음과 다름의 문제는 철학적으로는 보편과 특수 및 전체와 부분의 문제와 관련되며, 이런 문제는 또한 현실적으로는 평등(통일성)과 차이(다양성) 및 조화와 구별의 문제와도 관련된다. 이런 문제에 관해 어떤 입장을 갖느냐에 따라서 인간과 다른 존재자들과의 관계, 인간과 문화의 공통점(보편성)과 차이점(다양성), 개인과 사회(집단)의 관계를 어떻게 이해하느냐가 달라진다고 할 수 있다.

그리고 이런 문제는 구체적으로는 존재론적인 의미에서의 같음(동일성)과 다름(차이성), 어떤 사물(문제)을 인식하는 관점 혹은 차원이 같은가 다른가 하는 문제와 관련될 뿐만 아니라, 존재를 인식하고 실천하는 주체로서의 나는 누구이며, 주체를 변화시킬 수 있는 구체적인 수양의 방법은 무엇인가 하는 문제와도 깊게 관련된다. 존재와 인식의 문제는 모든 철학의 공통적인 문제라고 할 수 있지만, 주체를 변화시키는 수양의 방법론을 제시하고 실천하는 것은 동양사상의 본질적인 특징이라고 할 수 있다. 주체의 수양(Self-cultivation)이라는 문제는 현실적(사회적)으로 몸(身)과 마음(心)으로 이루어진 내가 어떤 물질적(경제적) 조건 속에서 살면서 어떻게 의식과 제도를 변화시켜 나갈 수 있느냐 하는 문제와 관련된다고 할 수 있다.

이 장에서는 같음과 다름의 문제에 관해 공자의 보편적 원리(一貫之道)에 대한 인식과 점진주의적 방법(실천), 장자의 우주만물의 존재론적 연관성(평등성)과 다양성에 대한 근원적 인식, 불교의 존재론적 연기(緣起)와 인식론적 중도(中道)를 중심으로 고찰해보고, 이와 함께 이런 문제에 관한 한국의 원효(元曉)와 퇴계의 견해도 조금 살펴보려고 한다.

1) 공자: 보편적 원리에 대한 인식과 점진주의적 방법(실천)

유학(유교)의 원형(原型)을 제시한 공자의 사상의 핵심은 사람다움(仁者人也) 혹은 사랑(愛人)으로서의 인(仁)인데, 공자는 모든 사람은 근본적으로 소중하고 평등한 존재이지만, 다른 사람을 사랑하는 구체적인 방식(방법)은 사람에 따라서 그리고 상황에 따라서 달라질 수 있다고 했다. 어떻게 우리는 모두가 소중하고 평등한 존재라는 것을 잘 인식하고, 상황과 사람에 따라서 그에 맞게 서로 사랑할 수 있는가? 더울 때는 시원하게 해주고 추울 때는 따뜻하게 해주는 것이 사랑이며, 배고픈 사람에게는 밥을 주고 아픈 사람에게는 약을 주는 것이 사랑이라고 할 수 있는 것처럼 다른 사람을 사랑한다고 하더라도 그 구체적인 내용과 방식은 달라질 수 있는 것이다.

공자가 말하기를 "증삼아! 나의 도는 하나로서 모든 것을 꿰뚫었느니라"라고 했는데, 이에 대해 증자는 말하기를 "선생님의 도는 충서일 뿐이다"라고 했다(子曰 參乎! 吾道一以貫之…… 曾子曰 夫子之道 忠恕而已矣. 論語·里仁). 인(仁)은 모든 사람을 하나로 통하게 해주는 보편적인 원리이며, 충서란 사랑을 실천하는 구체적인 방법이라고 할 수 있다. 충(忠)이란 '中＋心'으로 이루어져 있고 자신의 마음 그 자체의 상태를 말하는 것이며, 서(恕)란 '如＋心'으로 이루어져 있으며 다른 사람과의 관계 속에서 내 마음에 비춰 미루어 다른 사람의 마음을 헤아리는 것이다. 그리고 이것은 속마음(忠), 그 마음처럼(恕) 혹은 진심(眞心)으로(忠) 그렇게(恕)라고 풀어볼 수 있다.

충서란 소극적으로는 "내가 하고 싶지 않은 것은 다른 사람에게도 시키지 않는다"(己所不欲勿施於人. 衛靈公)는 것이며, 적극적으로는 "내가 서고 싶으면 다른 사람도 세워주고 내가 이루고 싶으면 다른 사람도 이루게 해준다"(己欲立而立人, 己欲達而達人. 雍也)는 것이고, 이를 실천하는 구체적인 방법은 가까운 것(쉬운 것)으로부터 먼 것(어려운 것)으로 조금씩 넓혀가는 것(下學而上達)으로, 점진주의적 방법 혹은 단계적 실천이라고 할 수 있다. 충서 혹은 혈구지도(絜矩之道)에 관해 『대학(大學)』과 『중용』에서는 다음과 같이 말하고 있다. "이러므로 군자에게는 혈구지도가 있다. 윗사람에게서 싫었던 것으로써 아랫사람을 부리지 말며, 아랫사람에게서 싫었던 것으로써 윗사람을 섬기지 말며, 앞사람에게서 싫었던 것으로써 뒷사람을 이끌지 말며, 뒷사람에게서 싫었던 것으로써 앞사람을 따르지 말며, 오른쪽 사람에게서 싫었던 것으로써 왼쪽 사람을 사귀지 말며, 왼쪽 사람에게서 싫었던 것으로써 오른쪽 사람을 사귀지 말라. 이것을 혈구지도라고 일컫는다."[3] "충서는 도와 멀지 않으니, 자기에게 베풀어서 바라지 않는 것은 또한 다른 사람에게도 시키지 말라. 군자의 도는 네 가지인데, 나는 한 가지도 잘하지 못한다. 자녀에게 바라는 것으로써 부모를 섬기는 것을 잘하지 못하고, 신하에게 바라는 것으로써 임금을 섬기는 것을 잘하지 못하고, 동생에게 바라는 것으로써 형을 섬기는 것을 잘하지 못하고, 벗에게 바라는 것을 내가 먼저 베푸는 것을 잘하지 못한다."[4]

이런 충서 혹은 혈구지도를 오늘의 다문화주의에 관한 논의와 연관지어 보면, "외국인에게서 싫었던 것으로써 외국인을 대하지 말고, 외국인에게 바라는 것으로써 외국인을 대하라"라고 바꾸어 생각해볼 수 있을 것이다.

사랑이란 수평적으로는 자신의 가족(부모와 형제)을 사랑하는 것(孝悌)

---

[3] 『大學』傳 제10장. 是以君子有絜矩之道也. 所惡於上毋以使下, 所惡於下毋以事上, 所惡於前毋以先後, 所惡於後毋以從前, 所惡於右毋以交於左, 所惡於左毋以交於右. 此之謂絜矩之道也.

[4] 『中庸』 제13장. 忠恕違道不遠, 施諸己而不願, 亦勿施於人. 君子之道四, 丘未能一焉. 所求乎子以事父未能也, 所求乎臣以事君未能也, 所求乎弟以事兄未能也, 所求乎朋友先施之未能也.

으로부터 시작하여 인류를 사랑하는 것으로까지 조금씩 넓혀가는 것이며, 또한 사람을 사랑하는 것(愛人)으로부터 시작하여 다른 생명체들을 사랑하는 것(愛物)으로까지 넓혀가는 것이며, 수직적으로는 나의 존재의 직접적 근원으로서의 부모를 잘 모시는 것(事親)으로 시작하여 우주만물의 부모로서의 하늘을 잘 섬기는 것(事天)으로까지 깊어지는 것이다. 공자가 제시한 인의 사상을 이론적으로 체계화하면서 성선설(性善說)을 주장한 맹자(孟子)는 이에 대해 "내 노인을 모시는 마음을 다른 사람의 노인에까지 미치며, 내 어린이를 사랑하는 마음을 다른 사람의 어린이에게까지 미치니…… 은혜를 미루면 인류를 구제할 수 있지만, 그렇지 못하면 가족도 사랑할 수 없으니…… 그 행위를 잘 미루었을 뿐이다(孟子曰 老吾老以及人之老, 幼吾幼以及人之幼…… 推恩足以保四海, 不推恩無以保妻子…… 善推其所爲而已矣. 梁惠王·上)"라고 했다. 다른 사람을 사랑한다는 것은 얼마나 자기 중심적 욕망(감정)과 사고로부터 벗어날 수 있느냐(克己) 하는 것과 얼마나 조금씩 넓게 미루어나갈 수 있느냐(推己/推恩) 하는 것에 달려 있다고 할 수 있다.

　묵자(墨子)는 공자의 인(仁)을 차별적 사랑(別愛)이라고 비판하면서 보편적 사랑(兼愛)을 주장했는데, 반대로 맹자는 묵자를 자신의 부모조차 부정하게 된다(墨氏兼愛是無父也)고 비판했다. 그런데 위에서 살펴본 것처럼 공자가 제시한 인(仁)은 인간을 차별한다는 의미에서의 차별적인 사랑이 아니라 사랑을 실천하는 과정에서의 점진주의적 방법 혹은 단계적 실천이며, 묵자가 주장한 보편적 사랑이란 무조건적(절대적) 의미에서의 보편적 사랑이 아니라 "반드시 내가 다른 사람의 부모(親)를 사랑(愛)하고 이롭게(利) 한 뒤에 다른 사람도 나의 부모를 사랑하고 이롭게 하는 것으로서 나에게 갚을(報) 것이다"(兼愛·下) "하늘의 뜻(天意)을 따라서 서로 사랑하고 이롭게 하는(兼相愛交相利) 사람은 상(賞)을 받게 되고 하늘의 뜻과 반대로 서로 미워하고 해치는(別相惡交相賊) 사람은 벌(罰)을 받게 된다"(天志·上)는 의미에서의 보상을 바라는 공리주의적 성격을 가지고 있는 것이다.

유학(유교)에서는 보편적인 원리(一貫之道)에 대한 인식과 사랑(仁)의 점진주의적(단계적) 실천에 관해 말하고 있을 뿐만 아니라 인간의 유형을 군자(君子)와 소인(小人)의 두 가지로 분류하여 비교하고 있다. 군자 혹은 대인(大人)이란 "내 탓이오"(求諸己) 하면서 다른 사람들과 잘 어울려 살면서도 주체적으로 살며(和而不同) 사람들을 넓게 사귀며 끼리끼리 놀지 않는(周而不比) 사람이며, 소인이란 "네 탓이오"(求諸人) 하면서 주체성을 잃어버리고 다른 사람들과 같아지기는 잘하지만 참으로 어울리지는 못하며(同而不和) 끼리끼리만 놀고 넓게 사귀지 못하는(比而不周) 그런 사람이라고 할 수 있다. 맹자는 이에 대해 "인자(仁者)는 활쏘기를 하는 것과 같으니, 활을 쏘는 사람은 자기를 바르게 한 뒤에 쏘며, 쏘아서 맞지 않더라도 이긴 사람을 원망하지 않고, 돌이켜서 스스로에게서 찾을 뿐이다(孟子曰 仁者如射, 射者 正己而後發 發而不中 不怨勝己者, 反求諸己而已矣. 公孫丑·上)"라고 했다. "어떻게 스스로를 돌아볼 줄 알고, 다른 사람들의 다양성(다름)을 이해(인정)하고 잘 어울리면서도, 주체적으로 살 수 있는가?" 하는 것은 오늘의 다문화주의의 문제와 관련하여 중요한 의미를 가질 수 있다.

2) 장자: 우주만물의 존재론적 연관성(평등성)과 다양성에 대한 근원적 인식

노자와 장자의 사상은 우주만물의 근원과 질서로서의 도를 중심으로 이루어지고 있기 때문에 도가라고 하는데, 노자가 "어떻게 하면 자연스

럽게 살 수 있는가?" 하는 문제를 중심으로 이야기하고 있다면 장자는 "어떻게 하면 자유롭게 살 수 있는가?" 하는 문제를 중심으로 이야기하고 있다. 사람은 근본적으로 어떤 한계를 지니고 있으며, 무엇에 얽매여 사는가?(衆人·有待의 상태) 그리고 어떻게 하면 이런 얽매임의 상태로부터 벗어날 수 있는가?(修道의 방법) 또한 수도(修道)를 통해 이른 상태란 어떤 것인가?(眞人과 眞知, 無待의 逍遙遊)

장자는 이런 문제들에 관해 구체적으로 이야기하고 있다.

장자는 사람이란 공간(空間)과 시간(時間)의 한계 속에서 살 수밖에 없는 존재이며, 또한 이러한 사람의 앎(지식)은 상대적이라고 하면서 다음과 같이 말했다.

> 우물 속의 개구리와 함께 바다에 관해 말할 수 없는 것은 그가 살고 있는 공간에 얽매여 있기 때문이며, 매미와 함께 얼음에 관해 말할 수 없는 것은 그가 살고 있는 시간에 얽매여 있기 때문이며, 일곡지사(一曲之士)와 도에 관해 말할 수 없는 것은 그가 배운 지식에 얽매여 있기 때문이다. (秋水)

> 사람은 축축한 곳에서 잠을 자면 피부병도 걸리고 허리도 아프지만 미꾸라지도 그러한가? 사람은 높은 나무 위에 올라가면 두려워서 어쩔 줄을 모르지만 원숭이도 그러한가? 어떤 미녀(美女)라고 하더라도 물고기는 숨어버리며 새는 날아가 버리니, 사람과 물고기와 새 가운데 누가 천하(天下)의 정색(正色)을 안다고 할 수 있는가? (齊物論)

사람은 어떤 공간과 시간 속에서 어떻게 사느냐에 따라서 그의 앎(지식)이 달라지며, 또한 사람과 다른 존재자들은 삶의 조건이 다르고 기준이 다를 수 있는 것이다. 어떻게 하면 우리는 우물 속의 개구리(井底之蛙)와 같은 자기중심적 사고의 감옥으로부터 벗어날 수 있으며, 또한 베이컨(F. Bacon)이 말한 인간중심적인 종족의 우상(idola)으로부터 벗어날 수 있는가?

장자는 원숭이를 기르는 사람의 예를 들어서 조삼모사(朝三暮四)에 관한 이야기를 하고 있다.

> 옛날에 원숭이를 기르는 사람이 도토리를 주면서 말하기를 "아침에 3개, 저녁에 4개씩 줄게"라고 했더니 여러 원숭이들이 모두 성내거늘, "그렇다면 아침에 4개, 저녁에 3개씩 줄게"라고 했더니 여러 원숭이들이 모두 기뻐했다. 명(名)과 실(實)은 달라지지 않았는데, 기쁨과 성냄의 감정 때문에 또한 이렇게 된 것이다. (狙公賦芧曰 朝三而暮四, 衆狙皆怒. 曰 然則朝四而暮三, 衆狙皆悅. 名實未虧而喜怒爲用, 亦因是也. 齊物論)

사람들은 살아가면서 내용이 근본적으로 다르거나 달라진 것은 없는데, 겉만 보고 다르게 판단하면서 나는 옳고 너는 그르다고 하며 또한 기뻐하기도(喜) 하고 성내기도(怒) 하는 경우가 많다. 이것은 전체를 있는 그대로 보지 않고, 자기중심적인 입장에서 판단하기 때문이다.

장자는 이런 같고 다름(同異), 옳고 그름(是非), 그리고 귀천(貴賤)의 문제에 대해 다음과 같이 말했다.

> 다르다는 관점에서 보면 간과 쓸개도 초나라와 월나라처럼 멀고, 같다는 관점에서 보면 만물이 모두 하나이다(自其異者視之, 肝膽楚越也. 自其同者視之, 萬物皆一也. 德充符).
> 자기와 의견이 같으면 찬성하고, 자기와 의견이 다르면 반대한다. 자기와 의견이 같으면 옳다고 하고, 자기와 의견이 다르면 그르다고 한다(與己同則

應, 不與己同則反, 同於己爲是之, 異於己爲非之. 寓言).
도로써 보면 사물은 귀천이 없고, 사물로써 보면 스스로는 귀하고 상대는 천하다(以道觀之, 物無貴賤, 以物觀之, 自貴而相賤. 秋水).

나와 너의 관계 속에서 '이물관지(以物觀之)'하게 되면 같음과 다름 어느 한쪽에 치우쳐서 같다고만 보거나 다르다고만 보고 이를 절대화하게 되며, 나는 옳고(是) 너는 그르며(非), 나는 귀(貴)하고 너는 천(賤)하다고 하게 된다. 같음과 다름의 문제가 옳고 그름 및 귀천의 문제와 연결되면서 사태가 더욱 복잡해지는 것이다.

장자는 심재(心齋)와 좌망(坐忘)의 공부를 통해, 이런 '이물관지'로부터 벗어나서 '이도관지(以道觀之)' 할 수 있다고 했다. 장자는 심재에 관해 "귀(耳)로 듣지 말고 마음으로 들으며, 마음으로 듣지 말고 기(氣)로 들어라. ……기라는 것은 허(虛)하여 어떤 사물이라도 받아들일 수 있는 것이다. ……허하게 하는 것이 곧 마음의 재계(心齋)이다"(人間世). 여기서 '귀→마음→기'란 자기중심적 및 인간중심적 사고와 태도로부터 점차적으로 벗어나는 과정으로, 노자가 말한 마음의 허와 정(靜)을 이루는 공부, 그리고 덜어내고 비우는 위도(爲道)의 공부와 비슷한 것이다. 또한 장자는 좌망에 관해 "몸을 잊고 지식을 버리며 크게 통하는 도와 하나가 되는 것을 좌망이라고 한다"(墮肢體, 黜聰明, 離形去知, 同於大通, 此爲坐忘. 大宗師)라고 했다. 다시 말해서 좌망이란 앉아서 잊어버리는 것인데, 외적인 사물이나 규범(가치)을 잊어버리는 것(忘外, 忘物)으로부터 시작하여 스스로의 존재 그 자체도 잊어버리는 것(忘內, 忘己)이며, 또한 망내(忘內)·망기(忘己)는 망형(忘形)과 망심(忘心)으로 이루어지는데, 궁극적으로는 물아양망(物我兩忘)의 상태에 이르는 것이다.

심재와 좌망의 공부를 통해 우주만물의 근원과 질서로서의 도를 깨닫고 '이도관지'하게 되면, 같음을 같음으로 보고 다름을 다름으로 보며 또한 같음을 보면서도 다름을 볼 수 있고 다름을 보면서도 같음을 볼 수 있으며, 나와 같기 때문에 옳으며 나와 다르기 때문에 그르다고 하지 않게 되고·또한 나는 귀하고 너는 천하다고 하지 않게 된다. 장자는 '이도관지'를 다음과 같이 도추(道樞)라고도 했다.

사물은 저것(彼) 아닌 것이 없고, 사물은 이것(此) 아닌 것이 없다. 저쪽에서 보면 이쪽이 보이지 않고, 이쪽에서 보면 저쪽이 보이지 않는다. 저것은 이것으로부터 나오며, 이것도 저것으로 말미암게 된다. 저것과 이것은 함께 생기는 말이다. …… 옳음을 따라 그름이 나오며, 그름을 따라 옳음이 나온다. …… 저것과 이것이 그 짝을 얻을 수 없는 것을 도추라고 하니, 도추란 원의 중심을 붙잡은 것처럼 무궁한 변화에 잘 반응할 수 있다. (齊物論)

장자는 이와 함께 "오리의 다리는 비록 짧지만 그것을 이어주면 걱정거리가 되고, 학의 다리는 비록 길지만 그것을 잘라주면 슬퍼하게 된다"(骿拇)라고 하면서, "인위로서 자연을 해치지 말라(無以人滅天. 秋水)"고 했으며, 다음과 같이 말했다.

물고기는 물속에 있어야 살지만, 사람은 물속에 있으면 죽는다. 삶의 조건이 다르면 좋아하고 싫어하는 것(好惡)이 다르다. 그러므로 옛 성인은 그 능력과 일을 획일화하지 않았다(不一其能, 不同其事. 至樂篇).
천지는 나와 더불어 함께 살고, 만물은 나와 더불어 하나가 된다(天地與我竝生, 萬物與我爲一. 齊物論).

장자는 인간을 포함한 우주만물의 근원적 동일성(같음)과 연관성(평등성)을 강조하면서도, 어떻게 하면 사람들끼리 혹은 우주만물과도 함께 서로의 다양성(다름)을 다양성으로서 이해하고 인정하면서 잘 어울려 살 수 있는가 하는 문제에 관해 깊게 그리고 구체적으로 이야기했다. 다문화주의는 기본적으로 인간의 문제이지만, 인간도 우주만물 가운데의 하나의 존재자이며 다른 존재자들과의 관계 속에서 살아가는 것이므로 이런 우주적 연관성에 대한 근본적인 반성을 통해 인간의 문제를 해결할 수 있는 발상(發想)의 전환이 이루어질 수 있고 또한 새로운 대안을 제시할 수도 있을 것이다.

3) 불교: 존재론적 연기와 인식론적 중도

불교의 근본적인 문제는 "왜 인생(人生)이 괴로운가?(苦의 원인: 無明) 그리고 어떻게 하면 모든 괴로움으로부터 벗어날 수 있는가?(苦로부터의 해방: 解脫)"하는 것이라고 할 수 있다. 불교는 역사적으로 인도에서 원시 혹은 근본 불교, 부파(部派) 불교(Abhidharma 불교), 대승(大乘) 불교(中觀과 唯識), 밀교(密敎)의 과정으로 전개되었으며, 또한 중국에 들어가서 위진남북조와 수당 시대를 통해 격의(格義)와 교상판석(敎相判釋)의 과정을 거치면서 천태종(天台宗)·화엄종(華嚴宗)과 선종(禪宗) 등의 종파(宗派)가 형성되었다.

이런 불교적 세계관의 핵심은 연기설, 공(空)과 중도, 자비(慈悲)라고 할 수 있다. 다시 말해서 우주만물은 이것과 저것이 관계 속에서 존재하고 끊임없이 변화하기 때문에(諸行無常) 실체(實體)가 없다(諸法無我: 空)는 것을 깨달을 때, 있음(有)과 없음(無) 어느 한쪽에 집착하지 않게 되고, 너와 내가 둘이 아니며 내가 소중한 만큼 너도 소중하다는 사랑이 우러나오게 된다는 것이다. 연기이기 때문에 공이라는 것을 깨닫는 것이 상구보리(上求菩提: 눈을 뜨고)라면, 자비를 실천하는 것이 하화중생(下化衆生: 함께 가자)이라고 할 수 있다.

대승불교의 대표자라고 할 수 있는 용수(龍樹, Nagarjuna)는 "생하는 것도 아니고 멸하는 것도 아니며, 항상 하는 것도 아니고 단절되는 것도 아니며, 같은 것도 아니고 다른 것도 아니며, 오는 것도 아니고 가는 것도 아니다(不生亦不滅, 不常亦不斷, 不一亦不異, 不來亦不出. 中論·觀因緣品)"라고 하여 연기=공의 의미를 팔불중도(八不中道)를 통해 구체적으로 설명했다. 여기서 같음과 다름의 문제와 관련하여 "같은 것도 아니고 다른 것도 아니다"(不一亦不異)의 의미를 잘 생각해볼 필요가 있다. 우주만물은 이것과 저것이 관계 속에서 존재하며 끊임없이 변화하기 때문에, 같다고 보면 같고 다르다고 보면 다르지만, 같다고만 할 수도 없고 다르다고만 할 수도 없기 때문에 같음에만 집착하거나 다름에만 집착하지 말라는 것이며, 이럴 때 오히려 같음을 보면서도 다름을 볼 수 있고, 다름을 보면서도 같음을 볼 수 있는 열려 있는 태도를 가질 수 있다는 것이다.

이런 문제에 관해 중국의 화엄종(華嚴宗)의 대표자 가운데 한 사람인 법장(法藏)은 '금으로 만든 사자의 비유'를 들어서 다음과 같이 설명했다.

> 금사자(金獅子)는 총상(總相)이고 눈·귀 등의 부분은 별상(別相)이며, 눈·귀 등이 같은 금사자를 이루는 것은 동상(同相)이고 눈·귀 등이 서로 같지 않은 것은 이상(異相)이며, 눈 귀 등이 함께 모여 금사자를 이루는 것은 성상(成相)이고 눈·귀 등이 자기를 부정하면서 금사자를 이루는 것은 괴상(壞相)이다. (華嚴金獅子章)

여기서 총상(總相)이란 전체이며 별상(別相)이란 부분이고, 동상(同相)이란 공통점이며 이상(異相)이란 차이점이다. 눈과 귀라는 다른 부분들은 모여서 금사자(金獅子)라는 같은 전체를 이루는 것인데, 눈과 귀가 다름으로만 끝나는 것이 아니라 서로 어울려서 금사자라는 하나의 같음을 이루는 것이며, 이런 논리는 개인과 개인, 혹은 개인과 공동체의 관계를 설명하는 데에도 그대로 적용될 수 있을 것이다.

4) 원효와 퇴계: 회통적(會通的)·변증적(辨證的) 논리와 방법

원효는 긍정(立)과 부정(破), 분석(開)과 종합(合) 어느 한쪽에 치우치지 않고 다양성을 인정하면서도 새로운 차원에서 통일하는 화쟁(和諍)의 논리를 제시했고, 퇴계도 분석(分開)과 종합(渾淪) 어느 한쪽에 치우치지 않으면서 같음 가운데서도 다름을 보고 다름 가운데서도 같음을 보는 변증적〔周悉無偏〕인 방법을 제시했다.

한국 불교의 대표자라고 할 수 있는 원효(617~686) 사상의 핵심은 일심(一心)과 화쟁, 무애(無碍)인데, 일심이 근거이고 화쟁이 방법이라면 무애는 실천이라고 할 수 있다. 원효는 『대승기신론(大乘起信論)』에 관한 연구를 통해 일심이문(一心二門)의 사상을 제시하고, 이를 근거로 왕실이나 귀족을 중심으로 이루어지던 불교를 대중화하는 역할을 했다. 원효는 "뭇 경전의 부분을 통합하여 온갖 흐름을 한 맛으로 돌아가게 하고, 부처님 뜻의 지극한 공정함을 전개하여 여러 학파의 서로 다른 논쟁들을 조화시킨다(統衆典之部分, 歸萬流之一味, 開佛意之至公, 和百家之異諍. 涅槃經宗要)"라고 하면서, 긍정과 부정 그리고 분석과 종합에 관해 "이 논(論)은 이치가 없는 지극한 이치이며 그렇지 않은 지극한 그러함이다. …… 세우지 않는 것이 없고 깨뜨리지 않는 것이 없으며 …… 세우지 않는 것이 없으면서 스스로 버리고 깨뜨리지 않는 것이 없으면서 다시 받아들인다(無理之至理, 不然之大然…… 無所不立 無所不破…… 無不立而自遣, 無不破而還許.

大乘起信論·別記)"라고 했고, 또한 "분석과 종합이 자재하며 긍정과 부정이 걸림이 없으며, 분석해도 번잡하지 않고 종합해도 협소하지 않으며 세워도 얻음이 없고 깨뜨려도 잃음이 없다(開合自在, 立破無碍, 開而不繁, 合而不狹, 立而無碍, 破而不失. 大乘起信論·疏)"라고 했다.

원효는 그의 『대승기신론소·별기(大乘起信論疏·別記)』에서 『기신론(起信論)』의 성격을 중관(中觀)과 유식(唯識)의 지양이라고 평가하면서, 『기신론』은 마음의 청정(淸淨)한 상태(본체)만을 강조해온 중관(破)과 마음의 염오(染汚)한 상태(현상)만을 밝혀온 유식(立)이 잘 조화를 이루어 '진속불이(眞俗不二)'라는 부처님의 뜻을 잘 드러낸 것이라고 보았다. 다시 말하여 이 책은 인간들이 염오(染汚)한 현실(俗) 속에서 깨달음을 끊임없이 추구하고 수행함에 의해 완성된 인격(眞)을 이루어갈 수 있으며(上求菩提: 自利), 한편으로는 깨달음의 단계(眞)에 이른 사람은 아직 염오한 상태(俗)에 있는 중생(衆生)을 이끌어야 할 책임이 있는 것임(下化衆生: 利他)을 주장하여 '진속일여(眞俗一如)'라는 부처님의 가르침을 잘 나타낸 논서라고 할 수 있다.

한국 유학(性理學)의 대표자라고 할 수 있는 퇴계(1501~1570)는 우리가 날마다 천 원 지폐에서 만나는 인물이며, 인간의 본성에 관한 철학적 논쟁(四端七情論)과 도산서원(陶山書院)으로 유명하다. 퇴계는 같음과 다름뿐만 아니라 같음 속의 다름(同中之異)과 다름 속의 같음(異中之同)에 대한 입체적이고 심층적인 이해가 이루어져야 한다고 하면서, 같음과 다름 그리고 분석(分開)과 종합(渾淪)에 관해 다음과 같이 말했다.

무릇 의리지학(義理之學)은 정미(精微)함의 극치로서 반드시 마음을 넓게 가지고 안목(眼目)을 높게 하여 절대로 먼저 일설(一說)로써 주장하지 말고, 마음을 비우고 기운을 고르게 하여(虛心平氣) 느긋하게 그 의취(義趣)를 살펴야 한다. 같음 속에 그 다름이 있음을 알고 다름 속에 그 같음이 있음을 보며, 나누어 둘이 되어도 그 아직 떨어지지 않음을 해치지 않고 합하여 하나가 되어도 실제로 서로 섞이지 않음에 돌아가, 이에 두루 갖추어 치우침이 없게 된다.5)

내가 독서하는 방법은 무릇 성현이 의리(義理)를 말씀한 곳에 대해 (중략) 분개(分開)하여 말한 곳은 분개하여 보되 혼륜(渾淪)에 해가 되지 않으며, 혼륜하여 말한 곳은 혼륜하여 보되 분개에 해가 되지 않게 하여, 사사로운 생각으로 좌로 끌고 우로 당기어 분개를 합하여 혼륜으로 만들거나, 혼륜을 쪼개어 분개로 만들지 않는다. 이와 같이 오래하면 자연스럽게 점차로 그 가지런하여 어지럽지 않음을 보게 되고, 점차로 성현의 말씀의 횡설수설(橫說豎說)이 각각 마땅함이 있어 서로 방해되지 않음을 알게 된다.6)

다시 말하여 퇴계에 의하면 우리가 어떤 사물 혹은 문제를 이해할 때, 심기(心氣)를 비우고 고르게(虛心平氣)하여 같음 가운데서도 다름을 볼 수 있고 다름 가운데서도 같음을 볼 수 있어야 하며, 분석하고 종합하면서도 이를 통간(通看)할 수 있어야 '주실무편'할 수 있으며, 이런 변증적인 방법에 의해 '진지묘해(眞知妙解)'도 가능하게 된다고 했다.

---

5) 大抵義理之學精微之致 必須大著心胸高著眼目, 切勿先以一說爲主, 虛心平氣徐觀其義趣. 就同中而知其有異, 就異中而見其有同, 分而爲二而不害其未嘗離, 合而爲一而實歸於不相雜, 乃周悉而無偏也[『增補退溪全書』(1)(성대 대동문화연구원, 1997), 答奇明彦論四端七情第一書, 406쪽].
6) 滉讀書之拙法, 凡聖賢言義理處 (중략) 分開說處作分開看而不害有渾淪, 渾淪說處作渾淪看而不害有分開, 不以私意左牽右制, 合分開而作渾淪, 離渾淪而作分開. 如此久久自然漸見其有井井不容紊處, 漸見聖賢之言橫說豎說各有攸當不相妨礙處(『增補退溪全書』, 答奇明彦論四端七情第二書·後論, 422쪽).

4. 맺는말

이제까지의 내용을 다시 한 번 요약해보고, 그 의미를 생각하면서 이 장을 맺고자 한다.

이 장에서는 동양사상에서의 같음과 다름의 문제에 관해 공자의 보편적 원리에 대한 인식과 점진주의적 방법(실천), 장자의 우주만물의 존재론적 연관성(평등성)과 다양성에 대한 근원적 인식, 불교의 존재론적 연기와 인식론적 중도 및 한국의 원효와 퇴계의 회통적·변증적 논리(방법)를 중심으로 고찰해보았다.

사람다움 혹은 사랑으로서의 인을 제시한 공자는 모든 사람은 근본적으로 소중하고 평등한 존재이지만, 다른 사람을 사랑하는 구체적인 방식(방법)은 사람에 따라서 그리고 상황에 따라서 달라질 수 있다고 했다. 장자는 인간을 포함한 우주만물의 근원적 동일성(같음)과 연관성(평등성)을 강조하면서도, 어떻게 하면 사람들끼리 혹은 우주만물과도 함께 서로의 다양성(다름)을 다양성으로서 이해하고 인정하면서 잘 어울려 살 수 있는가 하는 문제에 관해 이도관지와 물아일체(物我一體)를 중심으로 이야기했다. 불교적 세계관의 핵심은 연기설, 공과 중도, 자비라고 할 수 있는데, 우주만물은 이것과 저것이 관계 속에서 존재하고 끊임없이 변화하기 때문에 실체가 없다는 것을 깨달을 때, 있음과 없음 어느 한쪽에 집착하지 않게 되고, 너와 내가 둘이 아니며 내가 소중한 만큼 너도 소중하다는 사랑이 우러나오게 된다고 했다. 원효는 긍정과 부정, 분석과 종합 어느 한쪽에 치우치지 않고 다양성을 인정하면서도 새로운 차원에서 통일하는 화쟁의 논리를 제시했고, 퇴계도 분석(分開)과 종합(渾淪) 어느 한쪽에 치우치지 않으면서 같음 가운데서도 다름을 보고 다름 가운데서도 같음을 보는 변증적인 방법을 제시했다.

이렇게 볼 때 동양사상의 문제는 "어떻게 존재 그 자체의 연관성(같음)을 깊게 인식하고, 서로의 다름(다양성)을 이해하면서, 사람들끼리 그리고 다른 존재자들(생명체들)과도 함께 잘 어울려 살 수 있는가?" 하는 것이라고 할 수 있는데, 이런 문제는 오늘의 다문화주의 논의에 관한 근본적인 반성과 함께 주체적 실천의 새로운 지평을 제시하는 데 중요한 의미를 가질 수 있다고 생각한다.

참고문헌

고영섭. 2002. 『원효, 한국사상의 새벽』. 한길사.
금장태. 1998. 『퇴계의 삶과 철학』. 서울대 출판부.
(사)국경없는마을. 2007. 『한국에서의 다문화주의 학술토론회 자료집』(2007.2.28.).
성균관대학교 동아시아지역연구소. 2007. 『다문화사회 한국 사회과학의 과제』.
성대 대동문화연구원. 1997. 『增補退溪全書』(5冊).
성백효 역주, 2005. 『四書集註』. 전통문화연구회.
원효. 1991. 『大乘起信論疏·別記』. 은정희 역주. 일지사.
이강수. 1977. 『노자와 장자: 무위와 소요의 철학』. 길.
이중표. 2003. 『근본불교』. 민족사.
장자. 2005. 『장자Ⅰ: 內篇』. 이강수 옮김. 길.
정병조. 2005. 『정병조의 불교강좌』. 민족사.

찾아보기

ㄱ

가부장제 169
가족 동반 31
갈렌 298
같음과 다름 324
거주권 171
결정의 자유 53
결혼 이민 33
결혼 이민자 67~68, 72~76, 101
결혼 이주 240
겸애(兼愛) 327
경계심 35
경인지역평등노동조합 이주노동자지부 87
계급계층화 151
고선지 299
고용허가 31
고용허가제 84
공(空) 333
공동체주의 25
공동화 51
공식적 61
공자(孔子) 325
관용 47
관주도형 다문화주의 31, 101
국가의 과잉 53
국가의 탈중심화 44
국경 없는 마을 48
「국적법」 170
국제결혼 168
군자(君子) 328
귀화 176
그라나다 306~307
그루지야 309
그리스 298, 304
그리스인 312

기독교 영성 회복 156
기독교 정신 141
기독교인 304
기독교적 소속감 147
김정일 정권 154

ㄴ

남한 기독교회의 선교 전략 150
내부자적 관점 144
네덜란드 301
노동권쟁취운동 91
노동의 권리 53

ㄷ

다문화(Multiculture) 83, 186
다문화 기독교교육 249, 251
다문화 주체 271
다문화 환경 38
다문화가정 83, 186
「다문화가족지원법」 187
다문화공동체 49
다문화교회 252
다문화사회 112, 131, 232, 237
다문화사회 논의의 콘텍스트 44
다문화주의 23, 25, 59, 82~83, 112, 115~116, 131
다문화주의 담론 37
다문화주의 비판 28
다문화주의 정책 33
다수자 대상의 소수자 이해 증진 교육 219
다양성 250
다중적 어려움 245, 255
단기 로테이션 31
단일문화 33
담론 66

『대승기신론(大乘起信論)』 335
대안적 정체성 118
대위법 124
대위법적 시각 124, 131
대위법적 읽기 131
대위법적 조화물 124
대전포럼 88
도(道) 328
동질성에 대한 신화 136
동화(assimilation) 159, 161
동화주의 34
디아스포라(diaspora) 113
딤미(dhimmi) 310~312

ㄹ

라마단 191
라틴어 299
러시아 301
로마 298, 304
로망스어 306
루마니아인 312
르네상스 307

ㅁ

마르텔, 샤를(Charles Martel) 300
마케도니아 304
말레이시아 300~301
맘루크 313
맹자(孟子) 327
메타포 157
모방 121
모스크 307
몽골 304
무슬림 191
무신론적 태도 146
묵자(墨子) 327

문제화 35
문화 28
문화 간 결혼 235, 243
문화 병합 33
문화 상대주의 136
문화 상품화 35
문화 이해 교육 프로그램 162
문화 접점(contact zone) 139
문화시민 137
문화적 시공간 157
문화적 시민권(cultural citizenship) 162
문화적 친밀감(cultural intimacy) 147
미등록 노동자 84
민족국가 24
민족의 과잉 53
민족적 자아 153
민족주의 58, 76
민족지 138
밀레트(millet) 309, 312~314

ㅂ

바그다드 298
바이틀 히크마(Bait al-Hikma) 298
방문취업제(H-2 비자) 102, 189
방언 155
범기독교적 정체성 159
법장(法藏) 334
베르베르족 299
베트남 300
보스니아인 312
보아브딜 307
보편과 특수 321
보편주의 159
보헤미아 313
복음주의 선교 방식 147
부계 혈통주의 170

북아프리카 301
북한이탈주민 112, 126~128, 130~131
분단 마이너리티 137
분리교육 222
분할통치술(divide and rule) 35
불가리아인 313
불법체류자 84
비국민 101
비자 171
비잔티움 298, 300, 302~303, 305, 309

ㅅ

사단칠정론(四端七情論) 336
사업장 이동 금지 86
사회문화 통합 32
산업연수생 84
산업연수제 31
살라딘 305
상상의 공동체 151
상호 변형 121
상호 연관 121
상호 침투 121
새터민 140
새터민들의 회개 154
샐러드 볼 이론 263
생태학적 세계관 322
서고트 왕국 299
서남아시아 299
서열화 137
서울경기인천 이주노동자 노동조합 87
선량한 폭력(benign neglection) 53
성경공부 구역모임 158
성공 153
성서 해석 112
성선설(性善說) 327
세계관과 삶의 방식 322

세르비아인 313
소수자 25
소수자 공동체를 위한 교육 218
소수자 적응 교육 214
소수자 정체성 교육 216
소수자 정치 53
소수자운동 91
소인(小人) 328
수행성 54
순혈주의 34, 48, 179
스페인 307
슬라브인 312
시민권 33, 171
시민권운동 91
신비화 35
십자군 305
싱가포르 61

ㅇ

아라비아 반도 297~299
아랍 르네상스 299
아랍어 306
아르메니아 309, 313
아르메니아인 312
아르키메데스 298
아리스토텔레스 298
아베로스(Averroes) 306
아유비 313
아프가니스탄 314
아프리카 299
안달루시아 306~307
안산 48
안산이주민센터(구 안산이주노동자센터) 88
알렉산더 304
알바니아인 312
알람브라 궁전 306

찾아보기 343

암사르(Amsar) 303
압둘 말리크 303
압바스 왕조 304
압바스 제국 298, 304
에스닉 정체성 159
에티오피아 309
여성 결혼 이민자 239, 248
여성의 이주화 236
여성이주민 233, 253
역량강화 교육 255
연기설(緣起說) 333
연합 정치 53
영구적 타자 122
영국 301
영토주의 24
예루살렘 305
오리엔탈리즘 119
오스만 제국 304
오스트리아 313
온누리안 185
온정주의 35
옹, 아이와(Aihwa Ong) 151
외국인노동자(guest workers) 58, 62
외국인노동자대책협의회 ☞ 외국인이주노동운동협의회
외국인이주노동운동협의회 86
외국인산업연수제 84
외노협 ☞ 외국인이주노동운동협의회
외상후스트레스장애(PTSD) 142
용광로 이론 263
용수(龍樹) 334
우마르 309
우마이야 왕조 304
우물 속의 개구리 329
원곡동 48
원효(元曉) 335

위도(爲道) 331
유교 문화권 320
유대교 298, 303
유대교도 300, 304
유대인 312
유럽중심주의 119
『유연한 시민권(Flexible Citizenship)』 151
유클리드 298
이노투본 ☞ 이주노동자 노동권 완전 쟁취와 이주·취업의 자유 실현을 위한 투쟁본부
이라크 314
이물관지(以物觀之) 331
이븐 루시드(Ibn Rushid) 306
이븐 밧자(Ibn Bajjah) 306
이븐 아라비(Ibn 'Arabi) 306
이븐 투파일(Ibn Tufayl) 306
이스라엘 297, 305
이스탄불 313
이주 22, 232
이주 의제 30
이주 정책 23
이주지부 ☞ 경인지역평등노동조합 이주노동자지부
이주국가 40
이주노동운동 82
이주노동자 68, 168
이주노동자 노동권 완전 쟁취와 이주·취업의 자유 실현을 위한 투쟁본부 87
이주노동자공동체운동 91
이주노동자인권연대 87
이주노조 ☞ 서울경기인천 이주노동자 노동조합
이주문제 23
이주민 22, 112~113, 116, 121, 131, 144, 232~233, 262
이주민 정책 30
이주여성 상담소 88

이주여성노동자　237~239
이주여성인권연대　88
이중 또는 다중 정체성　123, 128, 131
이중 정체성　128
이중적 존재　122
이탈리아　301
인(仁)　325
인권교육　269
인권운동　91
인도　299, 301
인도네시아　300~301
인두세　303, 310
인식교육　254
인정　47
인정의 정치　25
인종주의　39
인종화　137, 151
일본　58
일심이문(一心二門)　335

ㅈ

자기결정권　51
자본주의 시장경제체제　142
자비(慈悲)　333
자유주의　25
자카트　311
장자(莊子)　329
재인종화　47
저출산·고령화　70~71, 74
저항　121
전복　121
정체성　112, 116~118, 121, 124, 127, 131, 144
정체성 정치(politics of identity)　25
정치적·민족적·복음적 순례자(pilgrim)　155
제국　39
조로아스터교　298, 310

조삼모사(朝三暮四)　330
좁케, 크리스티안(Christian Joppke)　62
주실무편(周實無偏)　337
주체의 수양　324
주체적 역량(agency)　152
준국민　101
중관(中觀)과 유식(唯識)　336
중국　301
중국 조선족 자치주　145
중도(中道)　333
중앙아시아　299, 301
『중용(中庸)』　323
지구화　26
지브롤터 해협　299
지역사회　50
지원단체　83
지즈야(Jizya)　303, 310
진지묘해(眞知妙解)　337

ㅊ

참파(Champa)　300
청교도 정신　149
체류 자격　53, 238
초국가적 이주　152
출신국 공동체　86
충서(忠恕)　325
치유 사역　155
칭기즈칸　304

ㅋ

카스트　302
칼리프　302~303
칼리프 알 마문　298
캄보디아 난민 공동체　152
캐나다　61
코란　300~301, 308

코르도바 306
코리안 드림 30, 153
코시안 185
콘스탄티노플 299
킴리카, 윌(W. Kymlicka) 61~62, 69

ㅌ

타자화 35
탈근대주의(post modernism) 60
탈맥락화 35
탈민족주의 44
탈북난민운동본부 141
탈북자 145
탈분단 136
탈식민주의 41
탈식민화 119
탈전통 24
토착민 41
통성기도 155
통일부 141
통치 전략(art of gevernment) 52, 101
통합교육 222
퇴계(退溪) 336
티무르 304

ㅍ

파미르 고원 299
파티마 313
팔레스타인 305, 309, 314
페르시아 298, 300, 302~303, 309
페르시아인 312
평등성 250
포스트콜로니얼 112, 118, 121
포스트콜로니얼 이론 119
폴란드 313
프랑스 301

프랑크인 305
프톨레마이오스 298
플라톤 298
피레네 산맥 300

ㅎ

하나원 140
한국 다문화교육과정 개발 226
한국 시민권 153
한국이주노동자인권센터 88
한국해외개발공사 29
한민족 151
한자 문화권 320
해방 119
행위주체 171
혈구지도(絜矩之道) 326
형제적 민족주의 159
호주 61
호주제 169
혼용적 정체성 159
혼종성 124
혼종적 자기인식 125, 131
혼혈 48, 180
혼혈인 66, 68, 74~76
화교 76
화쟁(和諍) 335
히브리어 306

기타

1995년 네팔인 산업연수생들의 명동성당
　　　농성 87
6·15 남북정상회담 136
C-3 단수 비자 172
F-1 비자 175
F-2 비자 175
NGO 37

지은이들

오경석
고려대학교 사회학 박사
현 사단법인 국경없는마을 상임이사, 민주사회정책연구원 연구교수

김희정
위스콘신 대학교 사회학 박사과정

이선옥
성공회대학교 대학원 석사 졸업, 사회학
현 사단법인 국경없는마을 연구원

박흥순
버밍엄대학교 신약학 박사
현 숭실대학교, 장로회신학대학교, 백석문화대학 강사

정진헌
일리노이대학교 인류학 박사과정 수료
현 한양대학교 문화인류학과 강사

정혜실
성신여자대학교 대학원 석사 졸업, 여성학
현 다문화가족협회 공동대표

양영자
이화여자대학교 대학원 교육학 박사

오현선
미국 클레어몬트신학대학 기독교교육학 박사
현 호남신학대학교 기독교교육학 교수, 다문화교회 담임목사

류성환
호남신학대학교 신학대학원 졸업
현 안산이주민센터 사무국장

이희수
이스탄불대학교 역사학 박사
현 한양대학교 문화인류학과 교수, 이슬람문화연구소 소장

강희복
연세대학교 철학 박사
현 연세대학교 철학과 강사(동양철학)

한울아카데미 968
한국에서의 다문화주의: 현실과 쟁점

ⓒ 오경석 외, 2007

지은이 | 오경석·김희정·이선옥·박흥순·정진헌·
       정혜실·양영자·오현선·류성환·이희수·강희복
펴낸이 | 김종수
펴낸곳 | 도서출판 한울

초판 1쇄 발행 | 2007년 9월 6일
초판 6쇄 발행 | 2012년 3월 20일

주소 | 413-756 파주시 문발동 535-7 302 (본사)
      121-801 서울시 마포구 공덕동 105-90 서울빌딩 1층 (서울 사무소)
전화 | 영업 02-326-0095, 편집 031-955-0606, 02-336-6183
팩스 | 02-333-7543
홈페이지 | www.hanulbooks.co.kr
등록번호 | 제406-2003-000051호

Printed in Korea.
ISBN 978-89-460-4031-1 93330

* 가격은 겉표지에 표시되어 있습니다.